看懂基督教

呂冬倪——著

前言

當我的第一本拙作《看懂心經》再版，接下來的《看懂禪機》和《看懂證道歌》也有不錯的銷售成績，我就發下一個誓願：我要把我這三十幾年來，對於各大宗教的研究心得，寫成一套「看懂宗教系列叢書」，來和「有緣的讀者們」分享。

我的心願是，希望讓「讀者們」用最短的時間，看懂各大宗教的教義和內涵，讓「讀者們」可以從中選擇自己喜歡的宗教來信仰。在當今世界的政治、經濟和氣候環境，越來越惡劣的情況下，選擇一個讓自己的心靈安心的宗教來信仰，是非常重要的事情。

於是，我花了一年八個月的時間，剛好是在「新冠疫情的期間」，陸續完成《看懂猶太教》、《看懂基督教》、《看懂伊斯蘭教》、《看懂道家》、《看懂道教》、《看懂印度佛教》、《看懂中國及藏傳佛教》、《看懂一貫道》和《看懂北海老人全書》等書，總計九本探討「猶太教」、「基督教」、「伊斯蘭教」、「道家」、「道教」、「印度佛教」、「中國佛教」、「藏傳佛教」和「一貫道」這些宗教的教義和內涵。

這一本《看懂基督教》，除了簡介「基督教」之外，主要是探討《新約聖經》的內涵。

記得我剛出社會的時候，因爲我「爺爺」的原因，接觸到《心經》。從此一腳踏入「佛法的世界」，當時年輕的我，內心充滿弘揚「佛法」的熱誠，逢人就宣揚「佛法」。

結果有一次，我在跟一位熟識的代售「義大利」機器設備的「代理商」聊起「佛教」時，他卻潑了我一大盆冷水，讓我瞠目結舌。

他說：「你看現在世界上，信仰『基督教』的『歐美國家』，都是世界上非常富強的國家；反觀，信仰『佛教』的亞洲國家，都是貧窮落後的國家。所以，我認爲信仰『基督教』比較好。」

他的一席話，讓我當下瞪大眼睛，張大嘴巴，啞口無言。

當時，我對「基督教」知道的很少，當下我眞的無法反駁他的話，因爲乍聽之下很有道理。

後來，我深入研究「基督教」，閱讀《舊約聖經》和《新約聖經》，我才找到答案。原來，「歐美國家」的富強，是因爲十四到十六世紀間的「文藝復興活動」，興起人們研究科學與探索創意的風氣，以及十九世紀英國三次的「工業革命」的原因，和「基督教信仰」一點關係都沒有。

甚至，「歐美國家」的富強，不但和「基督教」沒有關係，古代的「基督教會」還迫害當時的「科學家」，例如「哥白尼」和「伽利略」，延緩了「歐美國家」的科學發展。假如，「歐美國家」沒有信仰「基督教」，今日「歐美國家」的科學研究發展，在沒有「基督教會」的阻撓之下，一定會比現在更發達。

「哥白尼」是「文藝復興時期」的「波蘭」數學家和天文學家，他提倡「日心說模型」，提到「太陽」爲宇宙的中心。公元一五四三年，「哥白尼」臨終前，發表了《天體運行論》。一般認爲，他著作的《天體運行論》，是「現代天文學」的起步點。它開啟了「哥白尼革命」，並對推動「科學革命」有相當大的貢獻。

但是，當時的「羅馬天主教廷」，認爲「哥白尼」的「日心說」違反《聖經》。在公元一六一六年三月，在「伽利略事件」的影響下，「羅馬天主教」將「哥白尼」的《天體運行論》一書，加入了「禁書目錄」之中，直到該書被「改正」。

《天體運行論》被禁止的理由是，這一個想像「太陽靜止不動，地球繞著太陽運轉」的理論是「錯誤的」，違反了《聖經》。另外，還禁止任何維護「地球運行論」或「太陽靜止論」的著作，或是任何試圖解釋這些「論述」與《聖經》不違背的著作。

「伽利略」是「義大利」物理學家、數學家、天文學家及哲學家，也是「科學革命」中的重要人物。「伽利略」被譽爲「現代觀測天文學之父」、「現代物理學之父」、「科學方法之父」、「科學之父」以及「現代科學之父」。

公元一六〇九年，「伽利略」製造出自己的第一個「望遠鏡」。「伽利略」從「望遠鏡」中，第一次觀察到「月球」表面覆蓋著蒼茫逶迤的「大山」和「火山」的裂痕。「伽利略」的發現，用事實否定了「亞里士多德」關於「天體是完美無缺」的理論。

「伽利略」又撰寫《對話》一書，論證和宣傳了「新的宇宙觀」，批判了當時「宗教神學」賴以生存的「亞里士多德」和「托勒密」的錯誤理論。《對話》一書形式活潑，語言生動，寓意深刻，發人深思，具備有很高的學術價值，是科學史上的一部傑作。這本書令「哥白尼學說」，日益深入人心，也引起了「天主教會人士」的恐慌。他們進行了許多陰謀活動，羅織種種罪名，爲對「伽利略」進行迫害而製造口實。

公元一六一五年，「天主教會人士」聯合起來，攻擊「伽利略」爲「哥白尼學說」辯護的行爲，控告他違反「基督教教義」。「伽利略」爲了挽回自己的聲譽，力圖企求「羅馬教廷」不要因爲他支持「哥白尼觀點」而受到懲處，也不要公開壓制他宣傳「哥白尼學說」。

「羅馬教廷」默認了「前項」的要求，但是拒絕了「後項」的要求。教皇「保羅五世」在公元一六一六年，下達了著名的《一六一六年禁令》，禁止「伽利略」以口頭或文字的形式去傳授或捍衛「哥白尼」的「日心說」。

「教皇集團」激烈地主張要嚴懲「伽利略」，「羅馬帝國」和「西班牙王國」都認爲：「伽利略」會對各國國內的「異端思想」產生重大的影響。在內外壓力之下，「羅馬教皇」宣布「伽利略」必須到「羅馬宗教裁判所」受審。

年近七旬的「伽利略」，被迫抱病前往「羅馬」，在根本不容許申辯的情況之下，被嚴刑審訊三次。公元一六三三年六月二十二日，在「聖瑪利亞修女院」的大廳上，「十名主教」聯席宣判「伽利略」有罪，主要的罪名是違背《一六一六年禁令》和《聖經》的教義，「伽利略」被迫在「羅馬教廷」寫好的「悔過書」上簽了字。

「主審官」宣布：判處「伽利略」終身監禁，「伽利略」出版的《對話》，也必須焚毀滅絕，並且禁止出版或重印他的其他著作。此「判決書」立即通報整個「天主教世界」，在各個城市聚衆宣讀。

公元一六三七年，「伽利略」雙目失明。公元一六三八年，「羅馬教皇」批准「伽利略」住在其

子家中，「伽利略」於公元一六四二年一月八日病逝，享年七十八歲。

公元一九九二年十月三十一日，「伽利略」蒙冤三百六十年後，終於獲得「梵蒂岡教皇」的平反。

「梵蒂岡」教皇「約翰．保羅二世」在「梵蒂岡」說，當年處置「伽利略」是一個「善意的錯誤」。他對在場的「教廷聖職部人員」和二十來名的「紅衣主教」說：「永遠不要再發生另一起『伽利略事件』。」

我很感謝當年我這位「代理商」朋友，沒有他的一席話，我只會沉浸在「佛法的世界」，不可能會踏入「基督教領域」，去深入研究「基督教」，閱讀《舊約聖經》和《新約聖經》。

最後，「讀者們」可以掃描本書背面的QR Code，或者上網瀏覽我設立的《看懂系列叢書網頁》，可以獲得更多的資訊，網址如下：https://www.kandonbook.com/

呂冬倪

二〇二三年七月寫於 澳洲．布里斯本．家中

導讀

這本《看懂基督教》，總共有七大單元，深入探討「基督教」的內涵，以及「耶穌」傳奇的一生。

這七大單元探討的重點如下：

（一）第一單元：探討「猶太教」和「基督教」的關係，兩者的恩怨、相同之處和不同之處，以及爲什麼「猶太人」不承認「耶穌」是「救世主」？

（二）第二單元：介紹「耶穌」傳奇的一生，深入探討「耶穌」的生平事跡，包括：出生時的時代背景、誕生年代的爭議、正統家譜、接受「施洗約翰」的「洗禮」、接受魔鬼「撒但」的試探、傳道、十二使徒、治病、趕鬼、金句、禪機、神蹟、預言、缺失、受難，以及和「抹大拉」「馬利亞」的關係等。

（三）第三單元：探討「耶穌」消失的十八年，包括：被剔除的《彼得福音》、《彼得福音》的摘要內容、《耶穌基督佚史》的摘要內容、《耶穌基督佚史》的正負評價。

（四）第四單元：簡介《新約聖經》的內容，內容大致可分爲五大類，卽「福音書」、「使徒行傳」、「保羅書信」、「大公書信」和「啟示錄」。

（五）第五單元：探討「啟示錄」的內容，包括：「約翰」所看見的「異象」、給「七個教會」

的「七封信」、天上的情景、「羔羊（耶穌）」揭開「七印」、「七位天使」吹「七個號角」、傾倒「七碗」的審判、「千年國度」和它前後的「二婦、二城、二筵席」等。

（六）第六單元：介紹「基督教」的歷史，從起源、「使徒時代」一直到二十世紀的「基督教」。

（七）第七單元：介紹「基督教」的派別，包括：天主教、東正教、新教以及「台灣」各「基督教派」。

目錄

第一單元　「猶太教」和「基督教」的關係

一、「猶太教」和「基督教」的關係

「基督教」與「猶太教」同源，兩教都誕生於「巴勒斯坦」的「耶路撒冷」。但是，先有「猶太教」，後有「基督教」，「基督教」是由「猶太教」衍生而來的。

「猶太教」是在公元前二千年，在「閃米特人」的一支中，有一個叫做「亞伯拉罕」的人，認爲萬物之間，必有一位唯一的神來主宰世界，祂就是上帝「耶和華」。上帝「耶和華」告訴「亞伯拉罕」說，帶領你的部族，離開你的家鄉，去我應許你的土地，我必叫你成爲大國。

上帝「耶和華」又宣稱，「猶太人」是祂的「特選子民」。於是「亞伯拉罕」創建了「猶太教」，帶領他的部族，越過「幼發拉底河」來到「上帝」應許之地「迦南」。當時的原住民「迦南人」，稱他們爲「希伯來人」，意思是「河那邊來的人」，「希伯來人」就是現在「猶太人」的祖先。

至於「猶太人」的稱呼，是在以色列「南北朝」時期，對「南部王朝」，「大衛」的後代，「猶大族」的稱呼。後來由於「北部王朝」被「亞述人」滅絕以後，北部十個「希伯來分支」被同化，隨後消失。因此，現在的「猶太人」都是「猶大」部族的後代，也就是「大衛王」和「所羅門王」的後代子孫。公元前八百年間，「猶太人」又宣揚將有救世主「彌賽亞（Messiah）」，來拯救受苦受難的「猶太人」。

「基督教」是在公元一世紀，起源於「巴勒斯坦」，爲「猶大」的拿撒勒人「耶穌」所創立，在「羅馬帝國」後期，流傳於「羅馬帝國」全境。

「耶穌」誕生於公元前六至四年，「基督」是「耶穌門徒」對他的稱號，意思是「救世主」，「希伯來語」稱爲「彌賽亞（Messiah）」，意思是由上帝「受膏（在臉上塗抹彩膏而委以重任）」來拯救世人的「救世主」。

《新約聖經》上說，「耶穌」是聖母「瑪利亞」與上帝「耶和華」之子，童貞女「瑪利亞」通過「聖靈」與上帝「耶和華」結合，產下「耶穌」，而「瑪麗亞」的丈夫「約瑟」只是「耶穌」的世俗父親。由於「約瑟」是純正的「大衛」後代，因此「耶穌」是「猶太人」，而且是「大衛」的子孫。

由於「耶穌」出色的聰明才智和對宗教的獨到見解，被當時的「猶太教」視爲「異端學說」，「耶穌」遭到「猶太教」和當時占領「耶路撒冷」的「羅馬帝國」的雙重迫害，公元三十三年被釘死在十字架上。

「耶穌」死後，他的「門徒」流亡至「歐洲」，正式創立了「基督教」。因此可以說，「基督教」是源自於「猶太教」。

「基督教」後來成爲「羅馬帝國」的「國教」，「羅馬帝國」經常迫害流亡的「猶太人」。第一次大規模的迫害活動，開始於公元一〇九六年的「第一次十字軍東征」。「聖殿騎士團」的團長「戈弗雷」聲稱「要血洗被猶太人和阿拉伯人占領的聖城耶路撒冷，爲『耶穌』復仇。」」，從此「猶太人」眞正的惡夢開始了，並且延續了一千多年。

「基督教」與「猶太教」有著千絲萬縷，密不可分的關係。在公元一、二世紀，「羅馬帝國」的「統治者」認爲，「基督教」是「猶太人」的教派，對「基督教」和「猶太教」一起迫害。

自「君士坦丁大帝」訂定「基督教」爲「國教」之後，從公元六世紀起，「基督教」就開始迫害「猶太教」，九次的「十字軍東征」把「猶太人」與「穆斯林」視爲同樣的敵人。

然而，歷代的「基督教」神學家，向「猶太教」的「聖經學家」尋求指引，「猶太教」也不斷對「基督教」的「神祕主義派」發揮影響。

「基督教」的「神祕主義派」，是在「基督教」中，具備「神祕主義」風格的一種信仰及修行方式，追求「信徒」與「上帝」、「耶穌」、「聖靈」之間的直接體驗與心靈上的合一，並且依據這種「修習風格」，而發展出各種哲學與神學的理論。

公元二世紀以後，「基督教」又從「希臘文化」吸取養分。一些神學家認爲，「柏拉圖」對現實世界的「唯心主義」解釋，「亞里士多德」關於「存在」和「知識」的論述，都滲入「基督教」的教義。「基督教」的一部分「崇拜儀式」和「讚美詩歌」，也可以溯源於「希臘文化」。

二、「猶太教」與「基督教」相同之處

「猶太教」與「基督教」的相同之處只有二個，一個是共同信奉上帝「耶和華」；另一個是共同

承認《舊約聖經》。

「猶太教」的聖經《摩西五書》，是「基督教」的《舊約聖經》前五部書的名字，這是「猶太教」和「基督教」的共同經書。

「猶太教」稱《摩西五書》爲《妥拉》，又稱爲《摩西律法》，「基督徒」常稱爲《律法書》，是《希伯來聖經》最初的五部經典。

三、「猶太教」與「基督教」不同之處

「猶太教」與「基督教」的不同之處非常多，我整理如下：

(1)對於《希伯來聖經》預言的「彌賽亞」看法不同

①「猶太教」認爲「基督教」的《新約聖經》中，所描述的「彌賽亞」與《希伯來聖經》中所描繪的「彌賽亞」不同，不承認「基督教」的「耶穌」是預言中的「彌賽亞」。

②「基督教」認爲「耶穌」就是《舊約聖經》預言的「彌賽亞」，在「以賽亞書」中有提及。

●《舊約聖經》以賽亞書：

9:6 因有一「嬰孩」爲我們而生、有「一子」賜給我們．政權必擔在他的肩頭上．他名稱爲奇妙、策士、全能的 神、永在的父、和平的君。

(2)對於「原罪論」的認定不同

①「猶太教」對於「基督教」的「原罪論」，認爲「耶穌」是「唯一拯救世人」這樣的觀點與

《希伯來聖經》有衝突。「猶太教」認爲，這個世界上所有的好人，並不取決於是否相信「耶穌是基督」，而是直接由上帝「耶和華」來認定。

②「基督教」的「原罪論」，認爲只有通過「耶穌基督」，才能夠獲得拯救。

(3)對於「上帝的獨一性」的看法不同

①「猶太教」認爲「三位一體論」不符合《希伯來聖經》。

②大多數「基督教」的主流派，包括「天主教」、「新教」及「東正教」都認爲上帝「耶和華」是「三位一體」的。

(4)對於「天堂」和「地獄」的看法不同

①《希伯來聖經》從來沒有提到過，「基督教」《新約聖經》所描述的「天堂」和「地獄」，「猶太教」的「正統派」相信「天堂（指新伊甸園）」以及「死後復活」，「改革派」甚至否認有「天堂」、「地獄」以及死後的「生命之說」。

②「基督教」的《新約聖經》，描述了很具體的「天堂」和「地獄」。

(5)對於「上帝的選民」的看法不同

①「猶太教」認爲，「上帝的選民」就是只有《希伯來聖經》提到的「以色列民族」，不接受「基督宗教」所說的「外邦人」的「新約選民」。

②「基督教」仍然保留「猶太人」的「選民地位」，雖然《新約聖經》闡述無「特定選民」的觀念。目前「基督教」的「主流派」認爲，神並未遺棄「猶太人」，全體「猶太人」將於

「末日之時」歸主。

(6)對於「傳教」的看法不同

①「猶太教」認爲「救贖」只屬於「猶太人」，也不鼓勵「非猶太人」加入「猶太教」。「猶太教」爲「非猶太裔者」想要加入「猶太教」，設置了特殊而且比較困難的程序和要求。

②「基督教」鼓勵「信徒」向全世界的人「傳教」，要求「基督徒」到處傳「福音」，希望把所有人都納入「基督教」之中。早在「使徒時期」，「福音」已經傳播到「羅馬帝國」全境，並且到現代擴展至全世界，成爲全世界最具有影響力的宗教。

(7)對於「贖罪祭」的看法不同

①「猶太教」認爲「不流血」就不能「贖罪」的觀念，不符合《希伯來聖經》的誡命。在《希伯來聖經》中，「逾越節」用來祭祀的「羔羊」，不是用來「贖罪」的。而且在《希伯來聖經》中，人是不可以當作「祭物」的，而在「基督教」中，「耶穌」自認爲是「祭物」爲世人犧牲，這種說法不符合《希伯來聖經》的誡命。

②「基督教」認爲，「耶穌」是經由「流血」來爲人類「贖罪」，「耶穌」在「耶路撒冷」城外被「羅馬士兵」處死於「十字架」上。「耶穌」有如「逾越節羔羊」，是爲全人類而行的「贖罪祭」，以「耶穌」作爲「祭品」，他的犧牲免除了世人的「原罪」和所有的罪。

(8)對於「新約與舊約關係」的看法不同

①「猶太教」認爲《舊約聖經》這個名稱，不符合《希伯來聖經》，因爲上帝「耶和華」與

「以色列人」所立之約，並沒有因爲「耶穌」而改變失效，更沒被取代。部分「猶太教徒」認爲，「基督教」的《新約聖經》不符合《希伯來聖經》。

②許多「基督徒」認爲「基督教」的《新約聖經》與《舊約聖經》無關，《舊約聖經》已經失效，成爲《新約聖經》的一部分。但是，沒有《舊約聖經》的神，《新約聖經》是無法成立的。

四、「猶太教」和「基督教」的恩怨

「基督教」的創始者「耶穌」，大約在公元三〇年到三三年，被「猶太祭司團」向「羅馬帝國政府」誣告死罪，最終被總督「彼拉多」允許釘在「十字架」上，執行死刑。

此後，「猶太公會」與統治者「希律亞基帕一世」繼而以威嚇、禁錮、鞭打、處死等手段，阻止初期「基督教」的傳教，當時「殉道者」非常多人，例如「司提反」、「雅各」等。

一直到「基督教」成爲「羅馬帝國」的「國教」之後，「基督教」才開始強調使徒「猶大」對「耶穌基督」的出賣，以及「猶太人」對「耶穌基督」的迫害，並且開始報復迫害「猶太人」，強制要求「猶太人」改信「基督教」。

後來，「基督教」迅速發展，支配「歐洲各國」的政治近兩千年，「猶太人」在此間，長期遭受到不同政權的迫害，並在近代發展至高峰，例如：「納粹德國集中營」對「猶太人」的迫害。

在現代雖然「反猶太人」的言論及行動，已經被所有「歐美國家」的法律所禁止，但是「反猶太人」的事件，仍然不時發生。甚至有些「基督徒」認為，根據《新約聖經》的記載，由於「猶太人」不信仰「基督教」，拒絕承認「耶穌基督」是「救世主」，因此「猶太人」必須為此行為，付出慘痛的代價，這是應驗《新約聖經》的預言。

現在「基督教」和「猶太教」已經和解，開始互相承認，「梵蒂岡」已經就歷史上的迫害行為，向「猶太教」道歉。

公元一九八六年四月十三日，「梵蒂岡」的教宗「聖若望保祿二世」對「羅馬猶太大會堂」進行歷史性的訪問。在會晤中，為了顯示兩種信仰的平等尊嚴，兩位領袖坐在相同的鍍金錦緞寶座上，並且輪流誦讀《聖詠》篇章，「教宗」特別用「希伯來語」誦讀了一篇《聖詠》。

接著，「教宗」為歷史上仇視「猶太人」的罪過，再次向「猶太人」道歉，說：「再一次，教會通過我對在任何時期、任何人對猶太人的仇恨、迫害和直接反猶太人的表現，表達悔恨痛惜。」

在那次歷史性的訪問之後，教宗「本篤十六世」和教宗「方濟各」都緊隨「聖若望保祿二世」的步伐，先後訪問了「羅馬猶太大會堂」，重申了他們對「猶太人」的尊重和雙方教會的友誼。

五、為什麼「猶太人」不承認「耶穌」是「救世主」？

「猶太人」不承認「耶穌」是「救世主」，主要有兩個原因：

（一）「耶穌」不是「大衛」家族的後裔

按照「猶太法律」，「家族身分」來自「父系」，而是否是「猶太人」，則根據「母系」。《新約聖經》馬太福音第一章說，「約瑟」是「大衛」的後代。但是，根據同一章的經文，「約瑟」並沒有和「馬利亞」同房。所以，「耶穌」與「約瑟」沒有血緣關係，更不是「大衛」的後代。

●《新約聖經》馬太福音：

1:1 「亞伯拉罕」的後裔、「大衛」的子孫、「耶穌基督」的「家譜」·（「後裔子孫」原文都
作「兒子」下同）
1:2 「亞伯拉罕」生「以撒」·「以撒」生「雅各」·「雅各」生「猶大」和他的弟兄。
1:6 「耶西」生「大衛王」。「大衛」從「烏利亞」的妻子生「所羅門」。
1:16 「雅各」生「約瑟」、就是「馬利亞」的丈夫·那稱爲「基督」的「耶穌」、是從「馬利
亞」生的。
1:18 「耶穌基督」降生的事、記在下面·他母親「馬利亞」已經許配了「約瑟」、還沒有迎娶、
「馬利亞」就從「聖靈」懷了孕。
1:19 他丈夫「約瑟」是個「義人」、不願意明明的羞辱他、想要暗暗的把他休了。
1:20 正思念這事的時候、有「主的使者」向他夢中顯現、說、「大衛」的子孫「約瑟」、不要
怕、只管娶過你的妻子「馬利亞」來·因他所懷的孕、是從「聖靈」來的。
1:21 他將要生一個兒子·你要給他起名叫「耶穌」·因他要將自己的百姓從罪惡裡救出來。
1:22 這一切的事成就、是要應驗主藉「先知」所說的話。
1:23 說、「必有童女、懷孕生子、人要稱他的名爲以馬內利。」（「以馬內利」翻出來、就是

「神與我們同在」。）

1:24 「約瑟」醒了、起來、就遵著「主使者」的吩咐、把妻子娶過來。

1:25 只是「沒有和他同房」、等他生了兒子、（有古卷作「等他生了頭胎的兒子」）就給他起名叫「耶穌」。

上面這份「家譜」是「約瑟」的，不是「馬利亞」的。因爲「耶穌」被宣稱爲「猶太人」的「救世主」，而按照「猶太傳統」，他的「家譜」必須依據「父系」。

（二）「耶穌」是「人」不是「神」，「神」只有一位。

「猶太教」對「耶穌」最強烈的反對，就是有關「神的本質、耶穌的神性、神有一個兒子、三位一體」等議題。

尤其「基督教」的「三位一體論」與「猶太教」認爲「上帝只有一位」，是「獨一眞神」的信條，是互相抵觸的。「三位一體論」提出神有三個「位格（聖父、聖子、聖靈）」。

● **《新約聖經》馬太福音：**

28:18「耶穌」進前來、對他們說、天上地下所有的權柄、都賜給我了。

28:19 所以你們要去、使「萬民」作我的門徒、奉「父子聖靈」的名、給他們「施洗」．（或作「給他們施洗歸於父子聖靈的名」）

在「猶太律法」中，對「三位一體」的神的崇拜，被認爲是一種「異神」，是一宗大罪。「基督教」的「三位一體論」，和「猶太教」的「獨一眞神」信條，是絕對不相容的。

許多「猶太人」認爲「耶穌」是一個「假先知」，是一個「木匠」不合法的兒子。「耶穌」建立一個「基督教」的新宗教，這是一個「外邦人」的「偶像崇拜」宗教，因爲他們敬拜「三位神」而不是「一位神」。

第二單元　「耶穌」傳奇的一生

一、介紹「耶穌」生平事跡的《四福音書》

《四福音書》是分別由「耶穌」的門徒「馬太」、「約翰」以及「彼得」的門徒「馬可」和「保羅」的門徒「路加」等四人，所寫的四部介紹「耶穌」生平事跡的書，是《新約聖經》的前四卷書。

「福音」這個名詞的意思是「好消息」，「馬太」、「約翰」、「馬可」和「路加」都談論相同的信息：「耶穌」就是應許的「彌賽亞」，卽「基督」；他爲人類的「原罪」捨命；他已經復活升到天上去。

「馬太」、「約翰」、「馬可」和「路加」四位作者，各有不同的成長背景，他們針對的「讀者」也不一樣，略述如下：

(1)「馬太」是個「稅吏」，他的《福音書》主要是爲「猶太人」寫的。

(2)「約翰」是個「漁夫」，他是「加利利」一位富有的漁夫「西庇太」的兒子，他的《福音書》的對象包括「猶太人」和「外邦人」。

(3)「馬可」是「保羅」的學生，他的《福音書》的對象是「外邦人」。

(4)「路加」是個「醫生」，他的《福音書》註明寫給「尊貴的提阿非羅」。「提阿非羅」可能是個高官，因此他的《福音書》讀者範圍較廣，包括「猶太人」和「外邦人」在內。「馬太」、「約翰」、「馬可」和「路加」所寫的《福音書》，因爲內容大同小異，所以又稱爲「對觀福音」。但是仔細查考其中的內容，就會發現「四位作者」，各以自己的方式去敍述「耶穌基督」的生平，每個人有自己的獨特主題和目標，並且考慮到所針對的「讀者」。

《四福音書》的主旨，是描述「耶穌」的「個人特質」和「生平事跡」，重點略述如下：

(1)「耶穌」是個富有「慈心憐憫」的人。他遇到患病、瞎眼和受苦的人，常會主動幫助他們。

(2)「耶穌」是個「感情豐富」的人，他同情「痲瘋病人」，爲「門徒」的成就而自豪；對那些不近人情、墨守成規的文人和「律法師」卻滿腔義憤。

(3)「耶穌」行「神蹟」來救治人時，常會把焦點集中在「受助人」的身心上，說：「你的信叫你痊癒了。」。

(4)「耶穌」也能知道人心裡的祕密，例如他稱讚「拿但業」，是個眞正的「以色列人」，他心裡沒有詭詐。

(5)「耶穌」善解人意，他曾經在衆多場合，告訴大衆如何才可以進入「神國度」的辦法，也常在不固定的機緣下，與少數人私談、引導、歸正人在道德上的錯誤觀念。

(6)「耶穌」平易近人，連「小孩子」也很喜歡親近他。有一次，「耶穌」以一個「小孩子」作例子，他不僅叫「小孩子」站在「門徒」面前，更抱起他來。

(7)「耶穌」從來不苛待別人，也不把重擔加在別人身上。「門徒」也見證「耶穌」是一個「柔和謙卑」的人。

(8)「耶穌」從不「高傲自大」，對人「吹毛求疵」。無論在平時或在講道時，即使他遇到極不完美，甚至罪大惡極的罪人，也不會專橫跋扈，任意欺壓他們。

《福音書》告訴我們，群衆常常爲了聽「耶穌」的「金玉良言」，願意花好幾天遠道而來跟隨著「耶穌」，可見他的魅力超凡。被「耶穌」的話吸引的人，就常常大受感動，吐露眞情，願意悔改舊惡習，並相信他是「神」。

雖然，當時有權勢的人高高在上，漠視下情，但是「耶穌」卻爲「平民」所擁戴，「百姓」都覺得跟「耶穌」在一起，是「與有榮焉」的事情，甚至還有人趁群衆擁擠「耶穌」時，偷摸了他的衣縫而得到「醫治」的案例。

二、「耶穌」出生時的時代背景

公元前六十三年，「羅馬帝國」將軍「龐培」攻取「耶路撒冷」之後，從此「猶太」成爲「羅馬帝國」的殖民地。公元前四十年，以土買人「大希律」在「羅馬」的扶持下，被立爲「猶太王」。由於「猶太人」的反抗，「大希律」到公元前三十七年，才攻下「耶路撒冷」，正式入主「猶太」。

「大希律」信奉「猶太教」，但是臣服於「羅馬帝國」。從一開始「猶太人」就恨他說：「他像一隻『狐狸』竊據『寶座』，像一頭『老虎』統治『百姓』，像一條『狗』那樣死去。」他殘酷鎮壓人民，用一支強大的「僱傭軍」鎮壓「猶太人民」；他熱衷於「建築」，於公元前二十年重建「聖

殿」；他「徵收重稅」搜刮老百姓；他表面上尊重以「耶路撒冷」爲中心的「猶太教」，在「耶路撒冷」以外，卻熱心提倡「希臘文化」。

「大希律」死於公元前四年，在他未死之前，他與「羅馬帝國」約定將由他的三個兒子分領他的國土。「亞基老」分得「猶太」、「撒瑪利亞」和「以土買」；「安提帕斯」分得「加利利」和「利亞」；「腓力」分得「東北一帶地區」。

「希律．安提帕斯」於公元前四年至公元三十九年，統治「加利利」和「比利亞」。《福音書》中提到的「希律」，就是指「希律．安提帕斯」，他用一隻龐大的軍隊，維持他的統治。「希律．安提帕斯」爲人狡猾，有「狐狸」之稱，與「大希律」的孫女「希羅底」，有不正當的男女關係。

「大希律」有十個妻子，「希羅底」是「大妻子」生的「孫女」，卻嫁給另一個妻子生的兒子「腓力」，就是嫁給「叔叔」。後來，她看到「腓力」被廢去了「分王」的名號，便引誘他的兄弟「安提帕斯」，帶了女兒一同來嫁給「安提帕斯」。

除了「政治壓迫」之外，「猶太人」還要忍受重大的「稅賦」壓迫。除了給「羅馬人」納稅以外，還有「應當歸給上帝的禮物」，就是每人要向「聖殿」交「半舍克勒銀子」。這些稅都是通過「稅吏」來徵收，而且「稅吏」一般都仗勢欺人，敲詐勒索。因此，《福音書》裡面的「稅吏」，都是被「猶太人」所憎恨。

公元前四年，「耶穌」誕生。三位前往拜訪「小耶穌」的「先知」去見「大希律王」，「大希律王」爲了解決這個「未來新的王」，就下令將「兩歲以下的嬰兒」殺光。因此，「耶穌」出生後不久，一度前往「埃及」，以逃避「大希律王」的追殺。

三、「耶穌」誕生年代的爭議

「公元（Common Era，縮寫爲C.E.）」，也稱「西元」，是一個被當今國際社會最廣泛使用的「紀年」標準。源自於「西方國家」使用的「基督紀年」，以當時認定的「耶穌出生年」，作爲「紀年」的開始。第一年被稱作「基督元年（耶穌出生的那一年）」。由於「西方文化」的強勢，「公元紀元」成爲世界上的通用標準。

在英語裡「紀元前」是用「B.C.」來代表，「紀元後」是用「A.D.」來代表；「B.C.」是「Before Christ」（基督前）的首字母縮寫，「基督徒」常翻譯爲「主前」；而「A.D.」則是拉丁文「Anno Domini」（主的年分）的縮寫，「基督徒」常翻譯爲「主後」。

「公元紀年」起源於「基督教」的影響，在公元五二五年以前，當時「羅馬教廷」所採用的是「戴克里先曆」。「戴克里先曆」是以迫害「基督徒」著稱的羅馬皇帝「戴克里先」登基之年，即公元二八四年做爲「元年」，俗稱「殉教紀元」。

公元五二五年時，由於「教宗若望一世」不喜歡「羅馬皇帝」曾經逼迫「基督徒」，不愛用「戴克里先曆」，於是下令神學家「狄奧尼修斯」爲「西方教會」制訂一種標準曆法，以「耶穌降生那年」起算，用A.D.（Anno Domini，俗稱「公元」或「西元」）來表示，以取代當時「羅馬教廷」所採用的「戴克里先曆」。

「狄奧尼修斯」推算「耶穌」是生於「古羅馬帝國」建國後的七五四年，但是後來的「歷史學家」發現他的計算可能有錯誤，「耶穌」並非出生於公元一年，現在一般以「耶穌」誕生在約公元前七年至前四年左右的說法最可靠。

四、「耶穌」的正統家譜

「耶穌的家譜」，記載於《新約聖經》的兩個段落：《馬太福音》第一章第一到十七節和《路加福音》第三章第二十三到三十八節。這兩份「耶穌的家譜」，都向上追溯到「大衛」乃至「亞伯拉罕」，而《路加福音》中的譜系，還繼續向上，一直追溯到「亞當」。

這兩份「耶穌的家譜」，在「亞伯拉罕」和「大衛」之間的部分是一致的，但是在「大衛」以後的部分，則有極大的差異。

關於這個差異，有兩派的說法，其一爲「馬太」所述說的是「約瑟的家譜」，「路加」所述說的是「瑪利亞的家譜」；另一種說法爲，「馬太」所述說的是生父「雅各的家譜」，「路加」所述說的是「約瑟」的繼父「希里」的家譜。

因爲，出於「所羅門家譜」的「馬但」，生了「雅各」。「馬但」死後，屬於「拿單家譜」的「瑪塔」，娶了「馬但」的寡婦，並生了「希里」。因此，「希里」和「雅各」是同母的兄弟。「希里」無子而死，「雅各」爲他兄弟立後，生了「約瑟」。「約瑟」根據血源是屬於「雅各」，但是按照法律，又是屬於「希里」。因此，「約瑟」是他們二者的兒子。

但是，還是有學者懷疑這兩派的說法，認爲這兩個家譜不盡相同，有矛盾之處。「基督教會」則回應，因爲年代久遠，資料不全，查證不易，難求精確，所以不必認眞，參考就好。甚至引用「使徒保羅」的話，來告誡「基督徒」。

●《新約聖經》提摩太前書：

1:4 也不可聽從荒渺無憑的話語、和無窮的「家譜」．這等事只生辯論、並不發明　神在信上所立的章程。

「基督教會」解釋「馬太」及「路加」所列的「耶穌家譜」，主要是爲了突顯「耶穌」人子的屬性，配合寫書的目的，故不盡相同，雖然欠缺精確，也無傷大雅。倘若吹毛求庛，執意細究，則頻生爭論，徒增困擾，於事無益，陷入無謂的爭辯，羞辱「耶穌基督」。

對於「基督徒」來說，理當如此，不可懷疑「耶穌的家譜」，否則就是羞辱「耶穌基督」。但是，對於「考古學家」和「非基督徒」而言，「耶穌的家譜」是一個謎，這是個事實，無法否認。

下面列出《馬太福音》和《路加福音》這兩份「耶穌的家譜」的經文，各位「讀者」可以自己比較看看。

●《新約聖經》馬太福音：

1:1「亞伯拉罕」的後裔、「大衛」的子孫、「耶穌基督」的家譜．(「後裔子孫」原文都作「兒子」下同)

1:2「亞伯拉罕」生「以撒」．「以撒」生「雅各」．「雅各」生「猶大」和他的弟兄。

1:3「猶大」從「他瑪氏」生「法勒斯」和「謝拉」・「法勒斯」生「希斯崙」・「希斯崙」生
「亞蘭」。
1:4「亞蘭」生「亞米拿達」・「亞米拿達」生「拿順」・「拿順」生「撒門」。
1:5「撒門」從「喇合氏」生「波阿斯」・「波阿斯」從「路得氏」生「俄備得」・「俄備得」
生「耶西」。
1:6「耶西」生「大衛王」。「大衛」從「烏利亞」的妻子生「所羅門」。
1:7「所羅門」生「羅波安」・「羅波安」生「亞比雅」・「亞比雅」生「亞撒」。
1:8「亞撒」生「約沙法」・「約沙法」生「約蘭」・「約蘭」生「烏西亞」。
1:9「烏西亞」生「約坦」・「約坦」生「亞哈斯」・「亞哈斯」生「希西家」。
1:10「希西家」生「瑪拿西」・「瑪拿西」生「亞們」・「亞們」生「約西亞」。
1:11百姓被遷到「巴比倫」的時候、「約西亞」生「哥尼雅」耶和他的弟兄。
1:12遷到「巴比倫」之後、「耶哥尼雅」生「撒拉鐵」・「撒拉鐵」生「所羅巴伯」。
1:13「所羅巴伯」生「亞比玉」・「亞比玉」生「以利亞敬」・「以利亞敬」生「亞所」。
1:14「亞所」生「撒督」・「撒督」生「亞金」・「亞金」生「以律」。
1:15「以律」生「以利亞撒」・「以利亞撒」生「馬但」・「馬但」生「雅各」。
1:16「雅各」生「約瑟」、就是「馬利亞」的丈夫・那稱爲「基督」的「耶穌」、是從「馬利亞」
生的。

1:17這樣、從「亞伯拉罕」到「大衛」、共有十四代・從「大衛」到遷至「巴比倫」的時候、也
有十四代・從遷至「巴比倫」的時候到「基督」、又有十四代。

●《新約聖經》路加福音：

3:23「耶穌」開頭傳道、年紀約有三十歲・依人看來、他是「約瑟」的兒子、「約瑟」是「希里」
的兒子。
3:24「希里」是「瑪塔」的兒子、「瑪塔」是「利未」的兒子、「利未」是「麥基」的兒子、「麥
基」是「雅拿」的兒子、「雅拿」是「約瑟」的兒子。
3:25「約瑟」是「瑪他提亞」的兒子、「瑪他提亞」是「亞摩斯」的兒子、「亞摩斯」是「拿鴻」
的兒子、「拿鴻」是「以斯利」的兒子、「以斯利」是「拿該」的兒子。
3:26「拿該」是「瑪押」的兒子、「瑪押」是「瑪他提亞」的兒子、「瑪他提亞」是「西美」的兒
子、「西美」是「約瑟」的兒子、「約瑟」是「猶大」的兒子、「猶大」是「約亞拿」的兒
子。
3:27「約亞拿」是「利撒」的兒子、「利撒」是「所羅巴伯」的兒子、「所羅巴伯」是「撒拉鐵」
的兒子、「撒拉鐵」是「尼利」的兒子、「尼利」是「麥基」的兒子。
3:28「麥基」是「亞底」的兒子、「亞底」是「哥桑」的兒子、「哥桑」是「以摩當」的兒子、
「以摩當」是「珥」的兒子、「珥」是「約細」的兒子。
3:29「約細」是「以利以謝」的兒子、「以利以謝」是「約令」的兒子、「約令」是「瑪塔」的兒

子、「瑪塔」是「利未」的兒子。
3:30「利未」是「西緬」的兒子、「西緬」是「猶大」的兒子、「猶大」是「約瑟」的兒子、「約
瑟」是「約南」的兒子、「約南」是「以利亞敬」的兒子。
3:31「以利亞敬」是「米利亞」的兒子、「米利亞」是「買南」的兒子、「買南」是「瑪達他」的
兒子、「瑪達他」是「拿單」的兒子、「拿單」是「大衛」的兒子。
3:32「大衛」是「耶西」的兒子、「耶西」是「俄備得」的兒子、「俄備得」是「波阿斯」的兒
子、「波阿斯」是「撒門」的兒子、「撒門」是「拿順」的兒子。
3:33「拿順」是「亞米拿達」的兒子、「亞米拿達」是「亞蘭」的兒子、「亞蘭」是「希斯崙」的
兒子、「希斯崙」是「法勒斯」的兒子、「法勒斯」是「猶大」的兒子。
3:34「猶大」是「雅各」的兒子、「雅各」是「以撒」的兒子、「以撒」是「亞伯拉罕」的兒子、
「亞伯拉罕」是「他拉」的兒子、「他拉」是「拿鶴」的兒子。
3:35「拿鶴」是「西鹿」的兒子、「西鹿」是「拉吳」的兒子、「拉吳」是「法勒」的兒子、「法
勒」是「希伯」的兒子、「希伯」是「沙拉」的兒子。
3:36「沙拉」是「該南」的兒子、「該南」是「亞法撒」的兒子、「亞法撒」是「閃」的兒子、
「閃」是「挪亞」的兒子、「挪亞」是「拉麥」的兒子。
3:37「拉麥」是「瑪士撒拉」的兒子、「瑪士撒拉」是「以諾」的兒子、「以諾」是「雅列」的兒
子、「雅列」是「瑪勒列」的兒子、「瑪勒列」是「該南」的兒子、「該南」是「以挪士」

的兒子。

3:38「以挪士」是「塞特」的兒子、「塞特」是「亞當」的兒子、「亞當」是 神的兒子。

五、「耶穌」的開路先鋒「施洗約翰」

在「耶穌基督」誕生之前，有一位非常重要的人物，他被「神」揀選作「先知」式的呼召，爲將要來臨的「耶穌」鋪下「救恩之路」，做「開路先鋒」，這個人就是「施洗約翰（John the Baptist）」。他的本名只是「約翰」，爲了避免跟《聖經》裡，其他同名叫「約翰」的人混淆，他被稱爲「施洗約翰」。

「施洗約翰」是「基督教」中的重要人物，是「耶穌」的「開路先鋒」。「施洗約翰」在「約旦河」中爲人「施洗禮」、勸人悔改，後來他因公開抨擊當時的猶太王「希律．安提帕斯」，因此被捕入獄，最後遭到處決。

根據《新約聖經》的描述，「施洗約翰」是祭司「亞倫」的後裔。有一位「亞倫」的後裔，名叫「撒迦利亞」，其妻也是祭司「亞倫」的後裔，名叫「以利沙伯」。

「以利沙伯」不能生育，在當時是種羞恥，但是「撒迦利亞」並不因此而厭棄她，他反而爲她禱告，他們兩人一同承受世俗的壓力。有一次，「撒迦利亞」當職，進「聖殿」去燒香，神的「天使加百列」向他顯現，敍述「神」垂聽他的禱告，並預言他的妻子要生一個兒子，他要使許多「以色列人」回轉、歸於主他們的 神。

但是，「撒迦利亞」因爲信心不足，因此「天使加百列」使他暫時成爲「啞巴」，以印證「神的話」必定成就。不久之後，照著「神」應許的能力，「以利沙伯」懷孕生下一子，由「撒迦利亞」給他取名爲「約翰」。這時候，「撒迦利亞」的口就開了，並被「聖靈」充滿，說出「神」的恩典和這孩子未來的工作。

●《新約聖經》路加福音：

1:5 當猶太王「希律」的時候、「亞比雅班」裡有一個「祭司」、名叫「撒迦利亞．」他妻子是「亞倫」的後人、名叫「以利沙伯」。

1:6 他們二人、在 神面前都是「義人」、遵行主的一切誡命禮儀、沒有可指摘的。

1:7 只是沒有孩子、因爲「以利沙伯」不生育、兩個人又年紀老邁了。

1:8 「撒迦利亞」按班次、在 神面前供「祭司」的職分。

1:9 照「祭司」的規矩掣籤、得進主殿燒香。

1:10 燒香的時候、衆百姓在外面禱告。

1:11 有「主的使者」站在「香壇」的右邊、向他顯現。

1:12 「撒迦利亞」看見、就驚慌害怕。

1:13 「天使」對他說、「撒迦利亞」、不要害怕．因爲你的祈禱已經被聽見了、你的妻子「以利沙伯」要給你生一個兒子、你要給他起名叫「約翰」。

1:14 你必歡喜快樂．有許多人因他出世、也必喜樂。

1:15他在主面前將要為大、淡酒濃酒都不喝、從母腹裡就被「聖靈」充滿了。
1:16他要使許多「以色列人」回轉、歸於主他們的　神。
1:17他必有「以利亞」的心志能力、行在主的前面、叫為父的心轉向兒女、叫悖逆的人轉從「義人」的智慧．又為主預備合用的百姓。
1:18「撒迦利亞」對「天使」說、我憑著甚麼可知道這事呢、我已經老了、我的妻子也年紀老邁了。
1:19「天使」回答說、我是站在　神面前的「加百列」、奉差而來、對你說話、將這好信息報給你。
1:20到了時候、這話必然應驗．只因你不信、你必「啞吧」不能說話、直到這事成就的日子。
1:21百姓等候「撒迦利」亞、詫異他許久在殿裡。
1:22及至他出來、不能和他們說話．他們就知道他在殿裡見了「異象」．因為他直向他們打手式、竟成了「啞吧」。
1:23他供職的日子已滿、就回家去了。
1:24這些日子以後、他的妻子「以利沙伯」懷了孕、就隱藏了五個月。
1:25說、主在眷顧我的日子、這樣看待我、要把我在人間的羞恥除掉。

在「1:17他必有『以利亞』的心志能力」這個章節中，「以利亞」是誰？根據《舊約聖經》中的《列王紀上》，「以利亞」是一位「先知」。「以利亞」出現於公元前九世紀，當時「以色列王國」進

入南北分裂時期，分為北「以色列王國」及南「猶大王國」。

《舊約聖經》記載，「以利亞」按照神的旨意，警告「亞哈王」，如果繼續「崇拜偶像」，「神」將審判「以色列」，讓「以色列」經歷旱災。「以色列」經歷三年的旱災後，「以利亞」再次與「亞哈王」見面，並約好在「迦密山」，透過獻「燔祭」，確認哪邊敬拜的神才是眞神。

結果「以利亞」的「祭壇」興起「降火」的神蹟，讓所有人不得不承認上帝「耶和華」才是眞神，並解除了三年旱災的窘境。後來，「以利亞」仍被「以色列」王室逼迫，最後在「約旦河」乘旋風升天去了。

另外，介紹一下在「1:19天使回答說、我是站在　神面前的『加百列』」這個章節中的「天使加百列」。

「天使加百列」是一個傳達上帝「耶和華」訊息的「熾天使」。「熾天使」是在《舊約聖經》中，提到的「六翼天使」。「猶太教」認為此類「天使」擁有人類的外表，而「天主教」神學，則把「熾天使」歸類為最高的等級，是天階中的「神聖階級」。

「熾天使」這個名詞，在《舊約聖經》中，唯一出現於《以賽亞書》。中文《舊約聖經》譯本音譯的「撒拉弗」，由於在語源上有「傳熱者」、「造熱者」的意思，故有書籍譯為「熾天使」。

● **《舊約聖經》以賽亞書：**

6:1　當「烏西雅王」崩的那年、我見主坐在高高的寶座上．他的衣裳垂下、遮滿聖殿。

6:2　其上有「撒拉弗」侍立．各有「六個翅膀」．用兩個翅膀遮臉、兩個翅膀遮腳、兩個翅膀飛

翔・

6:3 彼此呼喊說、聖哉、聖哉、聖哉、萬軍之「耶和華」・他的榮光充滿全地。

「加百利」第一次的出現是在《舊約聖經》但以理書中，他被認爲是上帝的左右手。

● **《舊約聖經》但以理書：**

8:15 我「但以理」見了這「異象」、願意明白其中的意思、忽有一位「形狀像人的」、站在我面前。

8:16 我又聽見「烏萊河」兩岸中有人聲呼叫說、「加百列」阿、要使此人明白這「異象」。

「天使加百列」是負責爲「神」傳訊息的「天使長」，由於在《舊約聖經》中的記載，多半向「女性」顯現神蹟，因此在繪畫作品中，「加百列」被繪爲「女性形象」，一般認爲「加百列」是「女性」的保護者。

再回到經文。

在「以利沙伯」懷孕到第六個月的後，上帝「耶和華」差遣「天使加百列」去「加利利」的「拿撒勒」城，找童女「馬利亞」，告知她將要懷孕生「聖子」，給他取名叫「耶穌」。

● **《新約聖經》路加福音：**

1:26 到了第六個月、「天使加百列」奉　神的差遣、往「加利利」的一座城去、這城名叫「拿撒勒」。

1:27 到一個童女那裡、是已經許配「大衛」家的一個人、名叫「約瑟」、童女的名字叫「馬利

亞」。
1:28「天使」進去、對他說、蒙大恩的女子、我問你安、主和你同在了。
1:29「馬利亞」因這話就很驚慌、又反復思想這樣問安是甚麼意思。
1:30「天使」對他說、「馬利亞」、不要怕．你在　神面前已經蒙恩了。
1:31你要懷孕生子、可以給他起名叫「耶穌」。
1:32他要爲大、稱爲至高者的兒子．主　神要把他祖「大衛」的位給他．
1:33他要作「雅各」家的王、直到永遠．他的國也沒有窮盡。
1:34「馬利亞」對「天使」說、我沒有出嫁、怎麼有這事呢。
1:35「天使」回答說、「聖靈」要臨到你身上、至高者的能力要蔭庇你．因此所要生的「聖者」、
必稱爲　「神的兒子」。（或作「所要生的必稱爲聖稱爲　神的兒子」）
1:36況且你的親戚「以利沙伯」、在年老的時候、也懷了男胎．就是那素來稱爲不生育的、現在
有孕六個月了。
1:37因爲出於　神的話、沒有一句不帶能力的。
1:38「馬利亞」說、我是主的「使女」、情願照你的話成就在我身上。「天使」就離開他去了。

「馬利亞」問「天使加百列」，她還沒有出嫁，怎麼會有懷孕這種事，「天使加百列」回答，因爲出於「神的話」，沒有一句不帶能力的。並且舉「馬利亞」的親戚「以利沙伯」爲例，在「以利沙伯」年老的時候，也懷了男胎，就是那素來稱爲不生育的，現在有孕六個月了。

等「天使加百列」一離開，「馬利亞」立即起身，急忙去找她的親戚「以利沙伯」。結果，「馬利亞」進了「撒迦利亞」的家，向「以利沙伯」問安時，「以利沙伯」有了嚴重的「胎動現象」，並且被「聖靈」充滿。「馬利亞」告訴「以利沙伯」，有關「天使加百列」說她會未婚懷聖子一事。「以利沙伯」安慰「馬利亞」說她是有福的，因爲主對她所說的話，都要應驗。這時，「馬利亞」才接受因「聖靈」的大能而懷孕這件事情。

●《新約聖經》路加福音：

1:39那時候「馬利亞」起身、急忙往山地裡去、來到「猶大」的一座城。
1:40進了「撒迦利亞」的家、問「以利沙伯」安。
1:41「以利沙伯」一聽「馬利亞」問安、所懷的胎就在腹裡跳動、「以利沙伯」且被「聖靈」充滿。
1:42高聲喊著說、你在婦女中是有福的、你所懷的胎也是有福的。
1:43我主的母到我這裡來、這是從那裡得的呢．
1:44因爲你問安的聲音、一入我耳、我腹裡的胎、就歡喜跳動。
1:45這相信的女子是有福的．因爲主對她所說的話、都要應驗。
1:46「馬利亞」說、我心尊主爲大。
1:47我靈以　神我的救主爲樂。
1:48因爲他顧念他「使女」的卑微．從今以後、萬代要稱我有福。

1:49 那有權能的爲我成就了大事．他的名爲聖。

1:50 他憐憫敬畏他的人、直到世世代代。

1:51 他用膀臂施展大能．那狂傲的人、正心裡妄想、就被他趕散了。

1:52 他叫有權柄的失位、叫卑賤的升高。

1:53 叫飢餓的得飽美食、叫富足的空手回去。

1:54 他扶助了他的僕人「以色列」。

1:55 爲要記念「亞伯拉罕」和他的後裔、施憐憫、直到永遠、正如從前對我們列祖所說的話。

1:56「馬利亞」和「以利沙伯」同住、約有三個月、就回家去了。

根據「天使加百列」告訴「馬利亞」說「你的親戚以利沙伯」，還有「現在有孕六個月了」。「基督教」解經家傳統的解釋，都認爲「以利沙伯」與「馬利亞」是「表姊妹」關係，而「施洗約翰」與「耶穌」則爲「表兄弟」關係。「施洗約翰」是「耶穌」的表哥，還比「耶穌」大六個月，這是根據傳統的解釋去認識的，卻缺乏經文的支持。

繼續往下看經文，因爲「撒迦利亞」信心不足，因此「天使加百列」使他暫時成爲「啞巴」，以印證神的話必定成就。不久之後，照著神應許的能力，「以利沙伯」懷孕生下一子，由「撒迦利亞」給他取名爲「約翰」。這時候，「撒迦利亞」的口就開了，並被「聖靈」充滿，說出神的恩典和這孩子未來的工作。

●《新約聖經》路加福音：

1:57「以利沙伯」的產期到了、就生了一個兒子。
1:58鄰里親族、聽見主向他大施憐憫、就和他一同歡樂。
1:59到了第八日、他們來要給孩子行「割禮」‧並要照他父親的名字、叫他「撒迦利亞」。
1:60他母親說、不可‧要叫他「約翰」。
1:61他們說、你親族中沒有叫這名字的。
1:62他們就向他父親打手式、問他要叫這孩子甚麼名字。
1:63他要了一塊寫字的板、就寫上說、他的名字是「約翰」。他們便都希奇。
1:64「撒迦利亞」的口立時開了、舌頭也舒展了、就說出話來、稱頌 神。
1:65周圍居住的人都懼怕、這一切的事就傳遍了「猶太」的山地。
1:66凡聽見的人、都將這事放在心裡、說、這個孩子、將來怎麼樣呢‧因為有主與他同在。
1:67他父親「撒迦利亞」、被「聖靈」充滿了、就預言說。
1:68主「以色列的 神」、是應當稱頌的‧因他眷顧他的百姓、為他們施行救贖。
1:69在他僕人「大衛」家中、為我們興起了拯救的角。
1:70（正如主藉著從「創世」以來、「聖先知」的口所說的話。）
1:71拯救我們脫離仇敵、和一切恨我們之人的手。
1:72向我們列祖施憐憫、記念他的聖約。

1:73就是他對我們祖宗「亞伯拉罕」所起的誓。
1:74叫我們既從仇敵手中被救出來。
1:75就可以終身在他面前、坦然無懼的用聖潔公義事奉他。
1:76孩子阿、你要稱爲至高者的「先知」．因爲你要行在主的前面、預備他的道路。
1:77叫他的百姓因罪得赦、就知道救恩。
1:78因我們　神憐憫的心腸、叫清晨的日光從高天臨到我們。
1:79要照亮坐在黑暗中死蔭裡的人．把我們的腳引到平安的路上。
1:80那孩子漸漸長大、心靈強健、住在曠野、直到他顯明在「以色列人」面前的日子。

「施洗約翰」在「猶太曠野」長大成人，在那兒領受作「先知」的呼召，當時大約是公元二十七年，他到「約旦河」一帶傳講「悔改的信息」。

● **《新約聖經》路加福音：**

3:2「亞那」和「該亞法」作「大祭司」、那時、「撒迦利亞」的兒子「約翰」在曠野裡、　神的話臨到他。
3:3　他就來到「約但河」一帶地方、宣講「悔改的洗禮」、使罪得赦。
3:4　正如先知「以賽亞書」上所記的話、說、『在曠野有人聲喊著說、預備主的道、修直他的路。

「施洗約翰」呼籲「以色列人」不要以爲他們是「亞伯拉罕」的後裔，就可以逃避神的審判，他們都需要悔改行善，尋求赦罪。他最著名的信息之一，就是「天國近了，你們應當悔改！」。後來，「耶穌」和「十二使徒」都以這句話來呼召人悔改。

●《新約聖經》馬太福音：

4:17 從那時候「耶穌」就傳起道來、說、「天國近了、你們應當悔改」。

10:7 隨走隨傳、說、「天國近了」。

「施洗約翰」在曠野工作，他身穿的駱駝毛的衣服，吃的是蝗蟲野蜜，過著最簡單的生活，表現不爲名位、勢利的淡泊心志，傳悔改的洗禮。他又批評當時的權貴和宗教領袖，稱他們爲「毒蛇」的種類。

雖然「施洗約翰」受一般百姓的擁戴，他卻沒有自高自大，反而強調自己是那位「將臨者」的先鋒；這位「將臨者」跟他一樣，其誕生早被天使清楚說明。「施洗約翰」用水施洗，但「將臨者」卻要用「火和聖靈」爲人施洗。

●《新約聖經》馬太福音：

3:1 那時、有「施洗的約翰」出來、在「猶太」的曠野傳道、說、

3:2 天國近了、你們應當悔改。

3:3 這人就是先知「以賽亞」所說的、他說、「在曠野有人聲喊著說、預備主的道、修直他的路。」

3:4 這「約翰」身穿駱駝毛的衣服、腰束皮帶、喫的是蝗蟲野蜜。

3:5 那時、「耶路撒冷」和「猶太全地」、並「約但河」一帶地方的人、都出去到「約翰」那裡。
3:6 承認他們的罪、在「約但河」裡受他的洗。
3:7「約翰」看見許多「法利賽人」和「撒都該人」、也來受洗、就對他們說、毒蛇的種類、誰指示你們逃避將來的忿怒呢。
3:8 你們要結出果子來、與悔改的心相稱。
3:9 不要自己心裡說、有「亞伯拉罕」爲我們的祖宗・我告訴你們、 神能從這些石頭中給「亞伯拉罕」興起子孫來。
3:10現在斧子已經放在樹根上、凡不結好果子的樹、就砍下來、丟在火裡。
3:11我是用水給你們施洗、叫你們悔改・但那在我以後來的、能力比我更大、我就是給他提鞋、也不配・他要用「聖靈與火」給你們施洗。
3:12他手裡拿著「簸箕」、要揚淨他的場、把麥子收在倉裡、把糠用不滅的火燒盡了。

「施洗約翰」在傳教的過程中，勇敢指出人的錯誤，有很多人聽了他的道之後，接受了他的「洗禮」。

●**《新約聖經》路加福音：**

3:10眾人問他說、這樣我們當作甚麼呢。
3:11「約翰」回答說、有兩件衣裳的、就分給那沒有的・有食物的、也當這樣行。

3:12又有「稅吏」來要受洗、問他說、夫子、我們當作甚麼呢。
3:13「約翰」說、除了例定的數目、不要多取。
3:14又有「兵丁」問他說、我們當作甚麼呢。「約翰」說、不要以強暴待人、也不要訛詐人、自
己有錢糧就當知足。
3:15百姓指望「基督」來的時候、人都心裡猜疑、或者「約翰」是「基督」。
3:16「約翰」說、我是用水給你們施洗、但有一位能力比我更大的要來、我就是給他解鞋帶也不
配・他要用「聖靈與火」給你們施洗。
3:17他手裡拿著簸箕、要揚淨他的場、把麥子收在倉裡、把糠用不滅的火燒盡了。
3:18約翰又用許多別的話勸百姓、向他們傳福音。

「施洗約翰」滿三十歲開始服事，到「耶穌」滿三十歲接受「施洗約翰」的施洗之前，短短半年之間，「全猶太」和「全約旦河地區」的人，都到「施洗約翰」那裡去，承認他們的罪，在「約旦河」裡受他的洗。所以，當「耶穌」來接受「施洗約翰」施洗的時候，他就見證了「耶穌」應得的地位，並叫他自己的「門徒」跟從「耶穌」。

「施洗約翰」就是《舊約聖經》的預言中，那在「基督」前面，爲上帝「耶和華」預備道路的那個人。

●**《舊約聖經》以賽亞書：**

40:3有人聲喊著說、在曠野預備「耶和華」的路、（或作「在曠野有人聲喊著說當預備耶和華的

路」）在沙漠地修平我們　神的道。

●《舊約聖經》瑪拉基書：

3:1 萬軍之「耶和華」說、我要差遣我的「使者」、在我前面預備道路．你們所尋求的主、必忽然進入他的殿．立約的「使者」、就是你們所仰慕的、快要來到。

「施洗約翰」是「耶穌」的開路先鋒，他的工作主要有三個方面：

⑴傳遞悔改的信息

「施洗約翰」傳道的聲音，打破了四百年的沉默，因為足足有四百年的時間，上帝「耶和華」沒有向他的選民說話了。「施洗約翰」是一個劃時代的人物，也是一個銜接《舊約聖經》和《新約聖經》的偉大「先知」。

●《新約聖經》馬太福音：

3:1 那時、有「施洗的約翰」出來、在「猶太」的曠野傳道、說。

3:2 天國近了、你們應當悔改。

⑵為人施洗

「施洗約翰」不但傳遞悔改的信息，也在「約旦河」裡，為那些願意承認自己罪的人施洗。為人「施洗」的目的，就是上帝「耶和華」借著「約翰」的「施洗」，讓「被施洗的人」認出上帝「耶和華」所預備的「基督」的到來。

●《新約聖經》約翰福音：

1:32「約翰」又作見證說、我曾看見「聖靈」彷彿「鴿子」、從天降下、住在他的身上。
1:33我先前不認識他・只是那差我來用水施洗的、對我說、你看見「聖靈」降下來、住在誰的身上、誰就是用「聖靈」施洗的。
1:34我看見了、就證明這是　神的兒子。

(3)爲「耶穌」作見證

「施洗約翰」向衆人宣告「基督」已經到來，他在曠野的傳道，在「約旦河」裡的施洗，引起了很大的轟動。「猶太人」從「耶路撒冷」差「祭司」和「利未人」到「施洗約翰」那裡，問他說：「你是誰？」他就明說：「我不是基督。」

●《新約聖經》約翰福音：

1:19「約翰」所作的見證、記在下面・「猶太人」從「耶路撒冷」差「祭司」和「利未人」到「約翰」那裡、問他說、你是誰。
1:20他就明說、並不隱瞞・明說、我不是「基督」。
1:21他們又問他說、這樣你是誰呢、是「以利亞」麼・他說、我不是・是那「先知」麼、他回答說、不是。
1:22於是他們說、你到底是誰、叫我們好回覆差我們來的人・你自己說、你是誰。
1:23他說、我就是那在曠野有人聲喊著說、修直主的道路、正如先知「以賽亞」所說的。
1:24那些人是「法利賽人」差來的。（或作「那差來的是法利賽人」）

1:25他們就問他說、你既不是「基督」、不是「以利亞」、也不是那「先知」、爲甚麼「施洗」
呢。
1:26「約翰」回答說、我是用水施洗、但有一位站在你們中間、是你們不認識的。
1:27就是那在我以後來的、我給他解鞋帶、也不配。
1:28這是在「約但河」外「伯大尼」、（有古卷作「伯大巴喇」）「約翰」施洗的地方作的見
證。

另外，「施洗約翰」當著「耶穌」的面，爲「耶穌」作見證。

●**《新約聖經》約翰福音：**

1:29次日、「約翰」看見「耶穌」來到他那裡、就說、看哪、 神的「羔羊」、除去（或作「背
負」）世人罪孽的。
1:30這就是我曾說、有一位在我以後來、反成了在我以前的．因他本來在我以前。
1:31我先前不認識他．如今我來用水施洗、爲要叫他顯明給「以色列人」。
1:32「約翰」又作見證說、我曾看見「聖靈」彷彿「鴿子」、從天降下、住在他的身上。
1:33我先前不認識他．只是那差我來用水施洗的、對我說、你看見「聖靈」降下來、住在誰的身
上、誰就是用「聖靈」施洗的。
1:34我看見了、就證明這是 「神的兒子」。
1:35再次日、「約翰」同兩個「門徒」站在那裡。

1:36他見「耶穌」行走、就說、看哪、這是　「神的羔羊」。
1:37兩個「門徒」聽見他的話、就跟從了「耶穌」。

這兩個「門徒」是誰呢？他們後來都成了「耶穌」的「門徒」，一個是「安德烈」，一個就是《約翰福音》的作者「約翰」。

雖然「基督徒」依據《舊約聖經》的預言，一致認爲「施洗約翰」是「耶穌」的「開路先鋒」。但是，有一段經文很耐人尋味，那就是「施洗約翰」被「希律·安提帕斯」逮捕入獄後，爲何對「耶穌」「彌賽亞」的身分有了猶豫？這是一件令人費解的事情。

這段經文在《路加福音》與《馬太福音》都有記載，「施洗約翰」差「門徒」去問「耶穌」：「你就是將要來的那一位嗎？還是我們要等待另一位呢？」

●《新約聖經》路加福音：

7:18「約翰」的「門徒」把這些事都告訴「約翰」。
7:19他便叫了兩個「門徒」來、打發他們到主那裡去、說、那將要來的是你麼。還是我們等候別人呢。
7:20那兩個人來到「耶穌」那裡、說、「施洗的約翰」打發我們來問你、那將要來的是你麼·還是我們等候別人呢。

●《新約聖經》馬太福音：

11:2「約翰」在監裡聽見「基督」所作的事、就打發兩個「門徒」去。

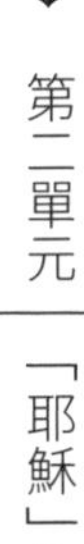

11:3問他說、那將要來的是你麼、還是我們等候別人呢。

結果，「耶穌」居然沒有正面回答：「是的！我就是將要來的那一位。」而是回答：「你們去把所看見、所聽見的事，告訴約翰。」

●《新約聖經》路加福音：

7:21正當那時候、「耶穌」治好了許多有疾病的、受災患的、被惡鬼附著的．又開恩叫好些瞎子能看見。

7:22「耶穌」回答說、你們去把所看見所聽見的事告訴「約翰」．就是瞎子看見、瘸子行走、長大痲瘋的潔淨、聾子聽見、死人復活、窮人有福音傳給他們。

7:23凡不因我跌倒的、就有福了。

●《新約聖經》馬太福音：

11:4「耶穌」回答說、你們去把所聽見所看見的事告訴「約翰」．

11:5就是瞎子看見、瘸子行走、長大痲瘋的潔淨、聾子聽見、死人復活、窮人有福音傳給他們。

11:6凡不因我跌倒的、就有福了。

這個回答根本就是「tricky（狡猾的；巧妙的）」的答案。因為，大家還是不知道「耶穌」到底是不是那將要來的「彌賽亞」？

難怪雖然「猶太人」對「耶穌」的看法紛歧，有的漠不關心，有的認為他是「背道者、拉比（老師）、智者、先知、神祕主義者」等等，但是這些紛歧的看法，都有一個共同點，就是他們都不相信

「耶穌」是「彌賽亞」。

而「伊斯蘭教」則聲稱，「耶穌」只不過是「上帝」派來的「先知」和「使者」之一，而不是「上帝的獨生子」。「穆斯林」堅決反對「耶穌」是「上帝的兒子」。

有的「基督徒」因此對「施洗約翰」看到「聖靈」如「鴿子」降下的神蹟，產生懷疑；有的「基督徒」則是無法接受「施洗約翰」會懷疑「耶穌」，主張懷疑的不是「施洗約翰」本人，他只是替他的「門徒」問的。

有的「基督徒」則認爲，「施洗約翰」的信心，可能眞的動搖了，原因是因爲他被關了起來，失去了自由，心中的鬱悶是可想而知的。可以想見一天一天的過去，上帝「耶和華」也沒有將牢房的門全都打開，而是要「約翰」早回天堂，這時卽使是「先知」的意志，也會被消磨光的。

因此，「施洗約翰」差遣他的兩個「門徒」去問「耶穌」說：「將要來的那位就是你嗎？還是我們要等候另一位呢？」

意思就是要問：「彌賽亞」不是已經降世了嗎？「希律王」應該要推翻了吧？因爲「耶穌」不像傳說中的「彌賽亞」，他沒有帶著軍事與政治的大能大力，推翻「希律王」，趕走「羅馬人」，因此「施洗約翰」就懷疑「耶穌」眞的是「彌賽亞」嗎？

同時，「施洗約翰」也有一點擔憂，如果「耶穌」不是那一位「彌賽亞」，那叫我爲「彌賽亞」做見證的任務，就還沒有完成。

但是，大多數的「基督徒」聲稱，「施洗約翰」對上帝「耶和華」的信仰與自己的使命，應該沒有動搖。他也沒有因爲入獄就有所妥協，因爲「施洗約翰」直到臨死那一刻，他始終是勇敢直言，沒有變節的「先知」。

只是「施洗約翰」從外面聽到關於「耶穌」的消息，讓他覺得「耶穌」不像是要率領起義推翻邪惡統治的「彌賽亞」，這樣「施洗約翰」的父親「撒迦利亞」預言的「拯救我們脫離仇敵和一切恨我們之人的手」如何應驗呢？這才使他產生疑惑，希望確認「耶穌」是否就是將要來的那一位「彌賽亞」？

「施洗約翰」最後被被猶太「希律王」斬首，只因爲他的女兒想要他的頭顱，作爲爲王演舞的獎賞。

這位「猶太暴君」名叫「希律．安提帕斯」，是公元一世紀時，「以色列」北部「加利利」地區的統治者，「施洗約翰」和「耶穌」之死都發生在他當政之時。

根據《福音書》的記載，「希律王」拋妻迎娶異母兄「腓力」之妻「希羅底」，「施洗約翰」曾當衆指出「希律王」的不義亂倫，因此他被「希律．安提帕斯」下令逮捕，但是「希律．安提帕斯」顧忌他的威望，一直不敢殺他。

後來，有一次「希律．安提帕斯」的女兒「莎樂美」爲他跳舞，「希律．安提帕斯」高興的答應賞賜她，向神發誓可以賞賜她任何物品。在她母親的慫恿下，「莎樂美」要「施洗約翰」的頭，「希律．安提帕斯」藉此機會，派人殺死「施洗約翰」，將頭放到盤子中交給「莎樂美」。

在《聖經》中，並沒有記載「莎樂美」的名字，只說她是「希羅底」的女兒。

●《新約聖經》路加福音：

3:19 只是分封的王「希律」、因他兄弟之妻「希羅底」的緣故、並因他所行的一切惡事、受了
「約翰」的責備・
3:20 又另外添了一件、就是把「約翰」收在監裡。

●《新約聖經》馬太福音：

14:1 那時分封的王「希律」、聽見「耶穌」的名聲。
14:2 就對臣僕說、這是「施洗的約翰」從死裡復活、所以這些異能從他裡面發出來。
14:3 起先「希律」爲他兄弟「腓力」的妻子「希羅底」的緣故、把「約翰」拿住鎖在監裡。
14:4 因爲「約翰」曾對他說、你娶這婦人是不合理的。
14:5 「希律」就想要殺他、只是怕百姓・因爲他們以「約翰」爲「先知」。
14:6 到了「希律」的生日、「希羅底」的女兒、在衆人面前跳舞、使「希律」歡喜。
14:7 「希律」就起誓、應許隨他所求的給他。
14:8 女兒被母親所使、就說、請把「施洗約翰」的頭、放在盤子裡、拿來給我。
14:9 王便憂愁、但因他所起的誓、又因同席的人、就吩咐給他。
14:10 於是打發人去、在監裡斬了「約翰」。
14:11 把頭放在盤子裡、拿來給了女子・女子拿去給他母親。
14:12 「約翰」的「門徒」來、把屍首領去、埋葬了・就去告訴「耶穌」。

●《新約聖經》馬可福音：

6:14「耶穌」的名聲傳揚出來．「希律王」聽見了、就說、「施洗的約翰」從死裡復活了、所以這
些異能由他裡面發出來。
6:15但別人說、是「以利亞」．又有人說、是「先知」、正像「先知」中的一位。
6:16「希律」聽見、卻說、是我所斬的「約翰」、他復活了。
6:17先是「希律」爲他兄弟「腓力」的妻子「希羅底」的緣故、差人去拿住「約翰」、鎖在監
裡．因爲「希律」已經娶了那婦人。
6:18「約翰」曾對「希律」說、你娶你兄弟的妻子是不合理的。
6:19於是「希羅底」懷恨他、想要殺他．只是不能。
6:20因爲「希律」知道「約翰」是「義人」、是「聖人」、所以敬畏他、保護他．聽他講論、就
多照著行．並且樂意聽他。（「多照著行」有古卷作「游移不定」）
6:21有一天、恰巧是「希律」的生日、「希律」擺設筵席、請了「大臣」和「千夫長」、並「加
利利」作首領的。
6:22「希羅底」的女兒進來跳舞、使「希律」和同席的人都歡喜．王就對女子說、你隨意向我求甚
麼、我必給你。
6:23又對他起誓說、隨你向我求甚麼、就是我國的一半、我也必給你。
6:24他就出去、對他母親說、我可以求甚麼呢．他母親說、「施洗約翰的頭」。
6:25他就急忙進去見王、求他說、我願王立時把「施洗約翰的頭」、放在盤子裡給我。

6:26王就甚憂愁・但因他所起的誓、又因同席的人、就不肯推辭。
6:27隨卽差一個「護衛兵」、吩咐拿「約翰」的頭來・「護衛兵」就去在「監裡」斬了「約
翰」。
6:28把頭放在盤子裡、拿來給女子、女子就給他母親。
6:29「約翰」的「門徒」聽見了、就來把他的屍首領去、葬在「墳墓」裡。
6:30「使徒」聚集到「耶穌」那裡、將一切所作的事、所傳的道、全告訴他。

六、「耶穌」的降生

在公元元年，羅馬帝國「猶太行省」，由羅馬皇帝「奧古斯都（屋大維）」欽點的「大希律王」統治期間，在「加利利」地區的「拿撒勒城」，有一位童貞女「馬利亞」已經許配給木匠「約瑟」，但是還沒有迎娶同房。

天使「加百列」向「馬利亞」顯現，宣告她將要由「聖靈」感孕，並且交代要給他取名叫「耶穌」，因爲他要將自己的「百姓」從罪惡裡拯救出來。「約瑟」是「大衛王」的後代，是一個「義人」，因爲「馬利亞」未婚有孕，就想把她暗暗的休掉，經過「天使」向他說明而回心轉意。

●**《新約聖經》馬太福音：**

1:18「耶穌基督」降生的事、記在下面・他母親「馬利亞」已經許配了「約瑟」、還沒有迎娶、
「馬利亞」就從「聖靈」懷了孕。

1:19他丈夫「約瑟」是個「義人」、不願意明明的羞辱他、想要暗暗的把他休了。
1:20正思念這事的時候、有主的「使者」向他夢中顯現、說、「大衛」的子孫「約瑟」、不要
怕、只管娶過你的妻子「馬利亞」來．因他所懷的孕、是從「聖靈」來的。
1:21他將要生一個兒子．你要給他起名叫「耶穌」．因他要將自己的百姓從罪惡裡救出來。
1:22這一切的事成就、是要應驗主藉「先知」所說的話。
1:23說、「必有童女、懷孕生子、人要稱他的名爲以馬內利。」（「以馬內利」翻出來、就是
「神與我們同在」。）
1:24「約瑟」醒了、起來、就遵著主「使者」的吩咐、把妻子娶過來。
1:25只是沒有和他同房、等他生了兒子、（有古卷作「等他生了頭胎的兒子」）就給他起名叫
「耶穌」。

在「耶穌」出生之前，羅馬皇帝「奧古斯都（屋大維）」頒布一項「人口普查」的法令，要在「百姓」所住的全地進行登記，所有的居民都必須各歸故鄉，於是所有人都啟程，各歸各城去登記。經文中的「該撒亞古士督」，又翻譯爲「凱撒奧古士督」是指當時的羅馬皇帝「奧古斯都（屋大維）」。

「約瑟」本是「大衛」一族的人，他要和他的妻子「馬利亞」一同報名登記上冊。於是「約瑟」帶著懷孕的「馬利亞」前往「大衛」的城「伯利恆」，當時客店客滿，客店裡沒有地方住，只好暫住在客店的「馬廄」裡。那時「馬利亞」的產期到了，就生了頭胎的兒子「耶穌」，用布包起來，放在「馬槽」裡。

那天晚上，「天使」向野地裡的「牧羊人」顯現，宣告「主基督」的降生，他們便來拜訪「耶穌」，把「天使」論這孩子的話傳開了。「東方」的「博士」看見了他的「星」，就帶著禮物也來拜訪「耶穌」。

「約瑟」和「馬利亞」，在「耶穌」出生的第八天，按照「摩西律法」爲他行了「割禮」，並於出生四十天在「耶路撒冷」的「聖殿」行「潔淨禮」。

《新約聖經》路加福音：

2:1 當那些日子、「該撒亞古士督」有旨意下來、叫天下人民都報名上冊。
2:2 這是「居里扭」作「敍利亞巡撫」的時候、頭一次行報名上冊的事。
2:3 衆人各歸各城、報名上冊。
2:4「約瑟」也從「加利利」的「拿撒勒城」上「猶太」去、到了「大衛」的城、名叫「伯利
恆」、因他本是「大衛」一族一家的人。
2:5 要和他所聘之妻「馬利亞」、一同報名上冊．那時「馬利亞」的身孕已經重了。
2:6 他們在那裡的時候、「馬利亞」的產期到了。
2:7 就生了頭胎的兒子、用布包起來、放在「馬槽」裡、因爲客店裡沒有地方。
2:8 在「伯利恆」之野地裡有牧羊的人、夜間按著更次看守羊群。
2:9 有主的「使者」站在他們旁邊、主的榮光四面照著他們．牧羊的人就甚懼怕。
2:10那「天使」對他們說、不要懼怕、我報給你們大喜的信息、是關乎萬民的。

2:11因今天在「大衛」的城裡、爲你們生了救主、就是「主基督」。
2:12你們要看見一個嬰孩、包著布、臥在「馬槽」裡、那就是記號了。
2:13忽然有一大隊「天兵」、同那「天使」讚美 神說。
2:14在至高之處榮耀歸與 神、在地上平安歸與他所喜悅的人。（有古卷作「喜悅歸與人」）
2:15「衆天使」離開他們升天去了、牧羊的人彼此說、我們往「伯利恆」去、看看所成的事、就是
主所指示我們的。
2:16他們急忙去了、就尋見「馬利亞」和「約瑟」、又有那嬰孩臥在「馬槽」裡。
2:17既然看見、就把「天使」論這孩子的話傳開了。
2:18凡聽見的、就詫異牧羊之人對他們所說的話。
2:19「馬利亞」卻把這一切的事存在心裡、反復思想。
2:20牧羊的人回去了．因所聽見所看見的一切事、正如「天使」向他們所說的、就歸榮耀與
神、讚美他。
2:21滿了八天、就給孩子行「割禮」、與他起名叫「耶穌」、這就是沒有成胎以前、「天使」所
起的名。
2:22按「摩西律法」滿了潔淨的日子、他們帶著孩子上「耶路撒冷」去、要把他獻與主．
2:23（正如「主的律法」上所記、「凡頭生的男子、必稱聖歸主。」）
2:24又要照「主的律法」上所說、或用一對「班鳩」、或用兩隻「雛鴿」獻祭。

在「耶路撒冷」有一位「先知」名叫「西面」，這人又公義又虔誠，素常盼望「以色列」的「安慰者」來到，就是救世主「彌賽亞」，又有「聖靈」在他身上。他得到「聖靈」的啟示，知道自己在未死以前，會看見主所立的「基督」。

「約瑟」和「馬利亞」把嬰孩「耶穌」抱進「聖殿」去，把「耶穌」作爲長子獻給神的時候，遇見「西面」。「西面」就稱頌神說，他既已親眼看到了久所盼望的「救主」，就可以安然去世了。

「西面」還說「耶穌」是「神在萬民面前所預備的，是照亮外邦人的光」。「西面」給「約瑟」他們祝福，他預言「以色列人」中，將有一部分人不信「耶穌」而得不到永生，另一部分人則相信「耶穌」而得到永生。他更預言「耶穌」將爲罪人而死在「十字架」上，那時「馬利亞」的心將像被刀刺透那樣痛苦。

●《新約聖經》路加福音：

2:25 在「耶路撒冷」有一個人名叫「西面」．這人又公義又虔誠、素常盼望「以色列」的「安慰
者」來到、又有「聖靈」在他身上。
2:26 他得了「聖靈」的啟示、知道自己未死以前、必看見主所立的「基督」。
2:27 他受了「聖靈」的感動、進入「聖殿」．正遇見「耶穌」的父母抱著孩子進來、要照律法的
規矩辦理。
2:28 「西面」就用手接過他來、稱頌　神說。
2:29 主阿、如今可以照你的話、釋放僕人安然去世。

2:30因爲我的眼睛已經看見你的救恩。
2:31就是你在萬民面前所預備的。
2:32是照亮「外邦人」的光、又是你民「以色列」的榮耀。
2:33孩子的父母、因這論「耶穌」的話就希奇。
2:34「西面」給他們祝福、又對孩子的母親「馬利亞」說、這孩子被立、是要叫「以色列」中許多人跌倒、許多人興起．又要作毀謗的話柄．叫許多人心裡的意念顯露出來．你自己的心也要被刀刺透。

「亞拿」是一位「女先知」，是「亞設」支派「法內力」的女兒，她經歷了應許的眞實。她沒有爲自己早年的守寡而悲哀，反而存著盼望的心來事奉神。當她年老時，她所盼望的大日子終於來臨，她一眼就認出她所盼望的救主「耶穌」。

●《新約聖經》路加福音：

2:36又有「女先知」名叫「亞拿」、是「亞設」支派「法內力」的女兒、年紀已經老邁、從作童女出嫁的時候、同丈夫住了七年、就寡居了。
2:37現在已經八十四歲、(或作「就寡居了八十四年」)並不離開「聖殿」、禁食祈求、晝夜事奉　神。
2:38正當那時、他進前來稱謝　神、將孩子的事、對一切盼望「耶路撒冷」得救贖的人講說。
2:39「約瑟」和「馬利亞」照「主的律法」、辦完了一切的事、就回「加利利」、到自己的城「拿撒勒」去了。

公元前四年，「耶穌」誕生。三位前往拜訪「小耶穌」的「先知」去見「大希律王」，「大希律王」爲了解決這個未來新的「猶太人的王」，就下令將「兩歲以下的嬰兒」殺光。「約瑟」受到「天使」的警告，帶著「馬利亞」和「耶穌」逃往「埃及」，以逃避「大希律王」的追殺。

「大希律王」命令「羅馬駐軍」，殺死了「伯利恆城」內及其四境，所有「兩歲以內的男孩」。「耶穌」一家人，直到「大希律王」死後，才回到「拿撒勒」居住。

經文中提到，「博士」拿「黃金」、「乳香」、「沒藥」爲禮物獻給「耶穌」。

「沒藥（myrrh）」又稱作「末藥」，是「沒藥樹」的「樹脂」。「沒藥樹」黃白色的油狀汁液乾了之後，會變成紅色「沒藥」，在「東方」是一種活血、化瘀、止痛、健胃的藥材，來自產地古代「阿拉伯」及「東非」一帶。

在西方，「沒藥」是一種據說有神奇療效的藥物。「希伯來人」將「沒藥」樹枝製作成各種「芳香劑」、「防腐劑」和「止痛劑」。「舊約時期」常被做成「油膏」，塗抹在傷口，促進傷口癒合。

●《新約聖經》馬太福音：

2:1 當「希律王」的時候、「耶穌」生在「猶太」的「伯利恆」．有幾個「博士」從「東方」來到「耶路撒冷」、說。

2:2 那生下來作「猶太人」之王的在那裡。我們在「東方」看見他的星、特來拜他。

2:3「希律王」聽見了、就心裡不安．「耶路撒冷」合城的人、也都不安。

2:4 他就召齊了「祭司長」和民間的「文士」、問他們說、「基督」當生在何處。
（「文士」是與「法利賽人」相關的「猶太教派」。「文士」是研究「摩西律法（妥拉）」
的專家。最初，這行業由「祭司」專任。）

2:5 他們回答說、在「猶太」的「伯利恆」・因爲有「先知」記著說。

2:6「猶大地的伯利恆阿、你在猶大諸城中、並不是最小的・因爲將來有一位君王、要從你那裡出
來、牧養我以色列民。」

2:7 當下「希律」暗暗的召了「博士」來、細問那「星」是甚麼時候出現的。

2:8 就差他們往「伯利恆」去、說、你們去仔細尋訪那小孩子・尋到了、就來報信、我也好去拜
他。

2:9 他們聽見王的話、就去了・在「東方」所看見的那「星」、忽然在他們前頭行、直行到小孩
子的地方、就在上頭停住了。

2:10他們看見那「星」、就大大的歡喜。

2:11進了房子、看見小孩子和他母親「馬利亞」、就俯伏拜那小孩子、揭開寶盒、拿「黃金」
「乳香」「沒藥」爲禮物獻給他。

2:12「博士」因爲在夢中被主指示、不要回去見「希律」、就從別的路回本地去了。

2:13他們去後、有主的「使者」向「約瑟」夢中顯現、說、起來、帶著小孩子同他母親、逃往
「埃及」、住在那裡、等我吩咐你・因爲「希律」必尋找小孩子要除滅他。

2:14「約瑟」就起來、夜間帶著小孩子和他母親往「埃及」去。
2:15住在那裡、直到「希律」死了．這是要應驗主藉先知所說的話、說、「我從埃及召出我的兒子來。」
2:16「希律」見自己被「博士」愚弄、就大大發怒、差人將「伯利恆城」裡、並四境所有的男孩、照著他向「博士」仔細查問的時候、凡「兩歲以裡的」、都殺盡了。
2:17這就應了先知「耶利米」的話、說。
2:18「在拉瑪聽見號咷大哭的聲音、是拉結哭他兒女、不肯受安慰、因爲他們都不在了。」
2:19「希律」死了以後、有主的「使者」、在「埃及」向「約瑟」夢中顯現、說。
2:20起來、帶著小孩子和他母親往「以色列地」去．因爲要害小孩子性命的人已經死了。
2:21「約瑟」就起來、把小孩子和他母親帶到「以色列地」去。
2:22只因聽見「亞基老」接著他父親「希律」作了「猶太王」、就怕往那裡去．又在夢中被主指示、便往「加利利」境內去了。
2:23到了一座城、名叫「拿撒勒」、就住在那裡．這是要應驗「先知」所說、他將稱爲「拿撒勒人」的話了。

每年到「逾越節」，「耶穌」的父母就上「耶路撒冷」去。「逾越節」是「猶太人」記念神藉著「摩西」，把他們從「埃及」爲奴的苦況下拯救出來的大日子。

可是節期之後，「耶穌」沒有與父母一同離開「耶路撒冷」。父母三天後回到「耶路撒冷」，就

看見他在殿裡，坐在教師中間，一面聽，一面問。這些博學之士反過來問他一些問題，他的應答使他們非常驚奇。凡是聽見他所說的，都希奇他的聰明和應對。十二歲的「耶穌」，已經知到這「聖殿」就是他「天父」的家。

●《新約聖經》馬太福音：

2:40孩子漸漸長大、強健起來、充滿智慧．又有　神的恩在他身上。

2:41每年到「逾越節」、他父母就上「耶路撒冷」去。

2:42當他「十二歲」的時候、他們按著節期的規矩上去。

2:43守滿了節期、他們回去、孩童「耶穌」仍舊在「耶路撒冷」．他的父母並不知道。

2:44以爲他在同行的人中間、走了一天的路程、就在親族和熟識的人中找他。

2:45既找不著、就回「耶路撒冷」去找他。

2:46過了三天、就遇見他在殿裡、坐在教師中間、一面聽、一面問。

2:47凡聽見他的、都希奇他的聰明和他的應對。

2:48他父母看見就很希奇．他母親對他說、我兒、爲甚麼向我們這樣行呢．看哪、你父親和我傷心來找你。

2:49「耶穌」說、爲甚麼找我呢．豈不知我應當以我父的事爲念麼。（或作「豈不知我應當在我父的家裡麼」）

2:50他所說的這話、他們不明白。

2:51 他就同他們下去、回到「拿撒勒」．並且順從他們．他母親把這一切的事都存在心裡。
2:52「耶穌」的智慧和身量、（「身量」或作「年紀」）並 神和人喜愛他的心、都一齊增長。

「耶穌」從十二歲到三十歲之間，這十八年的時間，《四福音書》都沒有記載，好像「耶穌」失蹤了十八年。直到「耶穌」三十歲，在「約旦河」接受「施洗約翰」的「洗禮」，才又重現江湖。這個奇怪的現象，我在「第三單元 耶穌消失的十八年」裡會再詳談。

七、「耶穌」接受「施洗約翰」的「洗禮」

「耶穌」在三十歲時，在「約旦河」接受「施洗約翰」的「洗禮」。

●**《新約聖經》馬太福音：**

3:13 當下、「耶穌」從「加利利」來到「約但河」、見了「約翰」、要受他的洗。
3:14「約翰」想要攔住他、說、我當受你的洗、你反倒上我這裡來麼。
3:15「耶穌」回答說、你暫且許我．因爲我們理當這樣盡諸般的「義」．（或作「禮」）於是「約
翰」許了他。
3:16「耶穌」受了洗、隨卽從水裡上來．天忽然爲他開了、他就看見 「神的靈」、彷彿「鴿子」
降下、落在他身上。
3:17 從天上有聲音說、這是我的愛子、我所喜悅的。

●**《新約聖經》馬可福音：**

1:9 那時、「耶穌」從「加利利」的「拿撒勒」來、在「約但河」裡受了「約翰」的洗。
1:10 他從水裡一上來、就看見天裂開了、「聖靈」彷彿「鴿子」、降在他身上。
1:11 又有聲音從天上來說、你是我的愛子、我喜悅你。

●《新約聖經》約翰福音：

1:29 次日、「約翰」看見「耶穌」來到他那裡、就說、看哪、「神的羔羊」、除去（或作「背負」）世人罪孽的。
1:30 這就是我曾說、有一位在我以後來、反成了在我以前的．因他本來在我以前。
1:31 我先前不認識他．如今我來用水施洗、為要叫他顯明給「以色列人」。
1:32「約翰」又作見證說、我曾看見「聖靈」彷彿「鴿子」、從天降下、住在他的身上。
1:33 我先前不認識他．只是那差我來用水施洗的、對我說、你看見「聖靈」降下來、住在誰的身上、誰就是用「聖靈」施洗的。
1:34 我看見了、就證明這是「神的兒子」。

八、「耶穌」接受魔鬼「撒但」的試探

「耶穌」接受「施洗約翰」的「洗禮」之後，並在曠野四十天禁食禱告，其間經歷過魔鬼「撒但」的若干試探。

●《新約聖經》馬太福音：

4:1 當時、「耶穌」被「聖靈」引到曠野、受「魔鬼」的試探。
4:2 他禁食四十晝夜、後來就餓了。
4:3 那試探人的進前來、對他說、你若是 「神的兒子」、可以吩咐這些石頭變成食物。
4:4「耶穌」卻回答說、經上記著說、「人活著、不是單靠食物、乃是靠 神口裡所出的一切
話。」
4:5「魔鬼」就帶他進了「聖城」、叫他站在殿頂上、(「頂」原文作「翅」)
4:6 對他說、你若是 「神的兒子」、可以跳下去・因爲經上記著說、「主要爲你吩咐他的使
者、用手托著你、免得你的腳碰在石頭上。』
4:7「耶穌」對他說、經上又記著說、「不可試探主你的 神。」
4:8「魔鬼」又帶他上了一座最高的山、將世上的萬國、與萬國的榮華、都指給他看、
4:9 對他說、你若俯伏拜我、我就把這一切都賜給你。
4:10「耶穌」說、「撒但」退去罷。(「撒但」就是「抵擋」的意思乃「魔鬼」的別名)因爲經上
記著說、「當拜主你的 神、單要事奉他。」
4:11 於是「魔鬼」離了「耶穌」、有「天使」來伺候他。

●**《新約聖經》馬可福音：**

1:12「聖靈」就把「耶穌」催到曠野裡去。
1:13 他在曠野四十天受「撒但」的試探・並與「野獸」同在一處・且有「天使」來伺候。

●《新約聖經》路加福音：

4:1「耶穌」被「聖靈」充滿、從「約但河」回來、「聖靈」將他引到曠野、四十天受「魔鬼」的
試探。
4:2 那些日子沒有喫甚麼・日子滿了、他就餓了。
4:3「魔鬼」對他說、你若是　「神的兒子」、可以吩咐這塊石頭變成食物。
4:4「耶穌」回答說、經上記著說、「人活著不是單靠食物、乃是靠　神口裡所出的一切話。」
4:5「魔鬼」又領他上了高山、霎時間把「天下的萬國」都指給他看。
4:6 對他說、這一切「權柄榮華」、我都要給你・因爲這原是交付我的、我願意給誰就給誰。
4:7 你若在我面前下拜、這都要歸你。
4:8「耶穌」說、經上記著說、「當拜主你的　神、單要事奉他。」
4:9「魔鬼」又領他到「耶路撒冷」去、叫他站在殿頂上、（「頂」原文作「翅」）對他說、你若
是　「神的兒子」、可以從這裡跳下去。
4:10因爲經上記著說、「主要爲你吩咐他的「使者」保護你。
4:11他們要用手托著你、免得你的腳碰在石頭上。」
4:12「耶穌」對他說、經上說、「不可試探主你的　神。」
4:13「魔鬼」用完了各樣的試探、就暫時離開「耶穌」。

九、「耶穌」開始傳道

通過魔鬼「撒但」的各種試探之後，「耶穌」開始傳道，首先在故鄉「加利利」一帶，開展傳道工作。「耶穌」對眾人表示，他是神的兒子，用淺近而生動的話語，包括許多比喻。

● 《新約聖經》馬太福音：

4:12「耶穌」聽見「約翰」下了監、就退到「加利利」去。

4:13後又離開「拿撒勒」、往「迦百農」去、就住在那裡．那地方靠海、在「西布倫」和「拿弗他利」的邊界上。

4:14這是要應驗先知「以賽亞」的話。

4:15說、「西布倫地、拿弗他利地、就是沿海的路、約但河外、外邦人的加利利地。

4:16那坐在黑暗裡的百姓、看見了大光、坐在死蔭之地的人、有光發現照著他們。」

4:23「耶穌」走遍「加利利」、在各「會堂」裡教訓人、傳「天國的福音」、醫治百姓各樣的病症。

4:24他的名聲就傳遍了「敘利亞」．那裡的人把一切害病的、就是害各樣疾病、各樣疼痛的、和被鬼附的、癲癇的、癱瘓的、都帶了來、「耶穌」就治好了他們。

4:25當下、有許多人從「加利利」、「低加波利」、「耶路撒冷」、「猶太」、「約但河外」、來跟著他。

9:35「耶穌」走遍各城各鄉、在「會堂」裡教訓人、宣講「天國的福音」、又醫治各樣的病症。

●《新約聖經》路加福音：

4:42 天亮的時候、「耶穌」出來、走到曠野地方。衆人去找他、到了他那裡、要留住他、不要他離開他們。

4:43 但「耶穌」對他們說、我也必須在別城傳　「神國的福音」．因我奉差原是爲此。

以下是「耶穌」傳道和傳「天國的福音」的主要內容，這些內容也是身爲一個「基督徒」，必須要知道的「修行方法」。

（一）修行的方法

●《新約聖經》馬太福音：

5:3 「虛心的人」有福了．因爲天國是他們的。

5:4 「哀慟的人」有福了．因爲他們必得安慰。

5:5 「溫柔的人」有福了．因爲他們必承受地土。

5:6 「飢渴慕義」的人有福了．因爲他們必得飽足。

5:7 「憐恤人的人」有福了．因爲他們必蒙憐恤。

5:8 「淸心的人」有福了．因爲他們必得見　神。

5:9 「使人和睦的人」有福了．因爲他們必稱爲　神的兒子。

5:10 「爲義受逼迫的人」有福了．因爲天國是他們的。

15:4 神說、當「孝敬父母」．又說、咒駡父母的、必治死他。

●《新約聖經》馬太福音：

15:11「入口的」不能汙穢人、「出口的」乃能汙穢人。

15:17 豈不知凡「入口的」、是運到肚子裡、又落在茅廁裡麼。

15:18 惟獨「出口的」、是從心裡發出來的、這纔汙穢人。

15:19 因爲從心裡發出來的、有「惡念、兇殺、姦淫、苟合、偷盜、妄證、謗讟」。

15:20 這都是汙穢人的．至於不洗手喫飯、那卻不汙穢人。

●《新約聖經》馬太福音：

6:31 所以不要憂慮、說、喫甚麼、喝甚麼、穿甚麼。

6:32 這都是外邦人所求的．你們需用的這一切東西、你們的天父是知道的。

6:33 你們要先求他的國、和他的義這些東西都要加給你們了。

6:34 所以不要爲明天憂慮．因爲明天自有明天的憂慮．一天的難處一天當就夠了。

●《新約聖經》馬太福音：

7:1 你們不要論斷人、免得你們被論斷。

7:2 因爲你們怎樣論斷人、也必怎樣被論斷。你們用甚麼量器量給人、也必用甚麼量器量給你們。

7:12 所以無論何事、你們願意人怎樣待你們、你們也要怎樣待人．因爲這就是「律法」和「先知」的道理。

●《新約聖經》馬太福音：

18:15 倘若你的弟兄得罪你、你就去趁著只有他和你在一處的時候、指出他的錯來．他若聽你、你便得了你的弟兄。

18:16 他若不聽、你就另外帶一兩個人同去、要憑兩三個人的口作見證、句句都可定準。

18:17 若是不聽他們、就告訴「教會」．若是不聽「教會」、就看他像「外邦人」和「稅吏」一樣。

●《新約聖經》馬太福音：

18:21 那時「彼得」進前來、對「耶穌」說、主阿、我弟兄得罪我、我當饒恕他幾次呢。到「七次」可以麼。

18:22 耶穌說、我對你說、不是到「七次」、乃是到「七十個七次」。

18:35 你們各人、若不從心裡饒恕你的弟兄、我「天父」也要這樣待你們了。

●《新約聖經》馬太福音：

19:3 有「法利賽人」來試探耶穌說、人無論甚麼緣故、都可以「休妻」麼。

19:4 「耶穌」回答說、那起初造人的、是造男造女。

19:5 並且說、「因此、人要離開父母、與妻子連合、二人成爲一體。」這經你們沒有念過麼。

19:6 既然如此、夫妻不再是兩個人、乃是一體的了．所以 神配合的、人不可分開。

19:9 我告訴你們、凡「休妻」另娶的、若不是爲淫亂的緣故、就是犯姦淫了、有人娶那被休的婦人、也是犯姦淫了。

「法利賽人」（Pharisees）是「第二聖殿時期」（公元前五三六年到七十年）的一個政黨，是當時「猶太教」的四大派別之一，另外三大派別爲「撒都該人」、「艾賽尼派」和「奮銳黨」。

「法利賽」這個名詞的意思是「分離」，指一些爲保持純潔而與俗世保持距離的人，與「撒都該人」追求俗世的權力及物慾相對。

「法利賽人」大約在「猶太人」被擄到「巴比倫」的時候，就已經出現。到「第二聖殿」被毀以後，「法利賽教派」重新建立爲「拉比猶太教」，並成爲了日後傳統「猶太教」的典範，和今日「猶太教」所有教派的根本。

在「猶太教」的歷史與經文之外，「法利賽」主要被《新約》引述爲與「施洗約翰」和「耶穌」產生衝突。

●《新約聖經》馬太福音：

22:34「法利賽人」聽見「耶穌」堵住了「撒都該人」的口、他們就聚集。

22:35 內中有一個人是「律法師」、要試探「耶穌」、就問他說。

22:36 夫子、「律法」上的「誡命」、那一條是最大的呢。

22:37「耶穌」對他說、你要盡心、盡性、盡意、愛主你的　神。

22:38 這是誡命中的第一、且是最大的。

22:39 其次也相倣、就是要「愛人如己」。

22:40 這兩條誡命、是「律法」和「先知」一切道理的總綱。

●《新約聖經》路加福音：

6:20 「耶穌」舉目看著「門徒」說、你們「貧窮的人」有福了·因爲 神的國是你們的。
6:21 你們「飢餓的人」有福了·因爲你們將要飽足。你們「哀哭的人」有福了·因爲你們將要喜
笑。
6:22 人爲「人子」恨惡你們、拒絕你們、辱罵你們、棄掉你們的名、以爲是惡、你們就有福了。
6:23 當那日你們要歡喜跳躍·因爲你們在天上的賞賜是大的·他們的「祖宗」待「先知」也是這
樣。
6:24 但你們「富足的人」有禍了·因爲你們受過你們的安慰。
6:25 你們「飽足的人」有禍了·因爲你們將要飢餓。你們「喜笑的人」有禍了·因爲你們將要哀
慟哭泣。
6:26 人都「說你們好的時候」、你們就有禍了·因爲他們的「祖宗」待「假先知」也是這樣。
6:27 只是我告訴你們這「聽道的人」、你們的「仇敵」要愛他、「恨你們的」要待他好。
6:28 「咒詛你們的」要爲他祝福、「凌辱你們的」要爲他禱告。
6:29 有人「打你這邊的臉」、連「那邊的臉也由他打」·有人奪你的外衣、連裡衣也由他拿去。
6:30 凡「求你的」、就給他·有人「奪你的東西」去、不用再要回來。
6:31 你們願意「人怎樣待你們」、你們也要怎樣待人。

6:32 你們若單愛那愛你們的人、有甚麼可酬謝的呢．就是「罪人」也愛那愛他們的人。
6:33 你們若善待那「善待你們的人」、有甚麼可酬謝的呢．就是「罪人」也是這樣行。
6:34 你們若「借給人」、指望從他收回、有甚麼可酬謝的呢．就是「罪人」也借給「罪人」、要
如數收回。
6:35 你們倒要「愛仇敵」、也要善待他們、並要「借給人」不指望償還．你們的賞賜就必大了、
你們也必作至高者的兒子．因爲他恩待那「忘恩的」和「作惡的」。
6:36 你們要「慈悲」、像你們的父「慈悲」一樣。
6:37 你們「不要論斷人」、就不被論斷．你們不要「定人的罪」、就不被定罪．你們要「饒恕
人」、就必蒙饒恕．（「饒恕」原文作「釋放」）
6:38 你們要給人、就必有給你們的．並且用十足的升斗、連搖帶按、上尖下流的、倒在你們懷
裡．因爲你們用甚麼量器量給人、也必用甚麼量器量給你們。

● **《新約聖經》路加福音：**

6:45 「善人」從他心裡所存的善、就發出善來．「惡人」從他心裡所存的惡、就發出惡來．因爲
心裡所充滿的、口裡就說出來。
15:7 我告訴你們、一個「罪人」悔改、在天上也要這樣爲他歡喜、較比爲九十九個不用悔改的
「義人」、歡喜更大。
15:10 我告訴你們、一個「罪人」悔改、在　「神的使者」面前、也是這樣爲他歡喜。

16:10人在「最小的事」上忠心、在「大事」上也忠心·在「最小的事」上不義、在「大事」上也不義。
16:13一個僕人不能事奉兩個主·不是惡這個愛那個、就是重這個輕那個·你們不能又事奉　神、又事奉「瑪門」。

(「瑪門」在《新約聖經》中用來描繪「物質財富」或「貪婪」，在「基督教」中掌管「七宗罪」中的「貪婪」，但在「古敍利亞語」是「財富」之意。在《新約聖經》中，「耶穌」用來指責「門徒」「貪婪」時的形容詞。被形容是「財富的邪神」，誘使人為財富互相殺戮。)

● **《新約聖經》路加福音：**

10:25有一個「律法師」、起來試探「耶穌」說、夫子、我該作甚麼纔可以「承受永生」。
10:26「耶穌」對他說、「律法」上寫的是甚麼·你念的是怎樣呢。
10:27他回答說、「你要盡心、盡性、盡力、盡意、愛主你的　神·又要愛鄰舍如同自己。」
10:28「耶穌」說、你回答的是·你這樣行、就「必得永生」。

● **《新約聖經》約翰福音：**

12:46我到世上來、乃是光、叫凡信我的不住在黑暗裡。

(二)有錢財的人進　神的國是何等的難

● **《新約聖經》馬可福音：**

10:17「耶穌」出來行路的時候、有一個人跑來、跪在他面前問他說、良善的夫子、我當作甚麼事、纔可以承受永生。
10:18「耶穌」對他說、你爲甚麼稱我是良善的．除了　神一位之外、再沒有良善的。
10:19「誡命」你是曉得的、不可殺人、不可姦淫、不可偷盜、不可作假見證、不可虧負人、當孝敬父母。
10:20 他對「耶穌」說、夫子、這一切我從小都遵守了。
10:21「耶穌」看著他、就愛他、對他說、你還缺少一件．「去變賣你所有的、分給窮人」、就必有財寶在天上．「你還要來跟從我」。
10:22 他聽見這話、臉上就變了色、憂憂愁愁的走了．「因爲他的產業很多」。
10:23「耶穌」周圍一看、對「門徒」說、「有錢財的人進　神的國是何等的難哪」。
10:24「門徒」希奇他的話。「耶穌」又對他們說、小子、「倚靠錢財的人進　神的國、是何等的難哪」。
10:25「駱駝」穿過鍼的眼、比財主進　神的國、還容易呢。
10:26「門徒」就分外希奇、對他說、這樣誰能得救呢。
10:27「耶穌」看著他們說、在人是不能、在　神卻不然．因爲　神凡事都能。
10:28「彼得」就對他說、看哪、我們已經撇下所有的跟從你了。
10:29「耶穌」說、我實在告訴你們、人爲我和「福音」、撇下房屋、或是弟兄、姐妹、父母、兒女、田地。

10:30 沒有不在今世得百倍的、就是房屋、弟兄、姐妹、母親、兒女、田地、並且要受逼迫．「在來世必得永生」。

（三）禱告的方法

●《新約聖經》馬太福音：

6:5 你們「禱告」的時候、不可像那「假冒爲善的人」、愛站在「會堂」裡、和「十字路口上」禱告、故意叫人看見．我實在告訴你們、他們已經得了他們的賞賜。

6:6 你「禱告」的時候、要進你的「內屋」、關上門、禱告你在暗中的父、你父在暗中察看、必然報答你。

6:7 你們「禱告」、不可像「外邦人」、用許多「重複話」．他們以爲話多了必蒙垂聽。

6:8 你們不可效法他們．因爲你們沒有祈求以先、你們所需用的、你們的父早已知道了。

6:9 所以你們「禱告」、要這樣說．我們在「天上的父」、願人都「尊你的名爲聖」。

6:10 願「你的國」降臨。願「你的旨意」行在地上、如同行在天上。

6:11 我們「日用的飲食」、今日賜給我們。

6:12 免「我們的債」、如同我們免了人的債。

6:13 不叫我們「遇見試探」．救我們脫離兇惡。（或作「脫離惡者」）因爲「國度、權柄、榮耀」、全是你的直到永遠、阿們。（有古卷無「因爲至阿們」等字）

（四）防備假先知

●《新約聖經》馬太福音：

7:15 你們要防備「假先知」．他們到你們這裡來、外面披著羊皮、裡面卻是殘暴的狼。

7:21 凡稱呼我「主阿」、「主阿」的人、不能都進天國．惟獨遵行「我天父旨意的人」、纔能進
去。

7:22 當那日必有許多人對我說、「主阿、主阿」、我們不是奉你的名傳道、奉你的名趕鬼、奉你
的名行許多異能麼。

7:23 我就明明的告訴他們說、我從來不認識你們、你們這些作惡的人、離開我去罷。

●《新約聖經》路加福音：

21:8 「耶穌」說、你們要謹慎、不要受迷惑．因爲將來有好些人冒我的名來、說、我是「基
督」．又說、時候近了．你們不要跟從他們。

（五）我在父裡面、父在我裡面

●《新約聖經》約翰福音：

14:8 「腓力」對他說、求主將父顯給我們看、我們就知足了。

14:9 「耶穌」對他說、「腓力」、我與你們同在這樣長久、你還不認識我麼。人看見了我、就是
看見了父．你怎麼說、將父顯給我們看呢。

14:10 「我在父裡面、父在我裡面」、你不信麼。我對你們所說的話、不是憑著自己說的、乃是住
在我裡面的父作他自己的事。

14:11 你們當信我、「我在父裡面、父在我裡面」．即或不信、也當因我所作的事信我。
14:12 我實實在在的告訴你們、我所作的事、信我的人也要作．並且要作比這更大的事．因爲我往
父那裡去。
14:13 你們奉我的名、無論求甚麼、我必成就、叫父因兒子得榮耀。
14:14 你們若奉我的名求甚麼、我必成就。
14:15 你們若愛我、就必遵守我的命令。
14:16 我要求父、父就另外賜給你們一位保惠師、（或作「訓慰師」下同）叫他永遠與你們同在、
14:17 就是「眞理的聖靈」、乃世人不能接受的．因爲不見他、也不認識他．你們卻認識他．因他
常與你們同在、也要在你們裡面。
14:18 我不撇下你們爲孤兒、我必到你們這裡來。
14:19 還有不多的時候、世人不再看見我．你們卻看見我．因爲我活著、你們也要活著。
14:20 到那日你們就知道我在父裡面、你們在我裡面、我也在你們裡面。
14:21 有了我的命令又遵守的、這人就是愛我的．愛我的必蒙我父愛他、我也要愛他、並且要向他
顯現。

（六）「耶穌」談「布施」

●《新約聖經》馬太福音：

6:1 你們要小心、「不可將善事行在人的面前、故意叫他們看見」．若是這樣、就不能得你們

「天父」的賞賜了。
6:2 所以你「施捨」的時候、不可在你前面吹號、像那假冒爲善的人、在「會堂」裡和「街道」
上所行的、故意要得人的榮耀．我實在告訴你們、他們已經得了他們的賞賜。

●《新約聖經》馬可福音：

12:42 有一個「窮寡婦」來、往裡投了「兩個小錢」、就是一個「大錢」。
12:43「耶穌」叫門徒來、說、我實在告訴你們、這「窮寡婦」投入庫裡的、比眾人所投的更多．
12:44 因爲他們都是自己有餘、拿出來投在裡頭．但「這寡婦」是自己不足、把他一切養生的都投
上了。

（七）「耶穌」談「誡命」

●《新約聖經》馬太福音：

5:17 莫想我來要廢掉「律法」和「先知」．我來不是要「廢掉」、乃是要「成全」。
5:18 我實在告訴你們、就是到「天地」都廢去了、「律法」的一點一畫也不能廢去、都要「成
全」。
5:19 所以無論何人廢掉這「誡命」中最小的一條、又教訓人這樣作、他在天國要稱爲最小的．但
無論何人遵行這、又教訓人遵行、他在天國要稱爲大的。
5:20 我告訴你們、你們的「義」、若不勝於「文士」和「法利賽人」的「義」、斷不能進天國。
（「文士」是與「法利賽人」相關的「猶太教派」。「文士」是研究「摩西律法（妥拉）」

的專家。最初，這行業由「祭司」專任。）
5:21 你們聽見有吩咐古人的話、說、「不可殺人」、又說、「凡殺人的、難免受審判。」
5:26 我實在告訴你、若有「一文錢」沒有還清、你斷不能從那裡出來。
5:27 們聽見有話說、「不可姦淫。」
5:28 是我告訴你們、凡看見婦女就動淫念的、這人心裡已經與他犯姦淫了。
5:31 又有話說、人若「休妻」、就當給他「休書」。
5:32 只是我告訴你們、凡「休妻」的、若不是爲「淫亂」的緣故、就是叫他作淫婦了．人若娶這
被休的婦人、也是犯姦淫了。
5:33 你們又聽見有吩咐古人的話、說、「不可背誓、所起的誓、總要向主謹守。」
5:34 只是我告訴你們、甚麼誓都不可起、不可指著天起誓、因爲天是 神的座位．
5:35 不可指著地起誓、因爲地是他的腳凳．也不可指著「耶路撒冷」起誓、因爲「耶路撒冷」是
大君的京城。
5:36 又不可指著你的頭起誓、因爲你不能使一根頭髮變黑變白了。
5:37 你們的話、是、就說是．不是、就說不是．若再多說、就是出於那惡者。（或作是「從惡裡
出來的」）
6:16 你們「禁食」的時候、不可像那假冒爲善的人、臉上帶著愁容．因爲他們把臉弄得難看、故
意叫人看出他們是「禁食」．我實在告訴你們、他們已經得了他們的賞賜。

6:17 你「禁食」的時候、要梳頭洗臉、

（八）「耶穌」談「忍辱」

●《新約聖經》馬太福音：

5:11 人若因我「辱罵」你們、逼迫你們、揑造各樣壞話毀謗你們、你們就有福了。
5:12 應當歡喜快樂．因爲你們在天上的賞賜是大的．在你們以前的「先知」、人也是這樣逼迫他
們。
5:22 只是我告訴你們、凡向弟兄動怒的、難免受審判。（有古卷在「凡」字下添「無緣無故的」
五字）凡罵弟兄是「拉加」的、難免「公會」的審斷．凡罵弟兄是「魔利」的、難免「地
獄」的火。
（「拉加（Raca）」這一詞是「亞蘭語」的譯音，按原文意卽「虛無」或「鄙陋之人」，
所謂「亞蘭語」，就是「敍利亞人」與「迦勒底人」通用的語言，當「耶穌基督」在世時，
猶太人用此言怒罵他人，寓以輕蔑之意，好像中國人常說的「下流人」一樣。）
（「魔利」二字在英文聖經中未作音譯，而作意譯爲Thou Fool，意思是中文所說「愚笨」
或「傻瓜」。）
5:23 所以你在祭壇上獻禮物的時候、若想起弟兄向你懷怨、
5:24 就把禮物留在壇前、先去同弟兄和好、然後來獻禮物。
5:25 你同告你的「對頭」還在路上、就趕緊與他和息．恐怕他把你送給「審判官」、「審判官」

交付「衙役」、你就下在監裡了。

5:38你們聽見有話說、「以眼還眼、以牙還牙。」

5:40有人想要告你、要拿你的裡衣、連外衣也由他拿去。

5:41有人強逼你走一里路、你就同他走二里。

5:42有求你的、就給他．有向你借貸的、不可推辭。

5:43你們聽見有話說、「當愛你的鄰舍、恨你的仇敵。」

5:44只是我告訴你們、要愛你們的「仇敵」．為那逼迫你們的禱告。

5:45這樣、就可以作你們天父的兒子．因為他叫日頭照「好人」、也照「歹人」、降雨給「義人」、也給「不義的人」。

5:46你們若單愛那愛你們的人．有甚麼賞賜呢．就是「稅吏」不也是這樣行麼。

5:47你們若單請你弟兄的安、比人有甚麼長處呢．就是「外邦人」不也是這樣行麼。

5:48所以你們要完全、像你們的「天父」完全一樣。

6:14你們「饒恕」人的過犯、你們的「天父」也必「饒恕」你們的過犯。

6:15你們不「饒恕」人的過犯、你們的「天父」也必不「饒恕」你們的過犯。

（九）「耶穌」談「信心」

●**《新約聖經》路加福音：**

7:36有一個「法利賽人」、請「耶穌」和他喫飯．「耶穌」就到「法利賽人」家裡去坐席。

7:37那城裡有一個女人、是個「罪人」・知道「耶穌」在「法利賽人」家裡坐席、就拿著盛「香
膏」的玉瓶、
7:38站在「耶穌」背後、挨著他的腳哭、眼淚溼了「耶穌」的腳、就用自己的頭髮擦乾、又用嘴
連連親他的腳、把「香膏」抹上。
7:39請「耶穌」的「法利賽人」看見這事、心裡說、這人若是「先知」、必知道摸他的是誰、是
個怎樣的女人、乃是個「罪人」。
7:40「耶穌」對他說、「西門」・我有句話要對你說・「西門」說、「夫子」、請說。
7:41「耶穌」說、一個「債主」、有兩個人欠他的債・一個欠五十兩銀子、一個欠五兩銀子・
7:42因爲他們無力償還、「債主」就開恩免了他們兩個人的債。這兩個人那一個更愛他呢。
7:43「西門」回答說、我想是那「多得恩免的人」。「耶穌」說、你斷的不錯。
7:44於是轉過來向著那女人、便對「西門」說、你看見這女人麼・我進了你的家、你沒有給我水
洗腳・但這女人用眼淚溼了我的腳、用頭髮擦乾。
7:45你沒有與我親嘴、但這女人從我進來的時候、就不住的用嘴親我的腳。
7:46你沒有用油抹我的頭、但這女人用「香膏」抹我的腳。
7:47所以我告訴你、他許多的罪都赦免了・因爲他的愛多・但那赦免少的、他的愛就少。
7:48於是對那女人說、你的罪赦免了。
7:49同席的人心裡說、這是甚麼人、竟赦免人的罪呢。

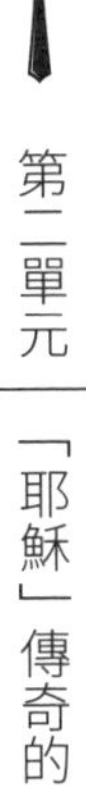

7:50「耶穌」對那女人說、你的「信」救了你、平平安安的回去罷。

十、「耶穌」的十二使徒

「耶穌」在傳道的過程中，有很多人跟隨他，他在「信徒」當中，親自揀選了「十二位門徒」。《四福音書》對「十二使徒」，各有不同的描述，可以更完整的拼湊出「十二位門徒」的特質。

（一）「耶穌」揀選十二位門徒

●《新約聖經》馬太福音：

4:18「耶穌」在「加利利」海邊行走、看見弟兄二人、就是那稱呼「彼得」的「西門」、和他兄弟「安得烈」、在海裡撒網．他們本是打魚的。

4:19「耶穌」對他們說、來跟從我、我要叫你們得人如得魚一樣。

4:20他們就立刻捨了網、跟從了他。

4:21從那裡往前走、又看見弟兄二人、就是「西庇太」的兒子「雅各」、和他兄弟「約翰」、同他們的父親「西庇太」在船上補網．「耶穌」就招呼他們。

4:22他們立刻捨了船、別了父親、跟從了「耶穌」。

9:9「耶穌」從那裡往前走、看見一個人名叫「馬太」、坐在稅關上、就對他說、你跟從我來．他就起來、跟從了「耶穌」。

10:1「耶穌」叫了十二個門徒來、給他們權柄、能趕逐汙鬼、並醫治各樣的病症。

10:2這十二使徒的名、頭一個叫「西門」、又稱「彼得」、還有他兄弟「安得烈」‧「西庇太」的兒子「雅各」、和「雅各」的兄弟「約翰」。
10:3「腓力」、和「巴多羅買」、「多馬」、和稅吏「馬太」、「亞勒腓」的兒子「雅各」、和「達太」。
10:4「奮銳黨」的「西門」、還有賣「耶穌」的加略人「猶大」。
（「奮銳黨」是「第二聖殿時期」的組織，主張反抗「羅馬帝國」對「以色列猶太人」的統治，目標是把「以色列」的外來者驅除出境。）

●《新約聖經》馬可福音：

1:16「耶穌」順著「加利利」的海邊走、看見「西門」、和「西門」的兄弟「安得烈」、在海裡撒網‧他們本是打魚的。
1:17「耶穌」對他們說、來跟從我、我要叫你們得人如得魚一樣。
1:18他們就立刻捨了網、跟從了他。
1:19「耶穌」稍往前走、又見「西庇太」的兒子「雅各」、和「雅各」的兄弟「約翰」、在船上補網。
1:20「耶穌」隨即招呼他們‧他們就把父親「西庇太」、和雇工人留在船上、跟從「耶穌」去了。
3:13「耶穌」上了山、隨自己的意思叫人來、他們便來到他那裡。
3:14他就設立十二個人、要他們常和自己同在、也要差他們去傳道、

3:15並給他們權柄趕鬼。
3:16這十二個人有「西門」、「耶穌」又給他起名叫「彼得」·
3:17還有「西庇太」的兒子「雅各」、和「雅各」的兄弟「約翰」·又給這兩個人起名叫「半尼
其」、就是「雷子」的意思·
3:18又有「安得烈、腓力、巴多羅買、馬太、多馬」、「亞勒腓」的兒子「雅各」、和「達
太」、並「奮銳黨」的「西門」。
3:19還有賣「耶穌」的加略人「猶大」。

●**《新約聖經》路加福音：**

5:1「耶穌」站在「革尼撒勒湖」邊、眾人擁擠他、要聽 神的道。
5:2他見有兩隻船灣在湖邊·打魚的人卻離開船、洗網去了。
5:3有一隻船、是「西門」的、「耶穌」就上去、請他把船撐開、稍微離岸、就坐下、從船上教
訓眾人。
5:4講完了、對「西門」說、把船開到水深之處、下網打魚。
5:5「西門」說、夫子、我們整夜勞力、並沒有打著甚麼·但依從你的話、我就下網。
5:6他們下了網、就圈住許多魚、網險些裂開。
5:7便招呼那隻船上的同伴來幫助。他們就來把魚裝滿了兩隻船、甚至船要沉下去。
5:8「西門彼得」看見、就俯伏在「耶穌」膝前、說、主阿、離開我、我是個罪人。

5:9 他和一切同在的人、都驚訝這一網所打的魚。
5:10他的夥伴「西庇太」的兒子、「雅各」、「約翰」、也是這樣。「耶穌」對「西門」說、不
要怕、從今以後、你要得人了。
5:11他們把兩隻船攏了岸、就撇下所有的跟從了「耶穌」。
6:12那時、「耶穌」出去上山禱告．整夜禱告 神。
6:13到了天亮、叫他的門徒來．就從他們中間挑選十二個人、稱他們爲「使徒」。
6:14這十二個人有「西門」、「耶穌」又給他起名叫「彼得」、還有他兄弟「安得烈」、又有
「雅各」和「約翰」、「腓力」和「巴多羅買」。
6:15「馬太」和「多馬」、「亞勒腓」的兒子「雅各」、和「奮銳黨」的「西門」。
6:16「雅各」的兒子「猶大」、（「兒子」或作「兄弟」）和賣主的加略人「猶大」。

●《新約聖經》約翰福音：

1:35再次日、「（施洗）約翰」同兩個門徒站在那裡。
1:36他見「耶穌」行走、就說、看哪、這是 「神的羔羊」。
1:37兩個門徒聽見他的話、就跟從了「耶穌」。
1:38「耶穌」轉過身來、看見他們跟著、就問他們說、你們要甚麼。他們說、「拉比」、在那裡
住。（「拉比」翻出來、就是「夫子」。）
1:39「耶穌」說、你們來看。他們就去看他在那裡住、這一天便與他同住、那時約有「申正（下午

四點）」了。
1:40聽見「（施洗）約翰」的話、跟從耶穌的那兩個人、一個是「西門彼得」的兄弟「安得
烈」。
1:41他先找著自己的哥哥「西門」、對他說、我們遇見「彌賽亞」了、（「彌賽亞」翻出來、就
是「基督」）
1:42於是領他去見「耶穌」。「耶穌」看著他說、你是「約翰」的兒子「西門」、（「約翰」馬
太十六章十七節稱「約拿」）你要稱爲「磯法」．（「磯法」翻出來、就是「彼得」。）
1:43又次日、「耶穌」想要往「加利利」去、遇見「腓力」、就對他說、來跟從我罷。
1:44這「腓力」是「伯賽大人」、和「安得烈」、「彼得」同城。
1:45「腓力」找著「拿但業」、對他說、「摩西」在「律法」上所寫的、和衆「先知」所記的那一
位、我們遇見了、就是「約瑟」的兒子拿撒勒人「耶穌」。
（「拿但業」是「加利利」的迦拿人，許多人都認爲「拿但業」即是「巴多羅買」，是「耶
穌」的十二使徒之一。）
1:46「拿但業」對他說、「拿撒勒」還能出甚麼好的麼。「腓力」說、你來看。
1:47「耶穌」看見「拿但業」來、就指著他說、看哪、這是個眞「以色列人」、他心裡是沒有詭詐
的。
1:48「拿但業」對「耶穌」說、你從那裡知道我呢。「耶穌」回答說、「腓力」還沒有招呼你、你

在「無花果樹」底下、我就看見你了。
1:49「拿但業」說、「拉比」、你是 「神的兒子」、你是「以色列的王」。
1:50「耶穌」對他說、因爲我說在「無花果樹」底下看見你、你就信麼．你將要看見比這更大的
事。
1:51 又說、我實實在在的告訴你們、你們將要看見天開了、 「神的使者」上去下來在「人子」
身上。

●《新約聖經》約翰福音：

6:67「耶穌」就對那「十二個門徒」說、你們也要去麼。
6:68「西門彼得」回答說、主阿、你有永生之道、我們還歸從誰呢。
6:69 我們已經信了、又知道你是 神的聖者。
6:70「耶穌」說、我不是揀選了你們「十二個門徒」麼．但你們中間有一個是「魔鬼」。
6:71「耶穌」這話是指著加略人「西門」的兒子「猶大」說的．他本是「十二個門徒」裡的一個、
後來要賣「耶穌」的。

（二）「耶穌」給十二位門徒「能力權柄」去傳道、制鬼、醫病

●《新約聖經》馬可福音：

6:7「耶穌」叫了十二個門徒來、差遣他們兩個兩個的出去．也賜給他們「權柄」、制伏「汙
鬼」．

6:8 並且囑咐他們、行路的時候、不要帶「食物」和「口袋」、「腰袋」裡也不要帶錢、除了「枴杖」以外、甚麼都不要帶。
6:9 只要穿鞋．也不要穿兩件「掛子」。
6:10 又對他們說、你們無論到何處、進了人的家、就住在那裡、直到離開那地方。
6:11 何處的人、不接待你們、不聽你們、你們離開那裡的時候、就把腳上的塵土跺下去、對他們作見證。
6:12「門徒」就出去、「傳道」叫人悔改。
6:13 又趕出許多的鬼、用油抹了許多病人、治好他們。

（三）十二使徒的著作

《新約聖經》中的許多《福音書》與《書信》，被認爲是「十二使徒」所撰寫的。《福音書》有《馬太福音》和《約翰福音》；《書信》有《約翰一書》、《約翰二書》、《約翰三書》、《彼得前書》和《彼得後書》。另外，還有「約翰」所寫的最後一本書《啟示錄》。

十一、「耶穌」的治病

「耶穌」開始「傳道」之後，一方面宣揚「天國的福音」，一方面「施行神蹟醫病」，讓人可以相信他。

● 《新約聖經》馬太福音：

8:1 「耶穌」下了山、有許多人跟著他。
8:2 有一個長「大痲瘋」的、來拜他說、主若肯、必能叫我潔淨了。
8:3 「耶穌」伸手摸他說、我肯、你潔淨了罷．他的「大痲瘋」立刻就潔淨了。
8:4 「耶穌」對他說、你切不可告訴人．只要去把身體給「祭司」察看、獻上「摩西」所吩咐的
禮物、對衆人作證據。

●《新約聖經》馬太福音：

8:5 「耶穌」進了「迦百農」、有一個「百夫長」進前來、求他說。
8:6 主阿、我的僕人害「癱瘓病」、躺在家裡、甚是疼苦。
8:7 「耶穌」說、我去醫治他。
8:8 「百夫長」回答說、主阿、你到我舍下、我不敢當．只要你說一句話、我的僕人就必好了。
8:9 因爲我在人的權下、也有兵在我以下．對這個說、去、他就去．對那個說、來、他就來．對
我的僕人說、你作這事、他就去作。
8:10 「耶穌」聽見就希奇、對跟從的人說、我實在告訴你們、「這麼大的信心」、就是在「以色
列」中、我也沒有遇見過。
8:11 我又告訴你們、從東從西、將有許多人來、在「天國」裡與「亞伯拉罕」、「以撒」、「雅
各」、一同坐席。
8:12 惟有本國的子民、竟被趕到外邊黑暗裡去．在那裡必要哀哭切齒了。

8:13「耶穌」對「百夫長」說、你回去罷・照你的信心、給你成全了。那時、他的僕人就好了。

●《新約聖經》馬太福音：

8:14「耶穌」到了「彼得」家裡、見「彼得」的「岳母」害「熱病」躺著。

8:15「耶穌」把他的手一摸、熱就退了・他就起來服事「耶穌」。

●《新約聖經》馬太福音：

9:1「耶穌」上了船、渡過海、來到自己的城裡。

9:2 有人用褥子抬著一個「癱子」、到「耶穌」跟前來・「耶穌」見他們的信心、就對「癱子」
說、小子、放心罷・你的罪赦了。

9:3 有幾個「文士」心裡說、這個人說僭妄的話了。
（「文士」是與「法利賽人」相關的「猶太教派」。「文士」是研究「摩西律法（妥拉）」
的專家。最初，這行業由「祭司」專任。）

9:4「耶穌」知道他們的心意、就說、你們爲甚麼心裡懷著惡念呢・

9:5 或說、你的罪赦了・或說、你起來行走・那一樣容易呢。

9:6 但要叫你們知道人子在地上有赦罪的權柄、就對「癱子」說、起來、拿你的褥子回家去罷。

9:7 那人就起來、回家去了。

9:8 眾人看見都驚奇、就歸榮耀與　神・因爲他將這樣的權柄賜給人。

●《新約聖經》馬太福音：

9:18「耶穌」說這話的時候、有一個管「會堂」的來拜他說、我女兒剛纔死了、求你去按手在他身
上、他就必活了。
9:19「耶穌」便起來、跟著他去、「門徒」也跟了去。
9:20有一個女人、患了十二年的「血漏（月經量過多）」、來到「耶穌」背後、摸他的衣裳繸
子．
9:21因爲他心裡說、我只摸他的衣裳、就必痊癒。
9:22「耶穌」轉過來看見他、就說、女兒、放心、你的信救了你．從那時候、女人就痊癒了。
9:23「耶穌」到了管「會堂」的家裡、看見有「吹手（吹奏管樂器的人）」、又有許多人亂嚷．
9:24就說、退去罷．這「閨女」不是死了、是睡著了．他們就嗤笑他。
9:25衆人既被攆出、「耶穌」就進去、拉著「閨女」的手、「閨女」便起來了。
9:26於是這風聲傳遍了那地方。

●《新約聖經》馬太福音：

9:27「耶穌」從那裡往前走、有兩個「瞎子」跟著他、喊叫說、「大衛」的子孫、可憐我們罷。
9:28「耶穌」進了房子、「瞎子」就來到他跟前．「耶穌」說、你們信我能作這事麼．他們說、主
阿、我們信。
9:29「耶穌」就摸他們的眼睛、說、照著你們的信給你們成全了罷。
9:30他們的眼睛就開了。「耶穌」切切的囑咐他們說、你們要小心、不可叫人知道。

9:31 他們出去、竟把他的名聲傳遍了那地方。

● 《新約聖經》馬太福音：

12:9 「耶穌」離開那地方、進了一個「會堂」。
12:10 那裡有一個人枯乾了一隻手。有人問「耶穌」說、「安息日」治病、可以不可以・意思是要
控告他。
12:11「耶穌」說、你們中間誰有一隻羊、當「安息日」掉在坑裡、不把他抓住拉上來呢。
12:12 人比羊何等貴重呢・所以在「安息日」作善事是可以的。
12:13 於是對那人說、伸出手來・他把手一伸、手就復了原、和那隻手一樣。
12:14「法利賽人」出去、商議怎樣可以除滅「耶穌」。
12:15「耶穌」知道了、就離開那裡、有許多人跟著他、他把其中有病的人都治好了。
12:16 又囑咐他們、不要給他傳名。
12:17 這是要應驗先知「以賽亞」的話、說。
12:18「看哪、我的僕人、我所揀選、所親愛、心裡所喜悅的、我要將我的靈賜給他、他必將公理
傳給外邦。
12:19 他不爭競、不喧嚷・街上也沒有人聽見他的聲音。
12:20 壓傷的蘆葦、他不折斷・將殘的燈火、他不吹滅・等他施行公理、叫公理得勝。
12:21 外邦人都要仰望他的名。」

●《新約聖經》馬太福音：

14:34 他們過了海、來到「革尼撒勒」地方。

14:35 那裡的人、一認出是「耶穌」、就打發人到周圍地方去、把所有的病人、帶到他那裡·

14:36 只求「耶穌」准他們摸他的衣裳繸子、摸著的人、就都好了。

●《新約聖經》馬太福音：

20:29 他們出「耶利哥」的時候、有極多的人跟隨他、

20:30 有兩個「瞎子」坐在路旁、聽說是「耶穌」經過、就喊著說、主阿、「大衛」的子孫、可憐我們罷。

20:31 衆人責備他們、不許他們作聲·他們卻越發喊著說、主阿、「大衛」的子孫、可憐我們罷。

20:32「耶穌」就站住、叫他們來、說、要我爲你們作甚麼。

20:33他們說、主阿、要我們的眼睛能看見。

20:34「耶穌」就動了慈心、把他們的眼睛一摸、他們立刻看見、就跟從了「耶穌」。

●《新約聖經》馬可福音：

7:31 「耶穌」又離了「推羅」的境界、經過「西頓」、就從「低加波利」境內來到「加利利海」。

7:32 有人帶著一個「耳聾舌結」的人、來見「耶穌」、求他按手在他身上。

7:33 「耶穌」領他離開衆人、到一邊去、就用指頭探他的耳朵、吐唾沫抹他的舌頭。

7:34 望天歎息、對他說、「以法大」、就是說、開了罷。
7:35 他的耳朵就開了、舌結也解了、說話也清楚了。
7:36 「耶穌」囑咐他們、不要告訴人．但他越發囑咐、他們越發傳揚開了。
7:37 衆人分外希奇、說、他所作的事都好、他連「聾子」也叫他們聽見、「啞吧」也叫他們說
話。

●《新約聖經》路加福音：

7:11 過了不多時、（有古卷作「次日」）「耶穌」往一座城去、這城名叫「拿因」、他的「門
徒」和極多的人與他同行。
7:12 將近城門、有一個死人被抬出來．這人是他母親獨生的兒子、他母親又是「寡婦」．有城裡
的許多人同著寡婦送殯。
7:13 主看見那「寡婦」就憐憫他、對他說、不要哭。
7:14 於是進前按著「杠（抬重物的粗棍）」、抬的人就站住了。「耶穌」說、少年人、我吩咐你
起來。
7:15 那死人就坐起、並且說話．「耶穌」便把他交給他母親。
7:16 衆人都驚奇、歸榮耀與　神說、有「大先知」在我們中間興起來了．又說、神眷顧了他的百
姓。
7:17 他這事的風聲就傳遍了「猶太」、和周圍地方。

●《新約聖經》路加福音：

14:1 「安息日」、「耶穌」到一個「法利賽人」的首領家裡去喫飯、他們就窺探他。
14:2 在他面前有一個患「水臌（體內積水，應是現代所說的「肝硬化腹水」）」的人。
14:3 「耶穌」對「律法師」和「法利賽人」說、「安息日」治病、可以不可以。
14:4 他們卻不言語。「耶穌」就治好那人、叫他走了。
14:5 便對他們說、你們中間誰有驢或有牛、在「安息日」掉在井裡、不立時拉牠上來呢。
14:6 他們不能對答這話。

●《新約聖經》路加福音：

17:11「耶穌」往「耶路撒冷」去、經過「撒瑪利亞」和「加利利」。
17:12 進入一個村子、有十個長「大痲瘋」的迎面而來、遠遠的站著。
17:13 高聲說、「耶穌、夫子」、可憐我們罷。
17:14「耶穌」看見、就對他們說、你們去把身體給「祭司」察看。他們去的時候就潔淨了。
17:15 內中有一個見自己已經好了、就回來大聲歸榮耀與　神。
17:16 又俯伏在「耶穌」腳前感謝他．這人是「撒瑪利亞人」。
17:17「耶穌」說、潔淨了的不是十個人麼．那九個在哪裡呢。
17:18 除了這「外族人」、再沒有別人回來歸榮耀與　神麼。
17:19 就對那人說、起來走罷．你的信救了你了。

●《新約聖經》約翰福音：

4:46「耶穌」又到了「加利利」的「迦拿」、就是他從前「變水爲酒」的地方·有一個大臣、他的兒子在「迦百農」患病。

4:47 他聽見「耶穌」從「猶太」到了「加利利」、就來見他、求他下去醫治他的兒子·因爲他兒子快要死了。

4:48「耶穌」就對他說、若不看見神蹟奇事、你們總是不信。

4:49 那大臣說、先生、求你趁著我的孩子還沒有死、就下去。

4:50「耶穌」對他說、回去罷·你的兒子活了。那人信「耶穌」所說的話、就回去了。

4:51 正下去的時候、他的僕人迎見他、說他的兒子活了。

4:52 他就問甚麼時候見好的。他們說、昨日「未時（十三點到十五點）」熱就退了。

4:53 他便知道這正是「耶穌」對他說你兒子活了的時候、他自己和全家就都信了。

4:54 這是「耶穌」在「加利利」行的第二件神蹟、是他從「猶太」回去以後行的。

●《新約聖經》約翰福音：

5:1 這事以後、到了「猶太人」的一個節期·「耶穌」就上「耶路撒冷」去。

5:2 在「耶路撒冷」、靠近「羊門」有一個池子、「希伯來話」叫作「畢士大（意思是憐恤之家）」、旁邊有五個廊子。

5:3 裡面躺著瞎眼的、瘸腿的、血氣枯乾的、許多病人。（有古卷在此有「等候水動」）

5:4（因爲有「天使」按時下池子攪動那水水動之後誰先下去無論害甚麼病就痊癒了）
5:5 在那裡有一個人、病了三十八年。
5:6「耶穌」看見他躺著、知道他病了許久、就問他說、你要痊癒麼。
5:7 病人回答說、先生、水動的時候、沒有人把我放在池子裡·我正去的時候、就有別人比我先
下去。
5:8「耶穌」對他說、起來、拿你的褥子走罷。
5:9 那人立刻痊癒、就拿起褥子來走了。
5:10 那天是「安息日」、所以「猶太人」對那醫好的人說、今天是「安息日」、你拿褥子是不可
的。
5:11 他卻回答說、那使我痊癒的、對我說、拿你的褥子走罷。
5:12 他們問他說、對你說拿褥子走的、是甚麼人。
5:13 那醫好的人不知道是誰·因爲那裡的人多、「耶穌」已經躲開了。
5:14 後來「耶穌」在殿裡遇見他、對他說、你已經痊癒了·不要再犯罪、恐怕你遭遇的更加利
害。
5:15 那人就去告訴「猶太人」、使他痊癒的是「耶穌」。
5:16 所以「猶太人」逼迫「耶穌」、因爲他在「安息日」作了這事。
5:17「耶穌」就對他們說、我父作事直到如今、我也作事。

5:18所以「猶太人」越發想要殺他・因他不但犯了「安息日」、並且稱 神為他的父、將自己和
神當作平等。

十二、「耶穌」的趕鬼

「耶穌」傳道宣揚「天國的福音」，除了上述「施行神蹟醫病」的事蹟之外，他還會「趕鬼」，讓人更加相信他是「基督」。

●《新約聖經》馬太福音：

8:16 到了晚上、有人帶著許多被鬼附的、來到「耶穌」跟前、他只用一句話、就把鬼都趕出去・
並且治好了一切有病的人。
8:17 這是要應驗先知「以賽亞」的話、說、「他代替我們的軟弱、擔當我們的疾病。」

●《新約聖經》馬太福音：

8:28 「耶穌」既渡到那邊去、來到「加大拉人」的地方、就有兩個被鬼附的人、從「墳塋（墓
地）」裡出來迎著他、極其兇猛、甚至沒有人能從那條路上經過。
8:29 他們喊著說、 神的兒子、我們與你有甚麼相干・時候還沒有到、你就上這裡來叫我們受苦
麼。
8:30 離他們很遠、有一大群豬喫食。
8:31 鬼就央求「耶穌」說、若把我們趕出去、就打發我們進入豬群罷。

8:32 「耶穌」說、去罷・鬼就出來、進入豬群・全群忽然闖下山崖、投在海裡淹死了。
8:33 放豬的就逃跑進城、將這一切事、和被鬼附的人所遭遇的、都告訴人。
8:34 「合城（全城）」的人、都出來迎見「耶穌」・既見了、就央求他離開他們的境界。

●《新約聖經》馬太福音：

9:32 他們出去的時候、有人將鬼所附的一個「啞吧」、帶到「耶穌」跟前來。
9:33 鬼被趕出去、「啞吧」就說出話來・衆人都希奇說、在「以色列」中、從來沒有見過這樣的
事。
9:34「法利賽人」卻說、他是靠著「鬼王（別西卜）」趕鬼。

●《約聖經》馬太福音：

12:22 當下有人將一個被鬼附著、又瞎又啞的人、帶到「耶穌」那裡・「耶穌」就醫治他、甚至那
「啞吧」又能說話、又能看見。
12:23 衆人都驚奇、說、這不是「大衛」的子孫麼。
12:24 但「法利賽人」聽見、就說、這個人「趕鬼」、無非是靠著「鬼王別西卜」阿。
12:25「耶穌」知道他們的意念、就對他們說、凡一國自相分爭、就成爲荒場、一城一家自相分
爭、必站立不住。
12:26 若「撒但」趕逐「撒但」、就是自相分爭、他的國怎能站得住呢。
12:27 我若靠著「別西卜」趕鬼、你們的子弟「趕鬼」、又靠著誰呢・這樣、他們就要斷定你們的

是非。

12:28 我若靠著「神的靈」趕鬼、這就是「神的國」臨到你們了。

●《約聖經》馬太福音：

15:21「耶穌」離開那裡、退到「推羅西頓」的境內去。

15:22 有一個「迦南」婦人、從那地方出來、喊著說、主阿、「大衛」的子孫、可憐我．我女兒被鬼附得甚苦。

15:23「耶穌」卻一言不答。門徒進前來、求他說、這婦人在我們後頭喊叫．請打發他走罷。

15:24「耶穌」說、我奉差遣、不過是到「以色列」家迷失的羊那裡去。

15:25 那婦人來拜他、說、主阿、幫助我。

15:26 他回答說、不好拿兒女的餅、丟給狗喫。

15:27 婦人說、主阿、不錯．但是狗也喫他主人桌子上掉下來的碎渣兒。

15:28「耶穌」說、婦人、你的信心是大的．照你所要的、給你成全了罷。從那時候、他女兒就好了。

上面這段經文，帶有「玄機密意」。當「耶穌」來到這個「外邦人」的所在地「推羅西頓」時，有一位「外邦人」母親，因爲女兒被鬼附身甚苦，前來懇求「耶穌」醫治。「耶穌」卻給她三個信心的試驗：

(1)「一言不答」。

(2)「奉差遣只是到以色列家的迷羊那裡去」，但是那婦人不氣餒的哀求下去。

(3)「不好拿兒女的餅丟給狗吃。」婦人的回答卻是「狗也吃主人桌上掉下來的碎渣兒」。

當時，「猶太人自以爲是「上帝的選民」，看不起「外邦人」，時常侮辱「外邦人」，稱他們爲「狗」。「耶穌」在試驗那婦人對上帝「耶和華」的信心，說：「不好拿兒女的餅、丟給狗喫。」意思是說：他不能拿「兒女（上帝的選民）」的「餅（恩典）」，來分給「狗（外邦人）」。怎知那婦人大有信心的說：「但是狗也喫他主人桌子上掉下來的碎渣兒。」意思是說：「狗（外邦人）」也喫他主人桌子上掉下來的「碎餅渣兒（恩典）」。

「耶穌」很欣慰這位「外邦人」婦人，對上帝「耶和華」那麼有信心，就答應幫她女兒趕鬼。「外邦人」在神的「恩典計畫」裡，是有階段性的，「十二門徒」於此，也學到了一個寶貴的教訓，爲他們日後往「外邦人」傳道的工作，預先鋪了路。

● 《約聖經》馬太福音：

17:14「耶穌」和「門徒」到了眾人那裡、有一個人來見「耶穌」、跪下、說。

17:15 主阿、憐憫我的兒子．他害癲癇的病很苦、屢次跌在火裡、屢次跌在水裡。

17:16 我帶他到你「門徒」那裡、他們卻不能醫治他。

17:17「耶穌」說、噯、這又不信又悖謬的世代阿、我在你們這裡要到幾時呢．我忍耐你們要到幾時呢．把他帶到我這裡來罷。

17:18「耶穌」斥責那鬼、鬼就出來．從此孩子就痊癒了。

17:19「門徒」暗暗的到「耶穌」跟前說、我們爲甚麼不能趕出那鬼呢。
17:20「耶穌」說、是因你們的「信心小」·我實在告訴你們、你們若有信心像一粒芥菜種、就是
對這座山說、你從這邊挪到那邊、他也必挪去·並且你們沒有一件不能作的事了。
17:21 至於這一類的鬼、若不「禱告禁食」、他就不出來。（或作「不能趕他出來」）

●《新約聖經》馬可福音：

1:21 到了「迦百農」、「耶穌」就在「安息日」進了「會堂」教訓人。
1:22 衆人很希奇他的教訓·因爲他教訓他們、正像有權柄的人、不像文士。
1:23 在「會堂」裡有一個人、被「汙鬼」附著·他喊叫說。
1:24 拿撒勒人「耶穌」、我們與你有甚麼相干、你來滅我們麼·我知道你是誰、乃是　「神的聖
者」。
1:25「耶穌」責備他說、不要作聲、從這人身上出來罷。
1:26「汙鬼」叫那人抽了一陣瘋、大聲喊叫、就出來了。
1:27 衆人都驚訝、以致彼此對問說、這是甚麼事、是個新道理阿·他用權柄吩咐「汙鬼」、連
「汙鬼」也聽從了他。
1:28「耶穌」的名聲、就傳遍了「加利利」的四方。

●《新約聖經》馬可福音：

1:32 天晚日落的時候、有人帶著一切害病的、和被鬼附的、來到「耶穌」跟前。

1:33 「合城（全城）」的人都聚集在門前。
1:34 「耶穌」治好了許多害各樣病的人、又趕出許多鬼、不許鬼說話、因爲鬼認識他。

● 《新約聖經》馬可福音：

3:11 「汙鬼」無論何時看見他、就俯伏在他面前、喊著說、你是 「神的兒子」。
3:12 「耶穌」再三的囑咐他們、不要把他顯露出來。

● 《新約聖經》路加福音：

4:41 又有鬼從好些人身上出來、喊著說、你是 「神的兒子」。「耶穌」斥責他們、不許他們說話、因爲他們知道他是「基督」。

● 《新約聖經》路加福音：

13:11 有一個女人、被鬼附著病了十八年．腰彎得一點直不起來。
13:12 「耶穌」看見、便叫過他來、對他說、女人、你脫離這病了。
13:13 於是用兩隻手按著他．他立刻直起腰來、就歸榮耀與 神。
13:14 管「會堂」的、因爲「耶穌」在「安息日」治病、就氣忿忿的對衆人說、有六日應當作工．那六日之內、可以來求醫、在「安息日」卻不可。
13:15 主說、假冒爲善的人哪、難道你們各人在「安息日」不解開槽上的牛驢、牽去飲麼。
13:16 況且這女人本是「亞伯拉罕」的後裔、被「撒但」捆綁了這十八年、不當在安息日解開他的綁麼。

13:17「耶穌」說這話、他的敵人都慚愧了．衆人因他所行一切榮耀的事、就都歡喜了。

十三、「耶穌」的金句

下面列出的經文，是「耶穌」的「經典名句」和「經典語錄」。

●《新約聖經》馬太福音：

4:17 從那時候「耶穌」就傳起道來、說、「天國近了、你們應當悔改」。

●《新約聖經》馬太福音：

5:39 只是我告訴你們、不要與惡人作對．「有人打你的右臉、連左臉也轉過來由他打」。

●《新約聖經》路加福音：

6:29「有人打你這邊的臉、連那邊的臉也由他打」．有人奪你的外衣、連裡衣也由他拿去。

●《新約聖經》馬可福音：

1:15 說、日期滿了、　「神的國近了．你們當悔改、信福音」。

●《新約聖經》約翰福音：

3:16「神愛世人、甚至將他的獨生子賜給他們、叫一切信他的、不至滅亡、反得永生」。

3:17 因爲　「神差他的兒子降世」、不是要定世人的罪、（或作「審判世人」下同）乃是要叫世人因他得救。

3:18 信他的人、不被定罪．不信的人、罪已經定了、因爲他不信　「神獨生子的名」。

● 《新約聖經》約翰福音：

14:6「耶穌」說、「我就是道路、眞理、生命．若不藉著我、沒有人能到父那裡去」。

十四、「耶穌」的禪機

「禪機」是「佛教」的用語，意思是：「禪師」啟悟「弟子」所用的技巧、言語，這類方法、言語，都超出邏輯的思惟範圍，非一般人所知，所以後引喻爲只有當事人才知道的事情、對話。

在《新約聖經》裡，「耶穌」也講過一些令人聽不懂得「禪機」。下面我整理出這些「禪機」的經文，和讀者來共欣賞。

（一）你施捨的時候，不要叫左手知道右手所作的

● 《新約聖經》馬太福音：

6:1 你們要小心、不可將「善事」行在人的面前、故意叫他們看見．若是這樣、就不能得你們「天父」的賞賜了。

6:2 所以你「施捨」的時候、不可在你前面吹號、像那假冒爲善的人、在「會堂」裡和「街道」上所行的、故意要得人的榮耀．我實在告訴你們、他們已經得了他們的賞賜。

6:3 你「施捨」的時候、「不要叫左手知道右手所作的」。

6:4 要叫你施捨的事行在暗中、你父在暗中察看、必然報答你。（有古卷作「必在明處報答你」）

「你施捨的時候，不要叫左手知道右手所作的。」這段經文，「基督徒」大多看不懂，也不明白。大多數的「基督徒」認爲，做善事難道不是要榮耀神嗎？不是爲了讓世人看見我們的好行爲因而認識神，走進神嗎？如果我們不去做見證，怎麼彰顯神的榮耀呢？

大多數的「牧師」和「神父」都解釋說，這是「耶穌」告誡人，在「施捨」的時候，不要叫左手知道右手所作，意思是做善事的人，自己不應該去張揚，使自己得到榮耀。「行善」不求自己的「義」，免得人因「自義」受虧損，凡事不求人「義」，當求主的名。

「不讓左手知道右手所做的」這是一種「誇張法」的表達，以誇大強調來增加表達效果，加強讀者的印象。「耶穌」很會使用「誇張法」，藉著「誇張法」顯示他的幽默。「我告訴你們，有錢人要成爲上帝的國的子民，比駱駝穿過針眼很要困難。」這是「耶穌」另一個使用「誇張法」的例子。

●《新約聖經》馬太福音：

19:23「耶穌」對「門徒」說、我實在告訴你們、「財主」進「天國」是難的。

19:24 我又告訴你們、「駱駝」穿過「鍼（同「針」）」的眼、比「財主」進 「神的國」還容易呢。

於是，許多虔誠的「基督徒」，常常做很多善事不欲人知。這種「爲善不欲人知」的態度是很好，可是有些「基督徒」會感到疑惑。例如，不時會聽到這種說法：「那個某某宗教都做很多善事，你們基督教都沒做什麼。」但是事實上，根本就不是這樣。許多「基督徒」做了很多好事，促進很多社會改革，像環保、醫療衛生、藝術文化……等等，坊間很多「慈善非營利組織」是「基督徒」創辦的，可是沒多少人知道。

「行善」連最親密的肢體都無須知道，就是說要盡力做到不引人注目，甚至不讓自己心裡有正在作「善事」的「意識念頭」。這裡不是要我們作到完全不被人知道，這是不可能的，而是說不可有那種「炫耀的心態」。一有「炫耀的心態」就是「驕傲自誇」，就是「篡奪上帝榮耀」。

所以，一個在上帝「耶和華」面前眞正「謙卑」的人，他所作的善事，就不但不故意讓別人看見，甚至連他自己也不放在心上。

以上是「基督教」的解釋和看法，但是仍然有許多「基督教」有爭議。

「佛教」對「你施捨的時候，不要叫左手知道右手所作的。」的這段經文，有很精闢的解釋。我推測這是「耶穌」當年在東方學習「佛法」時，所學習到的修行心法，詳細情況請參閱本書〈第三單元　耶穌消失的十八年〉。

「佛教」有一部很有名的經典叫做《金剛般若波羅蜜經》，簡稱《金剛經》，裡面有一句名言「應無所住而生其心」。原文說「菩薩於法，應無所住，行於布施。」就是「你施捨的時候，不要叫左手知道右手所作的」的意思。

●《金剛般若波羅蜜經》原文：

菩薩於法，應無所住，行於布施，所謂不住色布施，不住聲香味觸法布施。須菩提！菩薩應如是布施，不住於相。

◎《金剛般若波羅蜜經》翻譯：

菩薩對於「無上正等正覺」之法，應該心不執著，不著相布施。所謂「不著相布施」，就是要「六根」清淨，離開「色、聲、香、味、觸、法」等「六塵相」，而「布施」必須要做到「施者忘施」，「受者忘受」，並且要「忘記所施之物」，如此「施空、受空、物空」，稱爲「三輪體空」。須菩提，菩薩應該如此來布施，不執著相來布施。

●名相：無相

◎釋文：「相」是指一切你所覺知的對象，也就是你心中的形象與念頭。「無相」的意思是：心中無所求，不執著於相，沒有分別心。

●《金剛般若波羅蜜經》原文：

諸菩薩摩訶薩應如是生清淨心，不應住色生心，不應住聲、香、味、觸、法生心，應無所住而生其心。

◎《金剛般若波羅蜜經》翻譯

諸菩薩、摩訶薩應該要像這樣「一心不亂」，生起「清淨心」，不應該執著在色、聲、香、味、觸、法「六塵」之上生起「意念心」，否則便受「六塵」所蒙蔽，妄念旋起。應該要不執著「六塵」，而生起「清淨心」。

「耶穌」說：「你施捨的時候，不要叫左手知道右手所作的。」我們想想看，可能嗎？「左手」和「右手」的行動，幕後都是「大腦」在發號司令。要能夠達到「你施捨的時候不要叫左手知道右手所作的」的境界，只有在「大腦」發出「施捨」的指令時，「大腦」本身不認爲是「施捨」的行爲，沒有「施捨」的想法。

而要達到這種情況，就必須要「應無所住而生其心」。這句話的意思是說：不在情境上生出心念，也就是不執著在色塵、聲塵、香塵、味塵、觸塵、法塵等情境上，而生出心念。

當你遇到情境時，不應該執著在色塵（眼睛所看到的景像）、聲塵（耳朵所聽到的聲音）、香塵（鼻子聞到的香味和臭味等等）、味塵（舌頭嘗到的酸甜苦辣味等）、觸塵（身體所摸到的軟硬冷熱觸感等）、法塵（意根「末那識」所接觸到的覺受，譬如漂亮或醜惡、回憶往事或憧憬未來等。）等，而生出心念。要能無動於衷，不受境遷，不隨物轉，保持自己的這一念心清淨無染，如如不動，心無掛礙，這就是「清淨心」，就是「實相無相」的體。

簡單的說，「無所住」就是心能不生起執著、不停留、不被任何一種現象所影響、束縛的這個狀態。「應無所住而生其心」的心，就是「不執著」的心，就是「無相」的心。

「耶穌」所說的「你施捨的時候，不要叫左手知道右手所作的。」就是《金剛般若波羅蜜經》裡，所說的「應無所住，行於布施」。

但是，「耶穌」沒有講方法，而方法就是《金剛般若波羅蜜經》裡，所說的「應無所住而生其心」。

（二）眼睛就是身上的燈

●《新約聖經》馬太福音：

6:22「眼睛」就是身上的「燈」．你的「眼睛」若瞭亮、全身就光明。

6:23 你的「眼睛」若昏花、全身就黑暗．你裡頭的光若黑暗了、那黑暗是何等大呢。

●《新約聖經》路加福音：

11:34 你「眼睛」就是身上的「燈」、你的「眼睛」若瞭亮、全身就光明．「眼睛」若昏花、全身就黑暗。

11:35 所以你要省察、恐怕你裡頭的光、或者黑暗了。

11:36 若是你全身光明、毫無黑暗、就必全然光明、如同「燈」的明光照亮你。

要了解這段經文，必須要把前段和後段的經文，連貫起來一起看。

●《新約聖經》馬太福音：

6:19 不要爲自己積儹「財寶」在地上、地上有蟲子咬、能鏽壞、也有賊挖窟窿來偷。

6:20 只要積儹「財寶」在天上、天上沒有蟲子咬、不能鏽壞、也沒有賊挖窟窿來偷。

6:21 因爲你的「財寶」在那裡、你的心也在那裡。

6:22 「眼睛」就是身上的燈．你的「眼睛」若瞭亮、全身就光明。

6:23 你的「眼睛」若昏花、全身就黑暗．你裡頭的光若黑暗了、那黑暗是何等大呢。

6:24 一個人不能事奉兩個主．不是惡這個愛那個、就是重這個輕那個．你們不能又事奉　神、又事奉「瑪門」。（「瑪門」是「財利」的意思）

這段經文，許多「牧師」的解釋，都是「眼睛是靈魂之窗」，這是不對的。

因爲「前段經文」在講「財寶（不要爲自己積攢財寶在地上）」，「後段經文」也在講「錢財

（不能又事奉　神，又事奉錢財）」，為何這中間這兩節，突然跳出來講「眼睛」的好壞呢？

原來，這兩節經文要用「希伯來文」的「慣用語」去理解。因為，《新約聖經》雖然是用「希臘文」寫的，但是《新約聖經》的作者大多是「猶太人」。所以，這裡了解「希伯來文」的「慣用語」，才能夠理解。

在「希伯來文」的「慣用語」中，「好的眼睛」是指「慷慨」，壞的眼睛，是指「吝嗇」。以《箴言》為例：

●**《舊約聖經》箴言：**

22:9 「眼目」慈善的、就必蒙福．因他將食物分給窮人。（慷慨的人）

23:6 不要喫「惡眼」人的飯、也不要貪他的美味．（吝嗇的人）

28:22 人有「惡眼」想要急速發財、卻不知窮乏必臨到他身。（吝嗇的人）

所以，《馬太福音》第六章這兩節，「耶穌」的意思是，「做慷慨的人」，就生活在光明裡面。

研究《聖經》，只懂「希臘文」和「字面上的意義」還不夠，還要懂「希伯來文」的背景。

（三）「永生的門」是「窄的」，「滅亡的門」是「寬的」

●**《新約聖經》**馬太福音：

7:13 你們要進「窄門」．因為引到「滅亡」、那門是寬的、路是大的、進去的人也多。滅亡。

7:14 引到「永生」、那門是窄的、路是小的、找著的人也少。

什麼是「窄門」？「窄」是「唯一」的意思，此外別無他法。「窄門」就是指「救恩的門、通往

永生的門」，就是「進天國的方法」。唯獨藉著「耶穌」提供的通道，人才能進入「天國的門」。

●《新約聖經》約翰福音：

14:6 「耶穌」說、我就是「道路、眞理、生命」．若不藉著我、沒有人能到父那裡去。

14:7 你們若認識我、也就認識我的父．從今以後、你們認識他、並且已經看見他。

●《新約聖經》約翰福音：

10:7 所以「耶穌」又對他們說、我實實在在的告訴你們、我就是「羊的門」。

10:8 凡在我以先來的、都是賊、是強盜．羊卻不聽他們。

10:9 「我就是門」．凡從我進來的、必然得救、並且出入得草喫。

「永生的路」僅限於一條路，就是「信了耶穌」，從這個意義上來說，路是「窄的」，因爲它是「唯一的路」，而且很少有人能穿過「窄門」，只有那些眞正信而悔改，求告主名的人才能進入。「耶穌」說「窄門」，是表示「要進永生之門，是有門檻的。」並不是每個人都能進入。換句話說，是有條件的，而這條件就是「要信永生上帝的兒子『耶穌』」。因爲，「耶穌」是進入天堂唯一的入口，所以「耶穌」才親自奉勸大家：「你們要進窄門」，意思是「提醒人務必要進入他的救恩」，因爲引向「滅亡」那門很寬，路很大。

如果一個人雖然「信了耶穌」，加入教會，也願意遵守教會的各種規條，但是卻沒有完全悔改，承認自己所有的罪，以求主赦免，那麼他仍不能進入「窄門」。所以，「耶穌」才會說：「你們要努力進窄門」。

●**《新約聖經》路加福音：**

13:23 有一個人問他說、主阿、得救的人少麼。
13:24「耶穌」對衆人說、你們要努力進「窄門」．我告訴你們、將來有許多人想要進去、卻是不能。
13:25 及至「家主」起來關了門、你們站在外面叩門、說、主阿、給我們開門、他就回答說、我不認識你們、不曉得你們是那裡來的。

（四）狐狸有洞，天空的飛鳥有窩，人子卻沒有枕頭的地方

●**《新約聖經》馬太福音：**

8:19 有一個「文士」來、對他說、「夫子」、你無論往那裡去、我要跟從你。
（「文士」是與「法利賽人」相關的「猶太教派」。「文士」是研究「摩西律法（妥拉）」的專家。最初，這行業由「祭司」專任。）
8:20 「耶穌」說、「狐狸」有洞、天空的「飛鳥」有窩、「人子」卻沒有「枕頭」的地方。

「人子」這個名詞，源出於《但以理書》，「耶穌」在地上時常用「人子」自稱，而不用「彌賽亞」。這是因爲當時在「猶太人」心目中的「彌賽亞」，是奉神差遣來地上帶領「猶太人」反抗「羅馬帝國」，重建「大衛王國」的政治人物，當然主不願意「猶太人」誤解他就是那個人。

●**《舊約聖經》但以理書：**

7:13 我在夜間的「異象」中觀看、見有一位像「人子」的、駕著天雲而來、被領到「亙古常在

者」面前。

7:14 得了權柄、榮耀、國度、使各方各國各族的人都事奉他・他的權柄是永遠的、不能廢去、他的國必不敗壞。

「耶穌」說「人子卻沒有枕頭的地方。」，可是在《馬可福音》裡，「耶穌」卻「在船尾上枕著枕頭睡覺。」

●《新約聖經》馬可福音：

4:38 「耶穌」在船尾上、枕著「枕頭」睡覺・「門徒」叫醒了他、說、「夫子」、我們喪命、你不顧麼。

其實，這段經文說明了，「門徒」跟隨「耶穌」，所要面對的艱難。「耶穌」是向決意跟隨他的人表明：跟隨他所走的路是很艱難的，就像他帶領「門徒」周遊四方，走遍各城各鄉，傳揚眞道，居無定所，而「門徒」都忠心跟隨。

「耶穌」的話語帶著警告，雖然「狐狸」和「飛鳥」這些野生動物，晚上有可棲息的地方，但是他卻每天來往於曠野，並且不知道下一夜在哪裡可找到歇息的居所。也就是說，連動物在地上都有棲息的地方。

但是，「耶穌」爲了遵行神的旨意，卻要犧牲家庭生活的溫暖和安息，他的「門徒」也必須要一同接受這種不確定的命運。「耶穌」提醒這位「文士」，決定跟從「耶穌」之前，要先有「付出代價」的體認。

「耶穌」會對這位「文士」這樣說，是因爲「耶穌」知道這位「文士」來跟從他，是要「耶穌」將來作「以色列王」時，分給他一個一官半職，所以這「枕頭」表示「做以色列的王」的意思。當時的「文士」，大多有貢高我慢的心態，「耶穌」就曾經警告過他的信徒。

●《新約聖經》路加福音：

20:46 你們要防備「文士」．他們好穿長衣遊行、喜愛人在街市上問他們安、又喜愛「會堂」裡的「高位」、「筵席」上的「首座」。

「人子卻沒有枕頭的地方」這句話，也淸楚明白說明，「耶穌」並沒有要在「以色列」做王，同時也暗指「狐狸」是「希律王」。

●《新約聖經》路加福音：

13:31 正當那時、有幾個「法利賽人」來對「耶穌」說、離開這裡去罷．因爲「希律」想要殺你。

13:32「耶穌」說、你們去告訴那個「狐狸」說、今天明天我趕鬼治病、第三天我的事就成全了。

「耶穌」明白這位「文士」來跟從他的目的，所以他說：「狐狸有洞，天空的飛鳥有窩」這裡的「狐狸」暗指是「希律王」；「飛鳥」暗指是當時統治「以色列」的「羅馬帝國」。因此，「枕頭」和「洞」、「窩」是同義詞，是「掌權做王」的意思。所以，這句話含有是「隱喻」的意思。

（五）若有人要跟從我，就當捨己，背起他的十字架來跟從我

●《新約聖經》馬太福音：

16:21 從此「耶穌」纔指示「門徒」、他必須上「耶路撒冷」去、受「長老祭司長文士」許多的

苦、並且被殺、「第三日復活」。

16:22「彼得」就拉著他、勸他說、主阿、萬不可如此、這事必不臨到你身上。

16:23「耶穌」轉過來、對「彼得」說、「撒但」退我後邊去罷．你是絆我腳的．因爲「你不體貼神的意思、只體貼人的意思」。

16:24 於是「耶穌」對「門徒」說、若有人要跟從我、就當「捨己」、背起他的「十字架」、來跟從我。

16:25 因爲凡要救自己生命的、（「生命」或作「靈魂」下同）必喪掉生命．凡爲我喪掉生命的、必得著生命。

這一段經文許多「基督徒」看不懂，爲什麼「耶穌」對「門徒」預言他必須上「耶路撒冷」去，受「長老、祭司長、文士」許多的苦，並且被殺，然後第三日復活。

「彼得」就拉著「耶穌」，勸他不要去送死。「耶穌」居然轉過來，對「彼得」說，「撒但」退我後邊去罷，你是絆我腳的，因爲「你不體貼　神的意思，只體貼人的意思」。

接著，「耶穌」對「門徒」說：「若有人要跟從我，就當捨己，背起他的十字架來跟從我。因爲凡要救自己生命（靈魂）的，必喪掉生命，凡爲我喪掉生命的，必得著生命。」

我列出兩個重點來討論，如下：

(1)爲什麼「耶穌」對「彼得」說：「撒但退我後邊去罷．你是絆我腳的．因爲你不體貼　神的意思、只體貼人的意思」？

當「耶穌」預言他必須上「耶路撒冷」去受難被人殺害的時候，這個性急熱心的門徒「彼得」，就拉著他勸說不要去送死。「彼得」不能接受「耶穌」被釘在「十字架」上，因爲在當時「釘十字架」是很大羞辱死的方式，只有罪大惡極的罪犯才被釘在「十字架」上。「彼得」不想「耶穌」這樣，在「彼得」心中，「耶穌」是「神的兒子」，怎可能被釘在「十字架」上呢？所以，「彼得」不讓「耶穌」被釘在「十字架」上。

「耶穌」轉過來，就責備「彼得」說：「撒但退我後邊去罷．你是絆我腳的．因爲你不體貼　神的意思、只體貼人的意思。」

「彼得」雖是「耶穌」所愛的門徒，被「耶穌」稱爲「有福的人」，是教會根基上的磐石。

●《新約聖經》馬太福音：

16:15「耶穌」說、你們說我是誰。

16:16「西門彼得」回答說、你是「基督」、是永生　「神的兒子」。

16:17「耶穌」對他說、「西門巴約拿」、「你是有福的」．因爲這不是屬血肉的指示你的、乃是我在天上的父指示的。

16:18 我還告訴你、你是「彼得」、我要把我的「教會」建造在這「磐石」上．陰間的權柄、不能勝過他。（「權柄」原文作「門」）

對於如此重要的門徒，「耶穌」居然斥責他說：「撒但退我後邊去罷．你是絆我腳的」。許多人讀到這裡，會以爲「彼得」被魔鬼「撒但」附身「卡到陰」，所以「耶穌」才對「彼得」說：「撒但退我後邊去罷。」

其實，「彼得」沒有「卡到陰」，也沒有被魔鬼「撒但」附身，大家都誤解字面上的意義了。「撒但（Satan）」是「魔鬼」的別名，來自「希伯來語」，原意為「敵對、反對」。在這段經文，「耶穌」是斥責「彼得」反對上帝「耶和華」的安排，就如同「撒但」反對上帝「耶和華」一樣。

上帝「耶和華」已經事先寫好劇本，「耶穌」必須上「耶路撒冷」去，受「長老、祭司長、文士」許多的苦，並且被殺，然後在「第三日復活」。

「耶穌」向「門徒」預言上帝「耶和華」的劇本，這是「天意」，不可違背。但是，敬重熱愛「耶穌」的「彼得」，聽完這個預言，當然會著急不捨，才會立刻拉著「耶穌」，勸他不要去送死。

「讀者們」認為「彼得」的行為和所說的話有錯嗎？大家心裡一定會想：「這沒有錯啊！這是人之常情，任何一位深愛『耶穌』的『基督徒』，都不想讓『耶穌』去送死。」

以我們人類的角度，來看「彼得」勸阻「耶穌」去送死的行為，是對的；但是，以上帝「耶和華」和「耶穌」的角度，來看「彼得」的行為，是錯的。因為，「彼得」的行為是「小愛」，「耶穌」的犧牲是「大愛」。

「耶穌」對「彼得」說：「撒但退我後邊去罷」意思是：彼得」你不可以違背上帝「耶和華」旨意。

「耶穌」對「彼得」說：「你是絆我腳的，因為你不體貼　神的意思、只體貼人的意思」意思是：你不「體貼（細心體會、領悟）」神的意思，只「體貼（細心體會、領悟）」體貼人的意思。按照人的想法，；你的「小愛」，會妨礙神的「大愛」計畫，你會阻擋神的工作，攔阻神要成就的事，就像魔鬼「撒旦」一樣。

在上帝「耶和華」的劇本中，「耶穌」的降世，特別要藉著「十字架」的苦難，來成全人類「救贖」的大功。

●《新約聖經》馬太福音：

1:21 他將要生一個兒子．你要給他起名叫「耶穌」．因他要將自己的百姓從罪惡裡救出來。

●《新約聖經》約翰福音：

1:29 次日、「約翰」看見「耶穌」來到他那裡、就說、看哪、　「神的羔羊」、除去（或作「背負」）世人罪孽的。

●《新約聖經》腓立比書：

2:8 既有人的樣子、就自己卑微、存心順服、以至於死、且死在「十字架」上。

2:9 所以　神將他升爲至高、又賜給他那超乎萬名之上的名。

●《新約聖經》希伯來書：

12:2 仰望爲我們信心創始成終的「耶穌」．（或作「仰望那將眞道創始成終的耶穌」）他因那擺在前面的喜樂、就輕看羞辱、忍受了「十字架」的苦難、便坐在　神寶座的右邊。

「耶穌」對「彼得」說：「你不體貼　神的意思、只體貼人的意思」，在《羅馬書》也提到，以肉體的情感來表示愛主，這是與神爲敵的，不能得神的喜悅。

●《新約聖經》羅馬書：

8:5 因爲隨從「肉體」的人、「體貼肉體」的事．隨從「聖靈」的人、「體貼聖靈」的事。
8:6「體貼肉體」的就是死．「體貼聖靈」的乃是生命平安。
8:7 原來「體貼肉體」的、就是與 神爲仇．因爲不服 「神的律法」、也是不能服。
8:8 而且屬「肉體」的人、不能得 神的喜歡。

(2)爲什麼「耶穌」對「門徒」說：「若有人要跟從我、就當捨己、背起他的十字架、來跟從我。」

使徒「保羅」說：「現在活著的不再是我，乃是基督在我裡面活著。」

●《新約聖經》加拉太書：

2:20 我已經與「基督」同「釘十字架」．現在活著的、不再是我、乃是「基督」在我裡面活著．
並且我如今在「肉身」活著、是因信 「神的兒子」而活、他是愛我、爲我「捨己」。

「耶穌」爲我們「捨己」，叫我們可以效法他去「捨己」。當我們學習像「保羅」一樣，願意與「基督」同「釘十字架」，意卽「以死來處置自己時」，就可以實踐這個「捨己」的功課。

什麼是「捨己」？「捨己」是否定自己，放下自己的願望，理想，目標，志向，計劃，權利。

「捨己」是捨棄「以自我爲中心」的觀念，就是「捨棄自己的意見」，揀選神的道路。就是「體貼（細心體會、領悟）」神的意思，不「體貼（細心體會、領悟）」人的意思。

「捨己」是「否定自己」，但不是失去「自我」，而是「捨棄」不合「神心意」的想法、愛好，並積極背起「十字架」跟隨祂，爲要順服神的旨意，成全祂在我們生命中的計劃，擁有比賺得全世界更有價值的人生。

總之，「捨己」就是放下一切的「自我」。我的生命，自己再沒有權利支配和掌控，而是神在我生命中掌權做主。當我們不計較個人的喜好，或自我貪圖的享樂時，我們就開始實踐「捨己」了。

那「背起十字架」是什麼意思呢？

● **《新約聖經》路加福音：**

14:27 凡不背著「自己十字架」跟從我的，也不能作我的「門徒」。

「十字架」就是要解決「原罪」的問題，將「個人情慾」釘在「十字架」上。所以「耶穌」提到，每個人都要面對他自己的「十字架」，每個跟隨主的人，都要面對他裡面的「個人情慾」，他才能體貼神的意思。

如果你想知道你是否已經準備好背起你的十字架，可以思考以下問題，然後問問自己：「我還願意跟隨耶穌嗎？」

⑴如果背起你的十字架，你會失去最親密的朋友；
⑵如果背起你的十字架，你會疏遠你的家人；
⑶如果背起你的十字架，你的名譽會受損；
⑷如果背起你的十字架，你將失去工作；
⑸如果背起你的十字架，你會失去你的生命。

你明白這個道理之後，你人生第一樣要面對的是放下你的「個人情慾」。什麼是放下你的「個人情慾」呢？就是你不能隨你的意思選擇，你不能隨你的喜好行動，你容許讓「耶穌」替你做決定，他說你要怎樣做，你就怎樣做。

所以，當你眞正認識神、跟隨神，你的生命就已經不屬於你，你的生命屬於主，你所信的「耶穌」。把神的話付諸行動，改變我們的價值觀，不再看重世上的名利財富，竭盡心力追求屬靈生命的成長，天天背起自己的「十字架」來跟從「耶穌基督」。

（六）你們若不回轉，變成小孩子的樣式，斷不得進天國

●《新約聖經》馬太福音：

18:1 當時、「門徒」進前來、問「耶穌」說、「天國」裡誰是最大的。

18:2 「耶穌」便叫一個「小孩子」來、使他站在他們當中。

18:3 說、我實在告訴你們、你們若「不回轉、變成小孩子的樣式」、斷不得進「天國」。

18:4 所以凡自己「謙卑」像這小孩子的、他在「天國」裡就是最大的。

18:5 凡爲我的名、接待一個像這「小孩子」的、就是接待我。

●《新約聖經》馬太福音：

19:13 那時有人帶著「小孩子」來見「耶穌」、要「耶穌」給他們「按手」禱告．「門徒」就責備那些人。

19:14「耶穌」說、讓「小孩子」到我這裡來、不要禁止他們．因爲在「天國」的、正是這樣的人。

●《新約聖經》馬可福音：

9:33 他們來到「迦百農」・「耶穌」在屋裡問「門徒」說、你們在路上議論的是甚麼。
9:34 「門徒」不作聲、因爲他們在路上彼此爭論「誰爲大」。
9:35 「耶穌」坐下、叫十二個「門徒」來、說、若有人願意作首先的、他必作衆人末後的、作衆人的用人。
9:36 於是領過一個「小孩子」來、叫他站在「門徒」中間・又抱起他來、對他們說、
9:37 凡爲我名、接待一個像這「小孩子」的就是接待我・凡接待我的、不是接待我、乃是接待那差我來的。

●《新約聖經》馬可福音：

10:13 有人帶著「小孩子」來見「耶穌」、要耶穌摸他們、「門徒」便責備那些人。
10:14 「耶穌」看見就惱怒、對「門徒」說、讓「小孩子」到我這裡來、不要禁止他們・因爲在「神國」的、正是這樣的人。
10:15 我實在告訴你們、凡要承受 「神國」的、「若不像小孩子」、斷不能進去。

●《新約聖經》路加福音：

18:15 有人抱著自己的「嬰孩」、來見「耶穌」、要他摸他們・「門徒」看見就責備那些人。
18:16 「耶穌」卻叫他們來、說、讓「小孩子」到我這裡來、不要禁止他們・因爲在 神國的、正

是這樣的人。

18:17 我實在告訴你們、凡要承受「神國」的、若不像「小孩子」、斷不能進去。

● 《新約聖經》路加福音：

9:46「門徒」中間起了議論、誰將爲大。

9:47「耶穌」看出他們心中的議論、就領一個「小孩子」來、叫他站在自己旁邊、

9:48 對他們說、凡爲我名接待這「小孩子」的、就是接待我．凡接待我的、就是接待那差我來的．你們中間最小的、他便爲大。

在《福音書》裡，「耶穌」有明訓：你們若不「回轉」、變成小孩子的樣式、斷不得進天國。所以凡自己「謙卑」像這小孩子的、他在「天國」裡就是最大的。

「耶穌」的這句話，會讓「基督徒」感到驚訝。「基督徒」不是已經認罪悔改，接受洗禮，肯定可以進入天國了嗎？爲什麼「耶」穌還要「基督徒」「回轉」變成「小孩子的樣式」，才能進入「天國」呢？到底「耶穌」要教導「基督徒」什麼呢？

我把這些經文的「關鍵字」整理如下：

(1)「小孩子」的樣式：

「耶穌」指出「天國」裡有另一個奧祕，就是在「天國」裡的人，都有像「小孩子的特質」。如果你沒有這些「特質」，肯定你無法進入「天國」，要進入「天國」必須要有像「小孩子的特質」。

「小孩子的特質」是什麼？單純、有朝氣、生命力、信靠、順服、謙卑、柔和、好奇心、天眞無

邪、有創造性、不記恨、沒有掛慮、信賴、喜樂、沒有習染、……等等。

●《舊聖經》箴言：

20:11 孩童的動作、是清潔、是正直、都顯明他的本性。

這些都是神在起初創造人時，所賦予人的特質；但是，經過成長的過程，城府漸深，心靈經過徹底的汙染，具備了一切人世間的陋習與成見之後，變成無可救藥的狀態。

那麼，「大人的特質」是什麼呢？在大人的世界，充滿著虛僞、詭詐、剛愎自用、爾虞我詐、複雜、忌妒、驕傲、記恨、自以爲聰明、喜好論斷、以惡報惡、沒有信賴、爭權奪利、爲達目的不擇手段、自我中心、……等等。

「耶穌」進一步解釋，「小孩子的樣式」就是：凡自己「謙卑」像這小孩子的，他在天國裡就是最大的。原來「小孩子的樣式」是指，「基督徒」能誠實的表達自己，他不會像一般成年人的虛僞、自大、誇耀。

「耶穌」強調，人要「謙卑」像「小孩子」，他才能進入「天國」。這是什麼意思呢？下面有詳解。

這裡附帶要說明，有些「佛家」、「道家」和「儒家」的信徒，以爲「耶穌」所講的「小孩子的樣式」，是指「赤子之心」，這是嚴重的誤解。

「赤子」是指「初生的嬰兒」，比喻人心地純潔善良。最早見於「儒家」的《書經・康誥》：「若保『赤子』惟民其康乂」。

「儒家」的《孟子．離婁下》說：「大人者，不失其『赤子之心』者也。」這是「赤子之心」的由來，意思是：如「赤子」般善良、純潔、眞誠的心；是心地純正而天眞無邪的心。

「道家」的《道德經》也有「含德之厚」，比於「赤子」的說法，意思是單純的心本身就是一種美德。

●《道德經》第五十五章原文：

含德之厚，比於「赤子」。毒蟲不螫，猛獸不據，攫鳥不搏。骨弱筋柔而握固。未知牝牡之合而作，精之至也。終日號而不嗄，和之至也。

◎《道德經》第五十五章翻譯：

道德涵養渾厚的人，就好比「初生的嬰孩」。毒蟲不螫他，猛獸不傷害他，兇惡的鳥不搏擊他。他的筋骨柔弱，但拳頭卻握得很牢固。他雖然不知道男女的交合之事，但他的小生殖器卻勃然舉起，這是因爲「精氣充沛」的緣故。他整天啼哭，但嗓子卻不會沙啞，這是因爲「和氣純厚」的緣故。

「赤子之心」對「佛家」而言，是指「佛心、清淨心、無分別心、自心自性」。「佛家」修行的目的，就是尋回原本清淨的「自心自性」。我們清淨的「心性」，就好像明珠一樣，掉在渾濁的水裡，不能得見，但是經由修行的過程，水中雜質漸漸沉澱，回復清澈，這被蒙塵的自性珍寶得以顯現。

以「唯識學」來解說，就是讓第七識「末那識」停止作用。而讓第七識「末那識」停止作用的方法是：透過「靜坐禪定」的修習，停止自己第六識「意識」的分析判斷功能，讓第六識「意識」無法傳遞分析判斷的結果，給第七識「末那識」做決定，第七識「末那識」就會停止作用，「自心自性」

自然顯現。

⑵自己「謙卑」像這小孩子：

「謙卑」是「謙和禮讓」的意思，「謙卑」必須出於誠懇的內心，不矯飾、不誇張，以本來的面目行事，否則反而只會彰顯人的「虛僞」，而適得其反。

「耶穌」自己也說：「我心裡柔和謙卑。」「柔和」是「謙卑」的先決條件。一個人若心中「剛愎」，便只有「驕傲」，哪來「謙卑」呢？而一個心中充滿「傲慢」的人，心裡也享受不到「安息」。

●《新約聖經》馬太福音：

11:29 我心裡「柔和謙卑」，你們當負我的「軛（在車衡兩端扼住牛、馬等頸背上的曲木。）」、學我的「樣式」、這樣、你們心裡就必得享安息。

「耶穌」爲什麼在這裡特別強調「謙卑」呢？因爲，「神抵擋驕傲的人，賜恩給謙卑的人。」一個心存「謙卑」的人，就能從神那裡，領受神所賜的種種美善的生命特質。「彼得」在晚年最能體會「謙卑」之道，他爲「門徒」留下了一個至理名言：你們都要以「謙卑」束腰，彼此順服。

●《新約聖經》彼得前書：

5:5 你們「年幼的」、也要順服「年長的」。就是你們衆人、也都要以「謙卑」束腰、彼此順服・因爲　神阻擋「驕傲」的人、賜恩給「謙卑」的人。

「保羅」描述「耶穌」來到世間的目的：自甘卑微。

●《新約聖經》腓立比書：

2:6 他本有「神的形像」、不以自己與 神同等爲強奪的。
2:7 反倒「虛己」、取了「奴僕的形像」、成爲「人的樣式」。
2:8 既有「人的樣子」、就自己「卑微」、存心順服、以至於死、且死在「十字架上」。

「耶穌」的「自甘卑微」，便是他「道成肉身」來到世間的目的；否則他原本爲「上帝」，不必如此。但他要救世人，便必須「自甘卑微」；既取了「奴僕的本質」，便以「奴僕的形像」服事世人，以達到他救世的目的。他爲「門徒」洗腳，是「身教」與「言教」的合一，目的仍是「救世」。

「謙卑」首重「眞誠」，要誠於中，才能形於外。若心中沒有柔和的眞心，只有外表裝出「謙卑」的樣子，那是「假謙卑」。「謙卑」是信心的落實，是眞正悔改的心態。

自己決定要「謙卑」，上帝「耶和華」就會改變你，讓你變成「小孩子的樣式」，要熱切的禱告及自己謙卑，神的醫治就會臨到你。

(3)「回轉」變成「小孩子的樣式」：

「耶穌」說：「你們若不回轉，變成小孩子的樣式，斷不得進天國。」這句話告訴我們，要「變成小孩子樣式」的關鍵在於「回轉」。

「回轉」的原文是用「被動語氣」「be converted」，表示「回轉」不是靠人自己的能力可以做到的，而是需要依靠神的力量來改變。

我們大人被世間的「物欲」所汙染，被根深蒂固的「習性」所影響，我們容易貪嗔癡，容易隨波逐流，我們根本無力「回轉」自救。

那我們要如何「回轉」像小孩子的樣式呢？

第一步就是要「眞誠禱告」，第二步要「誠心悔改」。你「眞誠禱告」 神就垂聽，靠自己的力量不能夠「回轉」，靠 神凡事都能。「回轉」是「重新回到原廠設定」意思，是回到原來的面貌，就是祈求主，使我們「回轉」到起初單純的心。

●《舊約聖經》詩篇：

80:3 神阿、求你使我們「回轉」、(「回轉」或作「復興」)使你的臉發光、我們便要得救。

80:7 萬軍之 神阿、求你使我們「回轉」、使你的臉發光、我們便要得救。

80:19「耶和華」萬軍之 神阿、求你使我們「回轉」、使你的臉發光、我們便要得救。

85:4 拯救我們的 神阿、求你使我們「回轉」、叫你的惱恨向我們止息。

●《舊聖經》耶利米哀歌：

5:21 「耶和華」阿、求你使我們向你「回轉」、我們便得「回轉」．求你復新我們的日子、像古時一樣。

●《舊聖經》耶利米書：

31:17「耶和華」說、你末後必有指望、你的兒女必回到自己的境界。

31:18 我聽見「以法蓮」爲自己悲歎、說、你責罰我、我便受責罰、像不慣負軛的牛犢一樣、求你使我「回轉」、我便「回轉」、因爲你是「耶和華」我的 神。

31:19 我「回轉」以後、就眞正懊悔、受教以後、就拍腿歎息、我因擔當幼年的凌辱、就抱愧蒙羞。

31:20「耶和華」說、「以法蓮」是我的「愛子」麼、是可喜悅的「孩子」麼、我每逢責備他、仍深顧念他、所以我的心腸戀慕他、我必要憐憫他。

31:21「以色列」民哪、(「民」原文作「處女」)你當爲自己設立指路碑、豎起引路柱、你要留心向大路、就是你所去的原路·你當「回轉」、「回轉」到你這些城邑。

●《新約聖經》使徒行傳：

28:27 因爲這百姓、油蒙了心、耳朵發沉、眼睛閉著·恐怕眼睛看見、耳朵聽見、心裡明白、「回轉」過來、我就醫治他們。

28:28 所以你們當知道、　神這救恩、如今傳給「外邦人」、他們也必聽受。(有古卷在此「有」)

28:29(「保羅」說了這話「猶太人」議論紛紛的就走了)

我們要在上帝「耶和華」面前憂傷懺悔，求神赦罪，使我們裡面重新有正直的靈，使我們能夠「回轉」變成「小孩子的樣式」，讓我們的心，能夠保持誠實、正直、無僞。願我們都在神國裡有份，因爲在神國的，正是這樣的人。

十五、「耶穌」的神蹟

「耶穌」在傳道的時候，除了替人「治病」和「趕鬼」之外，他還顯露「神蹟」。「耶穌」的神蹟，不僅讓他的「門徒」和「信衆」，相信他就是傳說中的「彌賽亞」，也讓往後的「基督徒」，相信他就是「神的兒子」。

下面我整理出《新約聖經》裡，有關「耶穌」顯露「神蹟」的經文，這些「神蹟」，讓「基督徒」們津津樂道。

（一）平靜風和海

●**《新約聖經》馬可福音：**

4:35 當那天晚上、「耶穌」對「門徒」說、我們渡到那邊去罷。

4:36 「門徒」離開衆人、「耶穌」仍在船上、他們就把他一同帶去‧也有別的船和他同行。

4:37 忽然起了暴風、波浪打入船內、甚至船要滿了水。

4:38 「耶穌」在船尾上、枕著枕頭睡覺‧「門徒」叫醒了他、說、「夫子」、我們喪命、你不顧麼。

4:39 「耶穌」醒了‧斥責風、向海說、住了罷、靜了罷‧風就止住、大大的平靜了。

4:40 「耶穌」對他們說、爲甚麼膽怯‧你們還沒有「信心」麼。

4:41 他們就大大的懼怕、彼此說、這到底是誰、連風和海也聽從他了。

（二）五餅二魚

●**《新約聖經》馬太福音：**

14:13「耶穌」聽見了、就上船從那裡獨自退到野地裡去‧衆人聽見、就從各城裡步行跟隨他。

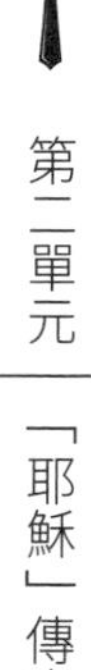

14:14「耶穌」出來、見有許多的人、就憐憫他們、治好了他們的病人。
14:15天將晚的時候、「門徒」進前來說、這是野地、時候已經過了・請叫眾人散開、他們好往村
子裡去、自己買喫的。
14:16「耶穌」說、不用他們去、你們給他們喫罷。
14:17「門徒」說、我們這裡只有五個餅、兩條魚。
14:18「耶穌」說、拿過來給我。
14:19於是吩咐眾人坐在草地上・就拿著這五個餅、兩條魚、望著天、祝福、擘開餅、遞給「門
徒」・「門徒」又遞給眾人。
14:20他們都喫、並且喫飽了・把剩下的零碎收拾起來、裝滿了十二個籃子。
14:21喫的人除了婦女孩子、約有五千。

（三）四千人吃飽

●《新約聖經》馬太福音：

15:29「耶穌」離開那地方、來到靠近「加利利」的海邊、就上山坐下。
15:30有許多人到他那裡、帶著瘸子、瞎子、啞吧、有殘疾的、和好些別的病人、都放在他腳前・
他就治好了他們。
15:31甚至眾人都希奇・因爲看見啞吧說話殘疾的痊癒、瘸子行走、瞎子看見、他們就歸榮耀給
「以色列」的 神。

15:32「耶穌」叫「門徒」來說、我憐憫這衆人、因爲他們同我在這裡已經三天、也沒有喫的了·
我不願意叫他們餓著回去、恐怕在路上困乏。
15:33「門徒」說、我們在這野地、那裡有這麼多的餅、叫這許多人喫飽呢。
15:34「耶穌」說、你們有多少餅·他們說、有七個、還有幾條小魚。
15:35 他就吩咐衆人坐在地上。
15:36 拿著這七個餅和幾條魚、祝謝了、擘開、遞給門徒·門徒又遞給衆人。
15:37 衆人都喫、並且喫飽了、收拾剩下的零碎、裝滿了七個筐子。
15:38 喫的人、除了婦女孩子、共有四千。
15:39「耶穌」叫衆人散去、就上船、來到「馬加丹」的境界。

（四）水面行走

●《新約聖經》馬可福音：

6:45「耶穌」隨即催「門徒」上船、先渡到那邊「伯賽大」去、等他叫衆人散開。
6:46 他既辭別了他們、就往山上去禱告。
6:47 到了晚上、船在海中、「耶穌」獨自在岸上。
6:48 看見「門徒」、因風不順、搖櫓甚苦·夜裡約有四更天、就在海面上走、往他們那裡去、意
思要走過他們去。
6:49 但「門徒」看見他在海面上走、以爲是鬼怪、就喊叫起來。

6:50 因爲他們都看見了他、且甚驚慌。「耶穌」連忙對他們說、你們放心・是我、不要怕。
6:51 於是到他們那裡上了船、風就住了・他們心裡十分驚奇。
6:52 這是因爲他們不明白那分餅的事、心裡還是愚頑。
6:53 既渡過去、來到「革尼撒勒」地方、就靠了岸。

（五）摩西、以利亞顯現

●《新約聖經》馬太福音：

17:1 過了六天、「耶穌」帶著「彼得」、「雅各」、和「雅各」的兄弟「約翰」、暗暗的上了高山・
17:2 就在他們面前變了形像・臉面明亮如日頭、衣裳潔白如光。
17:3 忽然有「摩西」、「以利亞」、向他們顯現、同「耶穌」說話。
17:4 「彼得」對「耶穌」說、主阿、我們在這裡眞好・你若願意、我就在這裡搭三座棚、一座爲你、一座爲「摩西」、一座爲「以利亞」。
17:5 說話之間、忽然有一朵光明的雲彩遮蓋他們・且有聲音從雲彩裡出來說、這是我的愛子、我所喜悅的・你們要聽他。
17:6 「門徒」聽見、就俯伏在地、極其害怕。
17:7 「耶穌」進前來、摸他們說、起來、不要害怕。
17:8 他們舉目不見一人、只見「耶穌」在那裡。

17:9 下山的時候、「耶穌」吩咐他們說、「人子」還沒有從死裡復活、你們不要將所看見的告訴
人。
17:10「門徒」問耶穌說、「文士」爲甚麼說「以利亞」必須先來。
17:11「耶穌」回答說、「以利亞」固然先來、並要復興萬事。
17:12 只是我告訴你們、「以利亞」已經來了、人卻不認識他、竟任意待他・「人子」也將要這樣
受他們的害。
17:13「門徒」這纔明白「耶穌」所說的、是指著「施洗的約翰」。

（六）變水爲酒

●《新約聖經》約翰福音：

2:1 第三日、在「加利利」的「迦拿」有娶親的筵席・「耶穌」的母親在那裡。
2:2 「耶穌」和他的「門徒」也被請去赴席。
2:3 酒用盡了、耶穌的母親對他說、他們沒有酒了。
2:4 耶穌說、「母親」、（原文作「婦人」）我與你有甚麼相干・我的時候還沒有到。
2:5 他母親對用人說、他告訴你們甚麼、你們就作甚麼。
2:6 照「猶太人」潔淨的規矩、有六口石缸擺在那裡、每口可以盛兩三桶水。
2:7 「耶穌」對「用人」說、把缸倒滿了水・他們就倒滿了、直到缸口。
2:8 「耶穌」又說、現在可以舀出來、送給「管筵席的」・他們就送了去。

2:9 「管筵席的」嘗了那水變的酒、並不知道是那裡來的、只有舀水的「用人」知道・「管筵席的」便叫「新郎」來、
2:10 對他說、人都是先擺上好酒・等客喝足了、纔擺上次的・你倒把好酒留到如今。
2:11 這是「耶穌」所行的頭一件「神蹟」、是在「加利利」的「迦拿」行的、顯出他的榮耀來・他的「門徒」就信他了。

十六、「耶穌」的預言

（一）「耶穌」預言他將「受難」和「復活」

●《新約聖經》馬太福音：

16:13「耶穌」到了「該撒利亞腓立比」的境內、就問「門徒」說、人說我「人子」是誰。（有古卷無我字）
16:14 他們說、有人說是「施洗的約翰」・有人說是「以利亞」・又有人說是「耶利米」、或是「先知」裡的一位。
16:15「耶穌」說、你們說我是誰。
16:16「西門彼得」回答說、你是「基督」、是永生　「神的兒子」。
16:17「耶穌」對他說、「西門巴約拿」、你是有福的・因爲這不是屬血肉的指示你的、乃是我在「天上的父」指示的。

16:18 我還告訴你、你是「彼得」、我要把我的「教會」建造在這「磐石」上．陰間的權柄、不能
勝過他。（「權柄」原文作「門」）
16:19 我要把「天國的鑰匙」給你．凡你在地上所捆綁的、在天上也要捆綁．凡你在地上所釋放
的、在天上也要釋放。
6:20 當下、「耶穌」囑咐「門徒」、不可對人說他是「基督」。
16:21 從此「耶穌」纔指示「門徒」、他必須上「耶路撒冷」去、受「長老祭司長文士」許多的
苦、並且被殺、「第三日復活」。

●《新約聖經》馬太福音：

17:22 他們還住在「加利利」的時候、「耶穌」對「門徒」說、「人子」將要被交在人手裡。
17:23 他們要殺害他、第三日他要復活。「門徒」就大大的憂愁。

●《新約聖經》馬太福音：

20:17「耶穌」上「耶路撒冷」去的時候、在路上把十二個「門徒」帶到一邊、對他們說。
20:18 看哪、我們上「耶路撒冷」去、「人子」要被交給「祭司長」和「文士」．他們要定他死
罪。
20:19 又交給「外邦人」、將他戲弄、鞭打、釘在「十字架」上．第三日他要復活。

●《新約聖經》馬太福音：

26:1 「耶穌」說完了這一切的話、就對「門徒」說。

26:2 你們知道過兩天是「逾越節」、「人子」將要被交給人、釘在「十字架」上。
26:3 那時、「祭司長」和民間的「長老」、聚集在「大祭司」稱爲「該亞法」的院裡。

●《新約聖經》馬可福音：

10:31 然而有許多在前的將要在後、在後的、將要在前。
10:32 他們行路上「耶路撒冷」去．「耶穌」在前頭走、「門徒」就希奇、跟從的人也害怕．「耶穌」又叫過「十二個門徒」來、把自己將要遭遇的事、告訴他們說。
10:33 看哪、我們上「耶路撒冷」去、「人子」將要被交給「祭司長」和「文士」、他們要定他死罪、交給「外邦人」。
10:34 他們要戲弄他、吐唾沫在他臉上、鞭打他、殺害他．過了三天、他要復活。

（二）「耶穌」應驗「先知」的話，騎驢進聖城「耶路撒冷」

「耶穌」騎驢進城，因爲《舊約聖經》的「先知」預言，「耶穌」騎著預選的驢駒，這正應驗了先知「撒迦利亞」的話。

●《舊聖經》撒迦利亞書：

9:9 「錫安」的民哪、應當大大喜樂．「耶路撒冷」的民哪、應當歡呼．看哪、你的王來到你這裡．他是公義的、並且施行拯救、謙謙和和的「騎著驢」、就是「騎著驢的駒子」。

「耶穌」爲了要向當時的人民宣告，他就是「彌賽亞」，所以「耶穌」必須騎著驢，他若是騎著馬，那他就不是「彌賽亞」了。

●《新約聖經》約翰福音：
12:14「耶穌」得了一個「驢駒」、就騎上．如經上所記的說、
12:15「錫安的民哪（民原文作『女子』）不要懼怕、你的王騎著『驢駒』來了。」
●《新約聖經》馬太福音：
21:1「耶穌」和「門徒」將近「耶路撒冷」、到了伯法其在「橄欖山」那裡．
21:2「耶穌」就打發兩個「門徒」、對他們說、你們往對面村子裡去、必看見一匹「驢」拴在那
裡、還有「驢駒」同在一處．你們解開牽到我這裡來。
21:3 若有人對你們說甚麼、你們就說、主要用他．那人必立時讓你們牽來。
21:4 這事成就、是要應驗「先知」的話、說、
21:5「要對錫安的居民（原文作女子）說、看哪、你的王來到你這裡、是溫柔的、又騎著
『驢』、就是騎著『驢駒子』。」
21:6「門徒」就照「耶穌」所吩咐的去行。
21:7 牽了「驢」和「驢駒」來、把自己的衣服搭在上面、「耶穌」就騎上。
21:8 眾人多半把衣服鋪在路上．還有人砍下樹枝來鋪在路上。
21:9 前行後隨的眾人、喊著說、「和散那」歸於「大衛」的子孫、（「和散那」原有「求救」的
意思在此乃「稱頌」的話）奉主名來的、是應當稱頌的．高高在上和散那。
21:10「耶穌」既進了「耶路撒冷」、合城都驚動了、說、這是誰。

21:11 衆人說、這是「加利利」「拿撒勒」的「先知耶穌」。

（三）「耶穌」預言「世界末日」降臨的預兆

● 《新約聖經》馬太福音：

24:1 「耶穌」出了「聖殿」、正走的時候、「門徒」進前來、把「殿宇」指給他看。

24:2 「耶穌」對他們說、你們不是看見這「殿宇」麼‧我實在告訴你們、將來在這裡、沒有一塊石頭留在石頭上不被拆毀了。

24:3 「耶穌」在「橄欖山」上坐著、「門徒」暗暗的來說、請告訴我們、甚麼時候有這些事‧「你降臨和世界的末了、有甚麼預兆呢」。

24:4 「耶穌」回答說、你們要謹慎、免得有人迷惑你們。

24:5 因爲將來有好些人「冒我的名來」、說、我是「基督」、並且要迷惑許多人。

24:6 你們也要聽見打仗和打仗的風聲、總不要驚慌‧因爲這些事是必須有的‧只是「末期」還沒有到。

24:7 民要攻打民、國要攻打國‧多處必有饑荒、地震。

24:8 這都是「災難」的起頭。（「災難」原文作「生產之難」）

24:9 那時、人要把你們陷在患難裡、也要殺害你們‧你們又要爲我的名、被萬民恨惡。

24:10 那時、必有許多人跌倒、也要彼此陷害、彼此恨惡。

24:11 且有好些「假先知」起來、迷惑多人。

24:12 只因不法的事增多、許多人的愛心、纔漸漸冷淡了。
24:13 惟有忍耐到底的、必然得救。
24:14 這「天國的福音」、要傳遍天下、對萬民作見證、然後「末期」纔來到。
24:15 你們看見先知「但以理」所說的、那行毀壞可憎的、站在「聖地」．（讀這經的人須要會意）
24:16 那時、在「猶太」的、應當逃到山上。
24:17 在房上的、不要下來拿家裡的東西。
24:18 在田裡的、也不要回去取衣裳。
24:19 當那些日子、懷孕的和奶孩子的有禍了。
24:20 你們應當祈求、叫你們逃走的時候、不遇見冬天、或是「安息日」。
24:21 因為那時、必有「大災難」、從世界的起頭、直到如今、沒有這樣的災難、後來也必沒有。
24:22 若不減少那日子、凡有血氣的、總沒有一個得救的．只是為選民、那日子必減少了。
24:23 那時、若有人對你們說、「基督」在這裡．或說、「基督」在那裡．你們不要信。
24:24 因為「假基督」、「假先知」、將要起來、顯大神蹟、大奇事．倘若能行、連「選民」也就迷惑了。
24:25 看哪、我預先告訴你們了。
24:26 若有人對你們說、看哪、「基督」在曠野裡．你們不要出去．或說、看哪、「基督」在內屋

中・你們不要信。
24:27「閃電」從「東邊」發出、直照到「西邊」・「人子」降臨、也要這樣。
24:28 屍首在那裡、鷹也必聚在那裡。
24:29 那些日子的災難一過去、日頭就變黑了、月亮也不放光、衆星要從天上墜落、天勢都要震動。
24:30 那時、「人子的兆頭」要顯在天上、地上的萬族都要哀哭・他們要看見人子、有能力、有大榮耀、駕著天上的雲降臨。
24:31 他要差遣「使者」、用號筒的大聲、將他的「選民」、從四方、從天這邊、到天那邊、都招聚了來。(「方」原文作「風」)

十七、「耶穌」的缺失

「耶穌」雖然是「彌賽亞(救世主)」,爲了贖世人的罪,被釘在「十字架」上殉道。但是,有兩件事情,我覺得是「耶穌」的缺失。

(一)「耶穌」對「無花果樹」說:「你永不結果子。」

●《新約聖經》馬太福音:
21:18 早晨回城的時候、他餓了・
21:19 看見路旁有一棵「無花果樹」、就走到跟前、在樹上找不著甚麼、不過有葉子・就對樹說、從今以後、「你永不結果子」。那「無花果樹」就立刻枯乾了。
21:20「門徒」看見了、便希奇說、「無花果樹」怎麼立刻枯乾了呢。
21:21「耶穌」回答說、我實在告訴你們、你們若有信心、不疑惑、不但能行「無花果樹」上所行
的事、就是對這座山說、你挪開此地、投在海裡、也必成就。
21:22 你們禱告、無論求甚麼、只要信、就必得著。

●《新約聖經》馬可福音：

11:12 第二天、他們從「伯大尼」出來・「耶穌」餓了。
11:13 遠遠的看見一棵「無花果樹」、樹上有葉子、就往那裡去、或者在樹上可以找著甚麼・到了
樹下、竟找不著甚麼、不過有葉子・因爲不是收「無花果」的時候。
11:14「耶穌」就對樹說、從今以後、「永沒有人喫你的果子」。他的「門徒」也聽見了。
11:19 每天晚上、「耶穌」出城去。
11:20 早晨、他們從那裡經過、看見「無花果樹」連根都枯乾了。
11:21「彼得」想起「耶穌」的話來、就對他說、「拉比」、請看、你所「咒詛」的「無花果
樹」、已經枯乾了。
11:22「耶穌」回答說、你們當信服　神。
11:23 我實在告訴你們、無論何人對這座山說、你挪開此地投在海裡・他若心裡不疑惑、只信他所
說的必成、就必給他成了。

11:24 所以我告訴你們、凡你們「禱告祈求」的、無論是甚麼、只要信是得著的、就必得著。

11:25 你們站著禱告的時候、若想起有人得罪你們、就當饒恕他、好叫你們在「天上的父」、也饒恕你們的過犯。

11:26 你們若不饒恕人、你們在「天上的父」、也不饒恕你們的過犯。（有古卷無此節）

我想不懂一件事情，「耶穌」展現許多「神蹟」，他可以命令「暴風」和「海浪」平靜；他可以用「五餅二魚」餵飽衆人；他可以用「七個餅」和「幾條魚」讓四千人吃飽；他可以「在水面上行走」；他可以「變水爲酒」，但是他沒辦法把「無花果樹」變出「無花果」來食用，來塡飽肚子。反而生氣的詛咒那棵「無花果樹」說：「你永不結果子」，讓那棵「無花果樹」立刻枯乾。

假如「耶穌」施展神蹟，讓那棵「無花果樹」長出「無花果」，不但他可以吃飽，那棵「無花果樹」也可以繼續活的好好的。

（二）「耶穌」對「母親」說：「婦人！我與你有甚麼相干？」

●《新約聖經》約翰福音：

2:1 第三日、在「加利利」的「迦拿」有娶親的筵席．「耶穌」的母親在那裡。

2:2 「耶穌」和他的「門徒」也被請去赴席。

2:3 酒用盡了、「耶穌」的母親對他說、他們沒有酒了。

2:4 「耶穌」說、「母親」、（原文作「婦人（Woman）」）我與你有甚麼相干．我的時候還沒有到。

2:5　他母親對「用人」說、他告訴你們甚麼、你們就作甚麼。

這裡的經文寫著「耶穌」說、母親、（原文作「婦人（Woman）」）我與你有甚麼相干．我的時候還沒有到。」翻譯這段經文的「翻譯者」，應該也感受到，原文作「婦人（Woman）」的不妥當，所以把「婦人」翻譯成「母親」。

這段經文的原文是：「耶穌」說、「婦人（Woman）」、我與你有甚麼相干．我的時候還沒有到。」

天啊！不可思議！這是救世主「耶穌」說出來的話，在衆人面前，稱呼自己的母親爲「婦人（Woman）」。還說「我與你有甚麼相干．我的時候還沒有到。」，這是一句「大逆不道」的話。

「耶穌」果然只認爲上帝「耶和華」是他的「親生父親」，他是「神的兒子」。母親「馬利亞」只是一個「凡人」，所以「耶穌」不太理會他她。更別說「耶穌」的養父「約瑟」，整部《新約聖經》沒有「耶穌」和他的養父「約瑟」的對話記錄，可見「約瑟」沒有什麼重要性的地位，他只是「耶穌」的「養父」。

但是，別忘了就因爲「約瑟」是「大衛王」的後裔，如果沒有這層「血緣關係」，「耶穌」就不是「大衛王」的後裔，也就沒有資格被稱爲「以色列的王」。所以，嚴格講起來，「耶穌」的身分是有問題的。

還有一段經文的敍述，可以看出「耶穌」是一位優秀狂熱的「宗教家」，但不是一位「孝順的兒子」，也不是一位「友愛弟妹的兄長」。

●《新約聖經》馬可福音：

12:46「耶穌」還對衆人說話的時候、不料、他「母親」和他「弟兄」站在外邊、要與他說話。

12:47 有人告訴他說、看哪、你「母親」和你「弟兄」站在外邊、要與你說話。

12:48 他卻回答那人說、誰是我的「母親」・誰是我的「弟兄」。

12:49 就伸手指著「門徒」說、看哪、我的「母親」、我的「弟兄」。

12:50 凡遵行我「天父」旨意的人、就是我的「弟兄姐妹」和「母親」了。

●《新約聖經》馬可福音：

3:31 當下「耶穌」的「母親」和「弟兄」、來站在外邊、打發人去叫他。

3:32 有許多人在「耶穌」周圍坐著・他們就告訴他說、看哪、你「母親」、和你「弟兄」、在外邊找你。

3:33 「耶穌」回答說、誰是我的「母親」、誰是我的「弟兄」。

3:34 就四面觀看那周圍坐著的人、說、看哪、我的「母親」、我的「弟兄」。

3:35 凡遵行「神旨意的人」、就是我的「弟兄姐妹」和「母親」了。

●《新約聖經》路加福音：

8:19 「耶穌」的「母親」和他「弟兄」來了、因爲人多、不得到他跟前。

8:20 有人告訴他說、你「母親」、和你「弟兄」、站在外邊、要見你。

8:21 「耶穌」回答說、聽了「神之道」而遵行的人、就是我的「母親」、我的「弟兄」了。

此刻的「耶穌」，好像忘了上帝「耶和華」的告誡。

●《新約聖經》馬太福音：

15:4 神說、當「孝敬父母」．又說、「咒罵父母的」、必治死他。

對了！「耶穌」有「弟妹」嗎？有的。

根據《馬太福音》與《馬可福音》的記載，「耶穌」有幾個「弟弟」，分別是「雅各、猶大、西門」與「約西」，還有幾個「妹妹」。

●《新約聖經》馬太福音：

13:55 這不是「木匠」的兒子麼．他「母親」不是叫「馬利亞」麼．他「弟兄們」不是叫「雅各」、「約西」、（有古卷作「約瑟」）「西門」、「猶大」麼。

13:56 他「妹妹們」不是都在我們這裡麼．這人從那裡有這一切的事呢。

●《新約聖經》馬可福音：

6:3 這不是那「木匠」麼．不是「馬利亞」的兒子、「雅各」「約西」「猶大」「西門」的長兄麼．他「妹妹們」不也是在我們這裡麼．他們就厭棄他。（「厭棄他」原文作「因他跌倒」）

其中，「雅各」是記載最清楚的一位，「保羅」稱呼他是「主的兄弟」，而且是「教會的柱石」。

●《新約聖經》加拉太書：

1:19 至於別的「使徒」、除了主的兄弟「雅各」、我都沒有看見。
2:9 又知道所賜給我的恩典、那稱為「教會柱石」的「雅各」、「磯法」、「約翰」、就向我和「巴拿巴」用右手行「相交之禮」、叫我們往「外邦人」那裡去、他們往「受割禮的人」那裡去．

另外，《猶大書》的作者使徒「猶大」，被人稱為「雅各的兄弟」，有可能就是「耶穌」的兄弟「猶大」。

還有，「公義者雅各」的繼任者，「耶路撒冷」的「西門」，學者如「詹姆斯．塔波（James Tabor）」等人，主張他可能就是「耶穌」的兄弟「西門」，也是「十二使徒」中的「西門」。

但是「天主教會」反對這個說法，因為他們相信「耶穌」的母親「聖母馬利亞」，從來沒有發生過任何性行為，除了「耶穌」，她不曾生下其他後代。

古代的「西方教會」，領導群倫的聖經學者「耶柔米」，相信「聖母馬利亞」是童貞無瑕的，同意《雅各福音書》的說法，但是主張「雅各」等人是「耶穌」的「表兄弟」，或是「堂兄弟」，並不是同父所生。而且認為他與「亞勒腓」的兒子「雅各」是同一個人，也就是「小雅各」。這個說法被「羅馬天主教會」和「希臘東正教會」所接受。

此外，「耶穌」還有幾個妹妹，但是沒有被清楚的寫出來。根據《新約偽典》的記載，「耶穌」的妹妹，被稱為「瑪麗」與「撒羅米」。但是，在歷史上，「耶穌」這些弟妹的記載卻很不清楚。

十八、「耶穌」的受難

在「耶穌」傳道的過程中，他與「猶太宗教領袖」產生了很大的衝突。例如：「耶穌」在「安息日」也醫病；他接近當時被「猶太社會」所鄙視的「罪人」，比如「稅吏、外邦人、犯姦淫的婦女」等，都給予安慰和鼓勵，並向他們傳講福音；他批評「猶太宗教領袖」的「形式主義」和「假冒偽善」。所以，這些「宗教領袖」仇視他，開始計劃要殺他，最後「耶穌受難」殉道。

在「基督教神學」中，「耶穌受難」特指「耶穌」生前的最後一段時期，他造訪「耶路撒冷」，在街道遊行，最後晚餐，最終在耶路撒冷被逮捕，判罪，走上苦路，在「十字架」上被處死。

（一）「耶穌」受難的預言

「基督教」將《舊約聖經》的多段經文，解釋爲「耶穌受難」的預言。

(1)「耶穌受難」的第一個預言，是在《以賽亞書》的五十三章。這個預言的神諭，描述了一個無罪的人，他爲子民贖罪。透過自願的受難，他將罪人從上帝「耶和華」的懲罰中解救出來。「耶穌」的死，被認爲是實現了這個預言。

● **《舊約聖經》以賽亞書：**

52:13 我的「僕人」行事必有智慧、（或作「行事通達」）必被高舉上升、且成爲至高。

52:14 許多人因他（原文作「你」）驚奇、（他的面貌比別人憔悴、他的形容比世人枯槁。）

52:15 這樣、他必洗淨（或作「鼓動」）許多「國民」．「君王」要向他閉口．因所未曾傳與他們的、他們必看見．未曾聽見的、他們要明白。

53:1 我們所傳的、（或作「所傳與我們的」）有誰信呢．「耶和華」的膀臂向誰顯露呢。
53:2 他在「耶和華」面前生長如「嫩芽」、像「根」出於「乾地」．他無佳形美容、我們看見他
的時候、也無美貌使我們羨慕他。
53:3 他被藐視、被人厭棄、多受痛苦、常經憂患。他被藐視、好像被人掩面不看的一樣．我們也
不尊重他。
53:4 他誠然擔當我們的憂患、背負我們的痛苦．我們卻以爲他受責罰、被　神擊打苦待了。
53:5 那知他爲我們的過犯受害、爲我們的罪孽壓傷．因他受的刑罰我們得平安．因他受的鞭傷我
們得醫治。
53:6 我們都如羊走迷、各人偏行己路．「耶和華」使我們衆人的罪孽都歸在他身上。
53:7 他被欺壓、在受苦的時候卻不開口．（或作「他受欺壓卻自卑不開口」）他像「羊羔」被牽
到宰殺之地、又像「羊」在「剪毛的人」手下無聲、他也是這樣不開口．
53:8 因受欺壓和審判他被奪去．至於他同世的人、誰想他受鞭打、從活人之地被剪除、是因我百
姓的罪過呢。
53:9 他雖然未行強暴、口中也沒有詭詐、人還使他與惡人同埋．誰知死的時候與「財主」同葬。
53:10「耶和華」卻定意（或作「喜悅」）將他壓傷、使他受痛苦．「耶和華」以他爲「贖罪
祭」．（或作「他獻本身爲贖罪祭」）他必看見後裔、並且延長年日。「耶和華」所喜悅的
事、必在他手中亨通。

53:11 他必看見自己勞苦的功效、便心滿意足・有許多人、因認識我的「義僕」得稱爲「義」・並
且他要擔當他們的罪孽。
53:12 所以我要使他與位大的同分、與強盛的均分擄物・因爲他將命傾倒、以致於死・他也被列在
罪犯之中・他卻擔當多人的罪、又爲罪犯代求。

(2)「耶穌受難」的第二個預言，是在《詩篇》第二十二章。「耶穌」在「十字架」上斷氣之前，大聲呼喊：「我的神，我的神！爲什麼你離棄我？」「耶穌」這句話是引用《詩篇》第二十二章的經文。

●**《新約聖經》馬太福音：**

27:46 約在「申初」、「耶穌」大聲喊著說、「以利、以利、拉馬撒巴各大尼」・就是說、「我的
神、我的 神、爲甚麼離棄我」。

●**《舊約聖經》詩篇：**

22:1 （「大衛」的詩、交與「伶長」、調用「朝鹿」。）我的 神、我的 神、爲甚麼離棄我・
爲甚麼遠離不救我、不聽我唉哼的言語。

(3)「耶穌受難」的第三個預言，也是在《詩篇》第二十二章。在《詩篇》第二十二章的這段經文中，「大衛王」預言了「彌賽亞」的受難。

●**《舊約聖經》詩篇：**

22:6 但我是「蟲」不是「人」・被眾人羞辱、被百姓藐視。

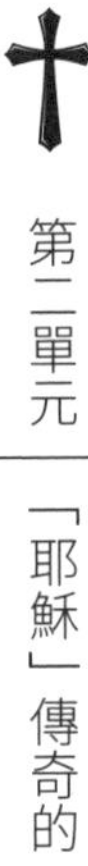

22:7 凡看見我的都嗤笑我．他們撇嘴搖頭、說、
22:8 他把自己交託「耶和華」、「耶和華」可以救他罷．「耶和華」既喜悅他、可以搭救他罷。
22:9 但你是叫我出母腹的．我在母懷裡、你就使我有倚靠的心。
22:10 我自出母胎就被交在你手裡．從我母親生我、你就是我的 神。
22:11 求你不要遠離我．因爲急難臨近了、沒有人幫助我。
22:12 有許多「公牛」圍繞我．「巴珊」大力的「公牛」四面困住我。
22:13 他們向我張口、好像抓撕吼叫的「獅子」。
22:14 我如水被倒出來．我的骨頭都脫了節．我心在我裡面如蠟融化。
22:15 我的精力枯乾、如同瓦片．我的舌頭貼在我牙床上．你將我安置在死地的塵土中。
22:16「犬類」圍著我．「惡黨」環繞我．他們扎了我的手、我的腳。
22:17 我的骨頭、我都能數過．他們瞪著眼看我。
22:18 他們分我的外衣、爲我的裡衣拈鬮（ㄋㄧㄢ ㄐㄧㄡ，用幾張小紙片暗寫上字或記號，作成紙團，由有關的人各取其一，以決定權利或義務該屬於誰。）。

(4)「耶穌受難」的第四個預言，是在《詩篇》第三十四章。「耶穌」死了之後，執行死刑的士兵，沒有打斷他的腿，保全了他一身的骨頭，應驗了預言所說。

● **《舊約聖經》詩篇：**

34:19「義人」多有苦難．但「耶和華」救他脫離這一切。

34:20 又保全他一身的骨頭、連一根也不折斷。

●**《新約聖經》約翰福音：**

19:31「猶太人」因這日是「預備日」、又因那「安息日」是個大日、就求「彼拉多」叫人「打斷他們的腿」、把他們拿去、免得屍首當「安息日」留在「十字架」上。

19:32 於是「兵丁」來、把頭一個人的腿、並與「耶穌」同釘第二個人的腿、都打斷了。

19:33 只是來到「耶穌」那裡、見他已經死了、「就不打斷他的腿」。

19:34 惟有一個兵拿槍扎他的肋旁、隨卽有血和水流出來。

19:35 看見這事的那人就作「見證」、他的「見證」也是眞的、並且他知道自己所說的是眞的、叫你們也可以信。

19:36 這些事成了、爲要應驗經上的話說、『他的骨頭、一根也不可折斷。』

(5)「耶穌受難」的第五個預言，是在《詩篇》第六十九章。「耶穌」死之前，「兵丁」拿「苦膽」調和的「酒」，給「耶穌」喝。

●**《舊約聖經》詩篇：**

69:21 他們拿「苦膽」給我當食物．我渴了、他們拿「醋」給我喝。

●**《新約聖經》馬太福音：**

27:34「兵丁」拿「苦膽」調和的「酒」、給「耶穌」喝。他嘗了、就不肯喝。

(6)「耶穌受難」的第六個預言，是在《撒迦利亞書》第十二章。「經上又有一句說、『他們要仰

望自己所扎的人。』」

●《舊聖經》撒迦利亞書：

12:10 我必將那施恩叫人懇求的靈、澆灌「大衛」家、和「耶路撒冷」的居民．「他們必仰望我」、（或作「他」本節同）就是「他們所扎的」．必爲我悲哀、如喪獨生子、又爲我愁苦、如喪「長子」。

●《新約聖經》約翰福音：

19:37 經上又有一句說、『他們要仰望自己所扎的人。』

(7)「耶穌受難」的第七個預言，是在《馬可福音書》第八、九章。「耶穌」三次預言了自己的受難和復活：

①第一次，在前往「該撒利亞腓立比」的路上，他預言「人子」將在三天內被殺和復活。

②第二次，「耶穌」顯聖容後，再次預言「人子」將在三天內被殺和復活。

③第三次，在去「耶路撒冷」的路上，預言「人子」將被交付給「法利賽人」和「撒都該人」的領袖，被定死罪，然後交給「外邦人」，在三天內被嘲笑、鞭打、殺害和復活。

●《新約聖經》馬可福音：

8:31 從此他教訓他們說、「人子」必須受許多的苦、被「長老」「祭司長」和「文士」棄絕、並且被殺、「過三天復活」。

9:9 下山的時候、「耶穌」囑咐他們說、「人子」還沒有從死裡復活、你們不要將所看見的告訴人。

9:31 於是教訓「門徒」、說、「人子」將要被交在人手裡、他們要殺害他．被殺以後、「過三天
他要復活」。

（二）「耶穌」受難過程的簡述

根據《四福音書》的記載，「耶穌」受難的過程，簡述如下：

(1)「耶穌」在與其「十二使徒」吃「最後的晚餐」後，在「客西馬尼園」被逮捕。

(2)被迫在大祭司「亞拿」、「該亞法」、「公會」、「本丟．彼拉多」和「希律」前受審。

(3)被移送釘「十字架」。

(4)「耶穌」被「羅馬士兵」鞭打，嘲笑爲「猶太人的王」，被迫穿著「紫色的長袍」，與戴上「荊棘編的冠冕」，被「羅馬士兵」毆打和吐口水，然後換回「耶穌」當時自己的衣服，走向被釘「十字架」的地方。

(5)古利奈人「西門」經過，被迫背著「耶穌」的「十字架」。

(6)到了「各各他」，「羅馬士兵」向「耶穌」提供了「混合苦膽的酒」，「耶穌」不肯喝。

(7)接著「耶穌」與兩名被定罪的「盜賊」，一起被釘在「十字架」上。「耶穌」被釘在中間的「十字架」上。

(8)「本丟．彼拉多」讓「羅馬士兵」把「告示牌子」加在「耶穌」的頭上方，以「拉丁文、希臘文、希伯來文」三種語言，標誌他爲「拿撒勒人耶穌，猶太人的王」。「羅馬士兵」瓜分他的

「長袍」，爲他無縫的內衣拈鬮（ㄋㄧㄢ ㄐㄧㄡ，用幾張小紙片暗寫上字或記號，作成紙團，由有關的人各取其一，以決定權利或義務該屬於誰。）。

(9)在場衆多不相信「耶穌」的「猶太律法師」和「文士」，都嘲諷他，聲稱「耶穌」若自己從「十字架」上下來，就相信他是從神來的。

(10)一個「強盜」也是嘲諷「耶穌」，但是另一個「強盜」卻承認「耶穌」的「基督」身分，「耶穌」當時就回答他，會與自己同日同在「樂園」。

(11)根據《馬可福音》，「耶穌」在「十字架」上忍受了六個小時的煎熬，約由上午九點，直到下午三點左右去世。

(12)「羅馬士兵」打斷其他釘在「十字架」上，兩名男子的腿，好讓他們早點死。也有認爲是當天「猶太律法」不讓「罪犯」被掛到日落，所以「羅馬士兵」折中防止逃跑，以便次日對活著的繼續釘。因爲「耶穌」已經死了，「羅馬士兵」就沒有打斷「耶穌」的腿。爲了驗證「耶穌」是否已死，有一個「羅馬士兵」拿槍扎「耶穌」的肋旁、隨即有血和水流出來。

(13)「四福音書」記載了不同的「耶穌」在「十字架」上的遺言。「耶穌受難」伴隨著各種「超自然事件」，包括「黑暗的大地、殿裡的幔子從上到下裂爲兩半、地震」。

(14)「耶穌」死後，他的身體從「十字架」上被「亞利馬太」的「約瑟」移除，由「尼哥底母」協助，埋在一塊石頭鑿成的墳墓。

(15)「耶穌」在死後的第三天，也是「猶太律法」的每七日的頭一日復活，並且多次向「門徒」和其它「揀選的人」顯現，又教導他們，然後在約定的山上，當著「門徒」的面升天。

（三）背叛「耶穌」的使徒「猶大」

「加略人猶大（Judas Iscariot）」簡稱「猶大」，是「加略人西門」之子，在《新約聖經》中是「耶穌」最初的「十二門徒」之一。受「猶太公會」三十塊銀錢賄賂，以親吻爲暗號，背叛「耶穌」。在「基督教」裡，他的名字常用來指「背叛」。

「猶大」在「新約時期」是個非常普遍的名字，許多人常將「加略人猶大」與「十二使徒」中的「猶大．多馬」混淆。

《馬太福音》的作者「馬太」，描述「猶大」背叛的過程，「猶大」受賄「三十塊銀錢」，用「親吻」來向大祭司「該亞法」做暗號，「該亞法」隨卽將「耶穌」轉交給「猶太行省」的羅馬帝國總督「本丟．彼拉多」。

「猶大」會背叛「耶穌」有幾種解釋：

(1)在《馬可福音》中，他跑到「祭司長」那裡告發，得到「銀錢」報酬，但這筆報酬是否是動機不得而知。

●《新約聖經》馬可福音：

14:10「十二門徒」之中有一個「加略人猶大」、去見「祭司長」、要把「耶穌」交給他們。

14:11 他們聽見就歡喜、又應許給他「銀子」．他就尋思如何得便、把「耶穌」交給他們。

(2)在《馬太福音》中，他問及「告發」能得到什麼。

●《新約聖經》馬太福音：

26:14當下、「十二門徒」裡、有一個稱為「加略人猶大」的、去見「祭司長」、說。

26:15我把他交給你們、你們願意給我多少錢。他們就給了他「三十塊錢」。

26:16從那時候、他就找機會、要把「耶穌」交給他們。

(3)在《路加福音》和《約翰福音》中，「猶大」被「魔鬼」附身而背信棄義。

●《新約聖經》路加福音：

22:2「祭司長」和「文士」、想法子怎麼纔能殺害「耶穌」．是因他們懼怕百姓。

22:3 這時、「撒但」入了那稱為「加略人猶大」的心、他本是「十二門徒」裡的一個。

22:4 他去和「祭司長」並「守殿官」商量、怎麼可以把「耶穌」交給他們。

22:5 他們歡喜、就約定給他銀子。

22:6 他應允了、就找機會要趁眾人不在跟前的時候、把「耶穌」交給他們。

●《新約聖經》約翰福音：

13:2 喫晚飯的時候、（「魔鬼」已將賣「耶穌」的意思、放在「西門」的兒子「加略人猶大」心裡）

(4)另一個解釋是「猶大」希望「耶穌」能夠推翻「羅馬帝國」在「巴勒斯坦」地區的統治。如此看來，「猶大」是個幻滅失望的「門徒」，背叛「耶穌」不是因為「貪財」而是「愛國」，但是「耶穌」不予以滿足。

後來，「猶大」看見「耶穌」已經定了罪，就後悔了。他把那「三十塊錢」拿回來給「祭司長」和「長老」說：「我賣了無辜之人的血、是有罪了。」他們說、那與我們有甚麼相干・你自己承當罷。「猶大」就把那「銀錢」丟在殿裡，出去弔死了。「猶太大祭司」用叛徒「猶大」出賣「耶穌」的錢，買了一塊地，埋葬了叛徒「猶大」；這塊地被稱爲「血田」，後來做爲安葬在「耶路撒冷」去世的「外邦人」的墳地。

●《新約聖經》馬太福音：

27:1 到了早晨、衆「祭司長」和民間的「長老」、大家商議、要治死「耶穌」。

27:2 就把他捆綁解去交給巡撫「彼拉多」。

27:3 這時候、賣「耶穌」的「猶大」、看見「耶穌」已經定了罪、就後悔、把那三十塊錢、拿回
來給「祭司長」和「長老」說。

27:4 我賣了無辜之人的血、是有罪了。他們說、那與我們有甚麼相干・你自己承當罷。

27:5 「猶大」就把那銀錢丟在殿裡、出去弔死了。

27:6 「祭司長」拾起銀錢來說、這是「血價」、不可放在庫裡。

27:7 他們商議、就用那銀錢買了窯戶的一塊田、爲要埋葬外鄉人。

27:8 所以那塊田、直到今日還叫作「血田」。

27:9 這就應了先知「耶利米」的話、說、「他們用那三十塊錢、就是被估定之人的價錢、是「以
色列人」中所估定的。

27:10 買了窯戶的一塊田．這是照著主所吩咐我的。」
「猶大」在「十二使徒」中的地位，日後由「馬提亞」替代。

●《新約聖經》使徒行傳：

1:12 有一座山名叫「橄欖山」、離「耶路撒冷」不遠、約有「安息日」可走的路程．當下「門
徒」從那裡回「耶路撒冷」去。
1:13 進了城、就上了所住的一間樓房．在那裡有「彼得、約翰、雅各、安得烈、腓力、多馬、
巴多羅買、馬太、亞勒腓的兒子雅各、奮銳黨的西門、和雅各的兒子（或作「兄弟」）猶
大」。
1:14 這些人、同著幾個婦人、和「耶穌」的母親「馬利亞」、並「耶穌」的弟兄、都同心合意的
恆切禱告。
1:15 那時、有許多人聚會、約有一百二十名、「彼得」就在弟兄中間站起來、說。
1:16 弟兄們、「聖靈」藉「大衛」的口、在「聖經」上、預言領人捉拿「耶穌」的「猶大」．這
話是必須應驗的。
1:17 他本來列在我們數中、並且在「使徒」的職任上得了一分。
1:18 這人用他作惡的工價、買了一塊田、以後身子仆倒、肚腹崩裂、腸子都流出來。
1:19 住在「耶路撒冷」的眾人都知道這事、所以按著他們那裡的話、給那塊田起名叫「亞革大
馬」、就是「血田」的意思。

1:20 因爲《詩篇》上寫著說、「願他的住處、變爲荒場、無人在內居住。」又說、「願別人得他
的職分。」
1:21 所以主「耶穌」在我們中間始終出入的時候。
1:22 就是從「約翰」施洗起、直到主離開我們被接上升的日子爲止、必須從那常與我們作伴的人
中、立一位與我們同作「耶穌復活」的見證。
1:23 於是選舉兩個人、就是那叫作「巴撒巴」又稱呼「猶士都」的「約瑟」、和「馬提亞」。
1:24 衆人就禱告說、主阿、你知道萬人的心、求你從這兩個人中、指明你所揀選的是誰、叫他得
這「使徒」的位分·這位分「猶大」已經丟棄、往自己的地方去了。
1:25 見上節
1:26 於是衆人爲他們搖籤、搖出「馬提亞」來·他就和十一個「使徒」同列。

（四）最後的晚餐

「耶穌」傳道約有三年的時間，在大約公元三十年左右的「逾越節」前夕，最後一次進入「耶路撒冷」，受到群衆的歡迎。「耶穌」和「門徒」一起吃「逾越節」的晚餐，這成爲他「最後的晚餐」。

在這中間，「耶穌」爲「門徒」洗腳，囑咐他們也要這樣彼此服侍，並且預言自己將要「受難」，「門徒」將要四散，爲「門徒」禱告，應許「聖靈」會降下，設立「聖餐」的「聖禮」。

「逾越節」或稱「除酵節」是要紀念「摩西」帶領「以色列百姓」出「埃及」，神吩咐「以色列百姓」要在每一個家庭的門框上，塗抹「羔羊血」，當晚神將越過那些有「塗抹羔羊血」的家庭，

而那些沒有塗抹的，神將擊殺「埃及地」一切「頭生的生命」，無論是人或牲畜都會死。「除酵」必須在「逾越節」（「猶太歷」一連七天到廿一日，百姓要吃「無酵餅」。第一天和第七天有「嚴肅會」，不可作工。

「耶穌的最後晚餐」，後來被繪成一幅畫，名稱就稱爲〈最後的晚餐〉。〈最後的晚餐〉是一幅廣爲人知的大型壁畫，高4.6米，寬8.8米，是在「文藝復興時期」由「李奧納多．達文西」繪於「米蘭」天主教「恩寵聖母多明我會院」的「食堂」的牆壁上，在公元一九八〇年，被列爲世界遺產。

〈最後的晚餐〉壁畫，取材自《新約聖經》馬太福音第二十六章，描繪「耶穌」在遭「羅馬士兵」逮捕的前夕，和「十二使徒」共進最後一餐時預言「你們其中一人將出賣我」後，門徒們顯得困惑、哀傷與騷動，紛紛詢問「耶穌」說：「主啊，是我嗎？」的瞬間情景。唯有坐在「耶穌」右側（卽畫面正方左邊第三位）的叛徒「猶大」，驚慌的將身體往後傾，一手抓著出賣「耶穌」的酬勞，一個裝有「三十塊銀幣」的錢袋，臉部顯得陰暗。

經文當中有一段「耶穌」對「彼得」的預言，「彼得」說：「主阿．我就是同你下監、同你受死、也是甘心。」「耶穌」說：「彼得、我告訴你、今日雞還沒有叫、你要三次說不認得我。」「彼得」是凡人，凡人總會怕死。

下面的經文，是「猶大」背叛「耶穌」的過程，就是有名的《最後的晚餐》壁畫的內容。

● **《新約聖經》路加福音：**

22:7 「除酵節」、須宰逾越羊羔的那一天到了。

22:8 「耶穌」打發「彼得」、「約翰」、說、你們去爲我們預備「逾越節」的筵席、好叫我們
喫。
22:9 他們問他說、要我們在哪裡預備。
22:10「耶穌」說、你們進了城、必有人拿著一瓶水迎面而來．你們就跟著他、到他所進的房子裡
去。
22:11 對那家的主人說、「夫子」說、客房在那裡、我與「門徒」好在那裡喫「逾越節」的筵席。
22:12 他必指給你們擺設整齊的一間大樓、你們就在那裡預備。
22:13 他們去了、所遇見的、正如「耶穌」所說的．他們就預備了「逾越節」的筵席。
22:14 時候到了、「耶穌」坐席、「使徒」也和他同坐。
22:15「耶穌」對他們說、我很願意在受害以先、和你們喫這「逾越節」的筵席。
22:16 我告訴你們、我不再喫這筵席、直到成就在　神的國裡。
22:17「耶穌」接過杯來、祝謝了、說、你們拿這個、大家分著喝。
22:18 我告訴你們、從今以後、我不再喝這「葡萄汁」、直等　神的國來到。
22:19 又拿起餅來祝謝了、就擘開遞給他們、說、這是我的「身體」、爲你們捨的．你們也應當如
此行、爲的是記念我。
22:20 飯後也照樣拿起杯來、說、這杯是用我血所立的「新約」、是爲你們流出來的。
22:21 看哪、那賣我之人的手、與我一同在桌子上。

22:22「人子」固然要照所預定的去世．但賣「人子」的人有禍了。
22:23他們就彼此對問、是那一個要作這事。
22:24「門徒」起了爭論、他們中間那一個可算爲大。
22:25「耶穌」說、「外邦人」有「君王」爲主治理他們．那掌權管他們的稱爲「恩主」。
22:26但你們不可這樣．你們裡頭爲大的、倒要像年幼的．爲首領的、倒要像服事人的。
22:27是誰爲大、是坐席的呢、是服事人的呢．不是坐席的大麼．然而我在你們中間、如同服事人
的。
22:28我在磨煉之中、常和我同在的就是你們。
22:29我將國賜給你們、正如我父賜給我一樣。
22:30叫你們在我國裡、坐在我的席上喫喝．並且坐在寶座上、審判「以色列十二個支派」。
22:31主又說、「西門、西門」、「撒但」想要得著你們、好篩你們、像篩麥子一樣．
22:32但我已經爲你祈求、叫你不至於失了信心．你回頭以後、要堅固你的弟兄。
22:33「彼得」說、主阿．我就是同你下監、同你受死、也是甘心。
22:34「耶穌」說、「彼得」、我告訴你、今日雞還沒有叫、你要三次說不認得我。
22:35「耶穌」又對他們說、我差你們出去的時候、沒有錢囊、沒有口袋、沒有鞋、你們缺少甚麼
沒有．他們說、沒有。
22:36「耶穌」說、但如今有「錢囊」的可以帶著、有「口袋」的也可以帶著．沒有刀的要賣衣服

買刀。
22:37 我告訴你們、經上寫著說、「他被列在罪犯之中。」這話必應驗在我身上、因爲那關係我的事、必然成就。
22:38 他們說、主阿、請看、這裡有兩把刀·耶穌說、夠了。

在《四福音書》裡，只有《約翰福音》的經文，有記載一段「耶穌」幫十二個門徒洗腳的描述。

●《新約聖經》約翰福音：

13:1 「逾越節」以前、「耶穌」知道自己離世歸父的時候到了·他既然愛世間屬自己的人、就愛他們到底。
13:2 喫晚飯的時候、（「魔鬼」已將賣「耶穌」的意思、放在「西門」的兒子「加略人猶大」心裡）
13:3 「耶穌」知道父已將萬有交在他手裡、且知道自己是從 神出來的、又要歸到 神那裡去。
13:4 就離席站起來脫了衣服、拿一條手巾束腰。
13:5 隨後把水倒在盆裡、就洗「門徒」的腳、並用自己所束的手巾擦乾。
13:6 挨到「西門彼得」、「彼得」對他說、主阿、你洗我的腳麼。
13:7 「耶穌」回答說、我所作的、你如今不知道、後來必明白。
13:8 「彼得」說、你永不可洗我的腳。「耶穌」說、我若不洗你、你就與我無分了。
13:9 「西門彼得」說、主阿、不但我的腳、連手和頭也要洗。

13:10「耶穌」說、凡洗過澡的人、只要把腳一洗、全身就乾淨了．你們是乾淨的、然而不都是乾
淨的。
13:11「耶穌」原知道要賣他的是誰、所以說、你們不都是乾淨的。
13:12「耶穌」洗完了他們的腳、就穿上衣服、又坐下、對他們說、我向你們所作的、你們明白
麼。
13:13 你們稱呼我「夫子」、稱呼我主、你們說的不錯．我本來是。
13:14 我是你們的主、你們的「夫子」、尚且洗你們的腳、你們也當彼此洗腳。
13:15 我給你們作了榜樣、叫你們照著我向你們所作的去作。
13:16 我實實在在的告訴你們、僕人不能大於主人、差人也不能大於差他的人。
13:17 你們既知道這事、若是去行就有福了。
13:18 我這話不是指著你們眾人說的．我知道我所揀選的是誰．現在要應驗經上的話、說、「同我
喫飯的人、用腳踢我。」
13:19 如今事情還沒有成就、我要先告訴你們、叫你們到事情成就的時候、可以信我是「基督」。
13:20 我實實在在的告訴你們、有人接待我所差遣的、就是接待我．接待我、就是接待那差遣我
的。

（五）「耶穌」受難前的「祈禱」

●《新約聖經》馬可福音：

14:32他們來到一個地方、名叫「客西馬尼」．「耶穌」對「門徒」說、你們坐在這裡、等我禱
告。
14:33於是帶著「彼得、雅各、約翰」同去、就驚恐起來、極其難過。
14:34對他們說、我心裡甚是憂傷、幾乎要死．你們在這裡、等候儆醒。
14:35他就稍往前走、俯伏在地禱告說、倘若可行、便叫那時候過去。
14:36他說、「阿爸、父阿」、在你凡事都能．求你將這杯撤去．然而不要從我的意思、只要從你
的意思。
14:37「耶穌」回來、見他們睡著了、就對「彼得」說、「西門」、你睡覺麼。不能儆醒片時麼。
14:38總要儆醒禱告、免得入了迷惑．你們心靈固然願意、肉體卻軟弱了。
14:39「耶穌」又去禱告、說的話還是與先前一樣。
14:40來、見他們睡著了、因爲他們的眼睛甚是困倦．他們也不知道怎麼回答。
14:41第三次來、對他們說、現在你們仍然睡覺安歇罷．（罷或作麼）夠了、時候到了．看哪、
「人子」被賣在「罪人」手裡了。
14:42起來、我們走罷．看哪、那賣我的人近了。

（六）「耶穌」被逮捕

「耶穌」被逮捕的時候，衆「門徒」非常驚恐。雖然「耶穌」曾經多次向他們預言自己的受難，但是他們並沒有準備好。

曾經誇口「就是必須和你同死，也總不能不認你」的「彼得」，在別人問他是不是「耶穌門徒」的時候，居然三次否認，正如「耶穌」的預言。「耶穌」受難的時候，他的門徒「約翰」，他的母親「馬利亞」和其他幾位婦女在場，其他的「門徒」都四處逃遁。

●《新約聖經》約翰福音：

13:37「彼得」說、主阿、我為甚麼現在不能跟你去．我願意為你捨命。

13:38「耶穌」說、你願意為我捨命麼．我實實在在的告訴你、雞叫以先、你要三次不認我。

18:1 「耶穌」說了這話、就同門徒出去、過了「汲淪溪」、在那裡有一個園子、他和「門徒」進去了。

18:2 賣「耶穌」的「猶大」也知道那地方．因為「耶穌」和「門徒」屢次上那裡去聚集。

18:3 「猶大」領了一隊兵、和「祭司長」並「法利賽人」的「差役」、拿著燈籠、火把、兵器、就來到園裡。

18:4 「耶穌」知道將要臨到自己的一切事、就出來、對他們說、你們找誰。

18:5 他們回答說、找拿撒勒人「耶穌」。「耶穌」說、我就是。賣他的「猶大」也同他們站在那裡。

18:6 「耶穌」一說我就是、他們就退後倒在地上。

18:7 他又問他們說、你們找誰。他們說、找拿撒勒人「耶穌」。

18:8 「耶穌」說、我已經告訴你們、我就是．你們若找我、就讓這些人去罷。

18:9 這要應驗「耶穌」從前的話、說、你所賜給我的人、我沒有失落一個。

18:10「西門彼得」帶著一把刀、就拔出來、將「大祭司」的「僕人」砍了一刀、削掉他的右耳・
那「僕人」名叫「馬勒古」。

18:11「耶穌」就對「彼得」說、收刀入鞘罷。我父所給我的那杯、我豈可不喝呢。

18:12 那隊兵和「千夫長」並「猶太人」的「差役」、就拿住「耶穌」、把他捆綁了。

《約翰福音》少了「猶大」給「羅馬士兵」做「暗號」的記載，「猶大」與誰親嘴，誰就是「耶穌」，「羅馬士兵」就可以拿住他。按「猶太人」習慣，坐席前，「主人」會與每一位「客人」「親嘴」。

●《新約聖經》路加福音：

22:47 說話之間來了許多人、那十二個「門徒」裡名叫「猶大」的、走在前頭、就近「耶穌」、要
與他親嘴。

22:48「耶穌」對他說、「猶大」、你用「親嘴的暗號」賣「人子」麼。

●《新約聖經》馬可福音：

14:43 說話之間、忽然那十二個「門徒」裡的「猶大」來了、並有許多人帶著刀棒、從「祭司長」
和「文士」並「長老」那裡與他同來。

14:44 賣「耶穌」的人曾給他們一個「暗號」、說、我與誰「親嘴」、誰就是他・你們把他拿住、
牢牢靠靠的帶去。

14:45「猶大」來了、隨即到「耶穌」跟前說、「拉比」、便與他「親嘴」。
14:46 他們就下手拿住他。

●《新約聖經》馬太福音：
26:46 起來、我們走罷・看哪、賣我的人近了。
26:47 說話之間、那十二個「門徒」裡的「猶大」來了、並有許多人、帶著刀棒、從「祭司長」和民間的「長老」那裡、與他同來。
26:48 那賣「耶穌」的、給了他們一個「暗號」、說、我與誰「親嘴」、誰就是他・你們可以拿住他。
26:49「猶大」隨即到「耶穌」跟前說、請「拉比」安・就與他「親嘴」。
26:50「耶穌」對他說、朋友、你來要作的事、就作罷。於是那些人上前、下手拿住「耶穌」。

「耶穌」被逮捕的時候，其他的「門徒」都四處逃竄。這一段場景，只有在《馬可福音》和《馬太福音》有記載。

●《新約聖經》馬可福音：
14:50「門徒」都離開他逃走了。
14:51 有一個「少年人」、赤身披著一塊「麻布」、跟隨「耶穌」、衆人就捉拿他。
14:52 他卻丟了「麻布」、赤身逃走了。

●《新約聖經》馬太福音：

26:55 當時、「耶穌」對衆人說、你們帶著刀棒、出來拿我、如同拿強盜麼·我天天坐在殿裡教訓
人、你們並沒有拿我。
26:56 但這一切的事成就了、爲要應驗先知書上的話。當下、門徒都離開他逃走了。

（七）「彼得」三次不認「耶穌」

●《新約聖經》路加福音：

22:54 他們拿住「耶穌」、把他帶到「大祭司」的宅裡·「彼得」遠遠的跟著。
22:55 他們在院子裡生了火、一同坐著·「彼得」也坐在他們中間。
22:56 有一個「使女」、看見「彼得」坐在火光裡、就定睛看他、說、這個人素來也是同那人一夥
的。
22:57「彼得」卻不承認、說、女子、我不認得他。
22:58 過了不多的時候、又有一個人看見他、說、你也是他們一黨的·「彼得」說、你這個人、我
不是。
22:59 約過了一小時、又有一個人極力的說、他實在是同那人一夥的·因爲他也是「加利利人」。
22:60「彼得」說、你這個人、我不曉得你說的是甚麼·正說話之間、雞就叫了。
22:61 主轉過身來、看「彼得」。「彼得」便想起主對他所說的話、今日雞叫以先、你要三次不認
我。
22:62 他就出去痛哭。

（八）「耶穌」被帶到「公會」初審

●《新約聖經》路加福音：

22:63 看守「耶穌」的人戲弄他、打他。
22:64 又蒙著他的眼問他說、你是「先知」、告訴我們、打你的是誰。
22:65 他們還用許多別的話辱罵他。
22:66 天一亮、民間的衆「長老」連「祭司長」帶「文士」都聚會．把「耶穌」帶到他們的「公
會」裡。
22:67 說、你若是「基督」、就告訴我們。「耶穌」說、我若告訴你們、你們也不信。
22:68 我若問你們、你們也不回答。
22:69 今以後、「人子」要坐在　神權能的右邊。
22:70 他們都說、這樣、你是　「神的兒子」麼。「耶穌」說、你們所說的是。
22:71 他們說、何必再用見證呢．他親口所說的、我們都親自聽見了。

（九）「耶穌」被交給巡撫「彼拉多」

看這段經文之前，要先簡介巡撫「本丟．彼拉多」和「希律．安提帕斯」的關係。

「本丟．彼拉多」是「羅馬帝國」猶太行省的第五任羅馬長官，他是「羅馬皇帝」在「猶太地」的最高代表，他最出名的事蹟是判處「耶穌」釘「十字架」。

「希律．安提帕斯」是古代猶太統治者，「大希律王」之子，於公元一世紀時，統治「加利利」

與「比利亞」兩個地區。「施洗約翰」與「耶穌」的死亡被認爲與他有關。《新約聖經》記載，他因爲「施洗約翰」批評他，所以將其逮捕處死。後來「耶穌」開始傳教時，他誤以爲「耶穌」是「施洗約翰」復活。

「大希律王」死後，「羅馬皇帝」允許照他的遺囑分封了他的三個兒子。其中長子「亞基老」統治「以土買」、「猶太」和「撒馬利亞」。後來，因爲他行暴政，「羅馬皇帝」允許「猶太人」的請求，革除「亞基老」的職位，由一位羅馬人的巡撫「本丟．彼拉多」直接統治「猶太」和「撒瑪利亞」。因此，「猶太國」變成「羅馬帝國」的一個「皇領行省」，也因此「耶穌」受審判時，由「猶太」第五任羅馬巡撫「本丟．彼拉多」審判。

二兒子「希律．腓力」統治「巴勒斯坦」的北部以及東北部，包括「以土利亞」、特拉可尼、戈蘭、浩蘭」以及「巴珊」等地。

三兒子「希律．安提帕斯」，淫亂無德，被分封「加利利省」，兼治「比利亞」。他以不法之手段娶了他異母兄「腓力」之妻「希羅底」，並育有一女「莎樂美」。

「施洗約翰」勇敢責備他們，因此在「安提帕斯」生日宴會時被殺。「耶穌」在被釘「十字架」前，被「本丟．彼拉多」送去見的，就是這個「希律王」，當時「希律．安提帕斯」因爲要過「逾越節」，而到了「耶路撒冷」。

●《新約聖經》馬太福音：

27:1 到了早晨、「衆祭司長」和民間的「長老」、大家商議、要治死「耶穌」。

27:2 就把他捆綁解去交給巡撫「彼拉多」。

●《新約聖經》路加福音：

23:1 衆人都起來、把「耶穌」解到「彼拉多」面前。
23:2 就告他說、我們見這人誘惑國民、禁止納稅給「該撒」、並說自己是「基督」、是王。
23:3 「彼拉多」問「耶穌」說、你是「猶太人的王」麼。「耶穌」回答說、你說的是。
23:4 「彼拉多」對「祭司長」和衆人說、我查不出這人有甚麼罪來。
23:5 但他們越發極力的說、他煽惑百姓、在「猶太」遍地傳道、從「加利利」起、直到這裡了。
23:6 「彼拉多」一聽見、就問這人是「加利利人」麼。
23:7 既曉得「耶穌」屬「希律」所管、就把他送到「希律」那裡去．那時「希律」正在「耶路撒冷」。
23:8 「希律」看見「耶穌」、就很歡喜．因爲聽見過他的事、久已想要見他．並且指望看他行一件神蹟。
23:9 於是問他許多的話．「耶穌」卻一言不答。
23:10 「祭司長」和「文士」、都站著極力的告他。
23:11 「希律」和他的「兵丁」就藐視「耶穌」、戲弄他、給他穿上華麗衣服、把他送回「彼拉多」那裡去。
23:12 從前「希律」和「彼拉多」彼此有仇．在那一天就成了朋友。

23:13「彼拉多」傳齊了「祭司長」、和、官府並百姓。
23:14 就對他們說、你們解這人到我這裡、說他是誘惑百姓的．看哪、我也曾將你們告他的事、在
你們面前審問他、並沒有查出他甚麼罪來。
23:15 就是「希律」也是如此、所以把他送回來．可見他沒有作甚麼該死的事。
23:16 故此我要責打他、把他釋放了。（有古卷在此「有」）
23:17（每逢這節期「巡撫」必須釋放一個囚犯給他們）
23:18 衆人卻一齊喊著說、除掉這個人、釋放「巴拉巴」給我們。
23:19 這「巴拉巴」是因在城裡作亂殺人下在監裡的。
23:20「彼拉多」願意釋放「耶穌」、就又勸解他們。
23:21 無奈他們喊著說、釘他「十字架」、釘他「十字架」。
23:22「彼拉多」第三次對他們說、為甚麼呢、這人作了甚麼惡事呢、我並沒有查出他甚麼該死的
罪來．所以我要責打他、把他釋放了。
23:23 他們大聲催逼「彼拉多」、求他把「耶穌」釘在「十字架」上。他們的聲音就得了勝、
23:24「彼拉多」這纔照他們所求的定案。
23:25 把他們所求的那作亂殺人下在監裡的、釋放了．把「耶穌」交給他們、任憑他們的意思行。

（十）「耶穌」被釘在「十字架上」

● **《新約聖經》路加福音：**

23:26 帶「耶穌」去的時候、有一個古利奈人「西門」、從鄉下來・他們就抓住他、把「十字架」
擱在他身上、叫他背著跟隨「耶穌」。
23:27 有許多百姓、跟隨「耶穌」、內中有好些婦女、婦女們爲他號咷痛哭。
23:28 「耶穌」轉身對他們說、「耶路撒冷」的女子、不要爲我哭、當爲自己和自己的兒女哭。
23:29 因爲日子要到、人必說、不生育的、和未曾懷胎的、未曾乳養嬰孩的、有福了。
23:30 那時、人要向「大山」說、倒在我們身上・向「小山」說、遮蓋我們。
23:31 這些事既行在有汁水的樹上、那枯乾的樹、將來怎麼樣呢。
23:32 又有兩個犯人、和「耶穌」一同帶來處死。
23:33 到了一個地方、名叫「髑髏地」、就在那裡把「耶穌」釘在「十字架」上、又釘了兩個犯
人、一個在左邊、一個在右邊。
23:34 當下「耶穌」說、父阿、赦免他們・因爲他們所作的、他們不曉得。兵丁就拈鬮（ㄋㄧㄢ
ㄐㄧㄡ，用幾張小紙片暗寫上字或記號，作成紙團，由有關的人各取其一，以決定權利或義
務該屬於誰。）分他的衣服。
23:35 「百姓」站在那裡觀看。「官府」也嗤笑他說、他救了別人・他若是「基督」、 神所揀選
的、可以救自己罷。
23:36 「兵丁」也戲弄他、上前拿「醋」送給他喝、
23:37 說、你若是「猶太人的王」、可以救自己罷。

23:38 在「耶穌」以上有一個牌子、（有古卷在此有「用希利尼羅馬希伯來的文字」）寫著、這是「猶太人的王」。

23:39 那同釘的兩個犯人、有一個譏誚他說、你不是「基督」麼．可以救自己和我們罷。

23:40 那一個就應聲責備他說、你既是一樣受刑的、還不怕　神麼。

23:41 我們是應該的．因我們所受的、與我們所作的相稱．但這個人沒有作過一件不好的事。

23:42 就說、「耶穌」阿、你得國降臨的時候、求你記念我。

23:43 「耶穌」對他說、我實在告訴你、今日你要同我在樂園裡了。

23:44 那時約有「午正」、遍地都黑暗了、直到「申初」。

23:45 日頭變黑了．殿裡的「幔子」從當中裂爲兩半。

23:46 「耶穌」大聲喊著說、父阿、我將我的靈魂交在你手裡．說了這話、氣就斷了。

23:47 「百夫長」看見所成的事、就歸榮耀與　神說、這眞是個「義人」。

23:48 聚集觀看的衆人、見了這所成的事、都捶著胸回去了。

23:49 還有一切與「耶穌」熟識的人、和從「加利利」跟著他來的婦女們、都遠遠的站著、看這些事。

另外三本《福音書》，對於「耶穌」臨死前的情景，有補充的敘述。

● **《新約聖經》馬可福音：**

15:33 從「午正」到「申初」遍地都黑暗了。

15:34「申初」的時候、「耶穌」大聲喊著說、「以羅伊、以羅伊、拉馬撒巴各大尼」・翻出來、
就是「我的 神、我的 神、爲甚麼離棄我」。
15:35 旁邊站著的人、有的聽見就說、看哪、他叫「以利亞」呢。
15:36 有一個人跑去、把「海絨」蘸滿了「醋」綁在「葦子」上、送給他喝、說、且等著、看「以
利亞」來不來把他取下。
15:37「耶穌」大聲喊叫、氣就斷了。
15:38 殿裡的「幔子」、從上到下裂爲兩半。
15:39 對面站著的「百夫長」、看見「耶穌」這樣喊叫斷氣、（有古卷無「喊叫」二字）就說、這
人眞是 「神的兒子」。
15:40 還有些婦女、遠遠的觀看・內中有「抹大拉」的「馬利亞」、又有「小雅各」和「約西」的
母親「馬利亞」、並有「撒羅米」。
15:41 就是「耶穌」在「加利利」的時候、跟隨他、服事他的那些人、還有同「耶穌」上「耶路撒
冷」的好些婦女在那裡觀看。

●**《新約聖經》馬太福音：**

27:45 從「午正」到「申初」、遍地都黑暗了。
27:46 約在「申初」、「耶穌」大聲喊著說、「以利、以利、拉馬撒巴各大尼」・就是說、「我的
神、我的 神、爲甚麼離棄我」。

27:47 站在那裡的人、有的聽見就說、這個人呼叫「以利亞」呢。
27:48 內中有一個人、趕緊跑去、拿「海絨」蘸滿了「醋」、綁在「葦子」上、送給他喝。
27:49 其餘的人說、且等著、看「以利亞」來救他不來。
27:50 「耶穌」又大聲喊叫、氣就斷了。
27:51 忽然殿裡的「幔子」、從上到下裂爲兩半．地也震動．「磐石」也崩裂．
27:52 「墳墓」也開了．已睡「聖徒」的身體、多有起來的。
27:53 到「耶穌復活」以後、他們從「墳墓」裡出來、進了「聖城」、向許多人顯現。
27:54 「百夫長」和一同看守「耶穌」的人、看見地震、並所經歷的事、就極其害怕、說、這眞是
「神的兒子」了。
27:55 有好些婦女在那裡、遠遠的觀看．他們是從「加利利」跟隨「耶穌」來服事他的．
27:56 內中有「抹大拉」的「馬利亞」、又有「雅各」和「約西」的母親「馬利亞」、並有「西庇
太」兩個兒子的母親。

● **《新約聖經》約翰福音：**

19:23 「兵丁」既然將「耶穌」釘在「十字架」上、就拿他的衣服分爲四分、每兵一分．又拿他的
裡衣．這件裡衣、原來沒有縫兒、是上下一片織成的。
19:24 他們就彼此說、我們不要撕開、只要拈鬮（ㄋㄧㄢㄐㄧㄡ，用幾張小紙片暗寫上字或記號，
作成紙團，由有關的人各取其一，以決定權利或義務該屬於誰。）、看誰得著．這要應驗經

上的話說、「他們分了我的外衣、爲我的裡衣拈鬮（ㄋㄧㄢㄐㄧㄡ）。」兵丁果然作了這事。

19:25 站在「耶穌」「十字架」旁邊的、有他「母親」、與他「母親的姊妹」、並「革羅罷」的妻子「馬利亞、」和「抹大拉」的「馬利亞」。

19:26「耶穌」見「母親」和他所愛的那「門徒」站在旁邊、就對他「母親」說、「母親」、（原文作「婦人」）看你的兒子。

19:27 又對那「門徒」說、看你的「母親」。從此那「門徒」就接他到自己家裡去了。

19:28 這事以後、「耶穌」知道各樣的事已經成了、爲要使經上的話應驗、就說、「我渴了」。

19:29 有一個器皿盛滿了「醋」、放在那裡．他們就拿「海絨」蘸滿了「醋」、綁在「牛膝草」上、送到他口。

19:30「耶穌」嘗（原文作「受」）了那「醋」、就說、「成了」．便低下頭、將靈魂交付 神了。

（十一）「耶穌」的復活

因爲星期五晚上，「猶太人」的「安息日」已經開始，「耶穌」的屍體被暫時安放於「髑髏地」附近的一個墓室，準備在「安息日」之後，膏抹他的身體。「猶太人」的「安息日」（星期六）過後，在第三天，當跟隨他的幾位婦女拿香膏，要膏抹他的身體的時候，發現「耶穌」的屍體已經不見了，這時有「天使」向她們宣告，「耶穌」已經復活。

「耶穌」的「復活日」是「星期日」，日後「基督教」以每年的這一天訂爲「復活節」，並且以「星期日」代替「安息日」，稱爲「主日」。「耶穌復活」表明了將來所有信他的人，也要這樣復活，得享永生。

●《新約聖經》約翰福音：

19:31「猶太人」因這日是「預備日」、又因那「安息日」是個大日、就求「彼拉多」叫人打斷他們的腿、把他們拿去、免得屍首當「安息日」留在「十字架」上。
19:32 於是「兵丁」來、把頭一個人的腿、並與「耶穌」同釘第二個人的腿、都打斷了。
19:33 只是來到「耶穌」那裡、見他已經死了、就不打斷他的腿。
19:34 惟有一個兵拿槍扎他的肋旁、隨卽有血和水流出來。
19:35 看見這事的那人就作「見證」、他的「見證」也是眞的、並且他知道自己所說的是眞的、叫你們也可以信。
19:36 這些事成了、爲要應驗經上的話說、「他的骨頭、一根也不可折斷。」
19:37 經上又有一句說、「他們要仰望自己所扎的人。」
19:38 這些事以後、有亞利馬太人「約瑟」、是「耶穌」的「門徒」、只因怕「猶太人」、就暗暗的作「門徒」、他來求「彼拉多」、要把「耶穌」的身體領去・「彼拉多」允准、他就把「耶穌」的身體領去了。
19:39 又有「尼哥底母」、就是先前夜裡去見「耶穌」的、帶著「沒藥」、和「沉香」、約有一百斤前來。
19:40 他們就照「猶太人」殯葬的規矩、把「耶穌」的身體用、細麻布加上香料裹好了。
19:41 在「耶穌」釘「十字架」的地方、有一個「園子」·「園子」裡有一座「新墳墓」、是從來
沒有葬過人的。
19:42 只因是「猶太人」的「預備日」、又因那「墳墓」近、他們就把「耶穌」安放在那裡。

●《新約聖經》馬太福音：

27:62 次日、就是「預備日」的第二天、「祭司長」和「法利賽人」聚集、來見「彼拉多」、說、
27:63「大人」、我們記得那誘惑人的、還活著的時候、曾說、三日後我要復活。
27:64 因此、請吩咐人將「墳墓」把守妥當、直到第三日·恐怕他的「門徒」來把他偷了去、就告
訴「百姓」說、他從死裡復活了·這樣、那後來的迷惑、比先前的更利害了。
27:65「彼拉多」說、你們有看守的兵·去罷、盡你們所能的、把守妥當。
27:66 他們就帶著看守的兵同去、封了石頭、將「墳墓」把守妥當。

●《新約聖經》馬太福音：

28:1 「安息日」將盡、七日的頭一日、天快亮的時候、「抹大拉」的「馬利亞」、和那個「馬利
亞」、來看「墳墓」。
28:2 忽然地大震動·因爲有「主的使者」、從天上下來、把石頭滾開、坐在上面。
28:3 他的像貌如同閃電、衣服潔白如雪。

28:4 看守的人、就因他嚇得渾身亂戰、甚至和死人一樣。
28:5 「天使」對「婦女」說、不要害怕、我知道你們是尋找那釘「十字架」的「耶穌」。
28:6 他不在這裡、照他所說的、已經復活了．你們來看安放主的地方。
28:7 快去告訴他的門徒說、他從死裡復活了．並且在你們以先往「加利利」去、在那裡你們要見
他．看哪．我已經告訴你們了。
28:8 「婦女」們就急忙離開「墳墓」、又害怕、又大大的歡喜、跑去要報給他的「門徒」。
28:9 忽然「耶穌」遇見他們、說、願你們平安。他們就上前抱住他的腳拜他。
28:10「耶穌」對他們說、不要害怕、你們去告訴我的弟兄、叫他們往「加利利」去、在那裡必見
我。
28:11 他們去的時候、「看守的兵」、有幾個進城去、將所經歷的事、都報給「祭司長」。
28:12「祭司長」和「長老」聚集商議、就拿許多銀錢給「兵丁」說、
28:13 你們要這樣說、夜間我們睡覺的時候、他的「門徒」來把他偷去了。
28:14 倘若這話被「巡撫」聽見、有我們勸他、保你們無事。
28:15「兵丁」受了銀錢、就照所囑咐他們的去行．這話就傳說在「猶太人」中間、直到今日。

●《新約聖經》約翰福音：

20:1 七日的第一日清早、天還黑的時候、「抹大拉」的「馬利亞」來到「墳墓」那裡、看見石頭
從「墳墓」挪開了。

20:2 就跑來見西門「彼得」、和「耶穌」所愛的那個「門徒」、對他們說、有人把主從「墳墓」
裡挪了去、我們不知道放在那裡。
20:3 「彼得」和那「門徒」就出來、往「墳墓」那裡去。
20:4 兩個人同跑、那「門徒」比「彼得」跑得更快、先到了「墳墓」。
20:5 低頭往裡看、就見「細麻布」還放在那裡．只是沒有進去。
20:6 西門「彼得」隨後也到了、進「墳墓」裡去、就看見「細麻布」還放在那裡。
20:7 又看見「耶穌」的「裹頭巾」、沒有和「細麻布」放在一處、是另在一處捲著。
20:8 先到「墳墓」的那「門徒」也進去、看見就信了。
20:9 因爲他們還不明白《聖經》的意思、就是「耶穌」必要從死裡復活。
20:10 於是兩個「門徒」回自己的住處去了。
20:11 「馬利亞」卻站在「墳墓」外面哭．哭的時候、低頭往「墳墓」裡看、
20:12 就見兩個「天使」、穿著白衣、在安放「耶穌」身體的地方坐著、一個在頭、一個在腳。
20:13 「天使」對他說、「婦人」、你爲甚麼哭。他說、因爲有人把我主挪了去、我不知道放在那
裡。
20:14 說了這話、就轉過身來、看見「耶穌」站在那裡、卻不知道是「耶穌」。
20:15 「耶穌」問他說、「婦人」、爲甚麼哭、你找誰呢。「馬利亞」以爲是看園的、就對他說、
「先生」、若是你把他移了去、請告訴我、你把他放在那裡、我便去取他。

20:16「耶穌」說、「馬利亞」。「馬利亞」就轉過來、用「希伯來話」對他說、「拉波尼」·
（「拉波尼」就是「夫子」的意思。）
20:17「耶穌」說、不要摸我·因我還沒有升上去見我的父·你往我弟兄那裡去、告訴他們說、我
要升上去、見我的父、也是你們的父·見我的　神、也是你們的　神。
20:18「抹大拉」的「馬利亞」就去告訴「門徒」說、我已經看見了主·他又將主對他說的這話告
訴他們。
20:19 那日（就是七日的第一日）晚上、「門徒」所在的地方、因怕「猶太人」、門都關了·「耶
穌」來站在當中、對他們說、願你們平安。
20:20 說了這話、就把手和肋旁、指給他們看·「門徒」看見主、就喜樂了。
20:21「耶穌」又對他們說、願你們平安·父怎樣差遣了我、我也照樣差遣你們。
20:22 說了這話、就向他們吹一口氣、說、你們受「聖靈」。
20:23 你們赦免誰的罪、誰的罪就赦免了·你們留下誰的罪、誰的罪就留下了。
20:24 那十二個「門徒」中、有稱爲「低土馬」的「多馬」·「耶穌」來的時候、他沒有和他們同
在。
20:25 那些「門徒」就對他說、我們已經看見主了。「多馬」卻說、我非看見他手上的釘痕、用指
頭探入那釘痕、又用手探入他的肋旁、我總不信。
20:26 過了八日、「門徒」又在屋裡、「多馬」也和他們同在、門都關了·「耶穌」來站在當中

說、願你們平安。
20:27 就對「多馬」說、伸過你的指頭來、摸（「摸」原文作「看」）我的手・伸出你的手來、探
入我的肋旁・不要疑惑、總要信。
20:28「多馬」說、我的主、我的 神。
20:29「耶穌」對他說、你因看見了我纔信・那沒有看見就信的、有福了。
20:30「耶穌」在「門徒」面前、另外行了許多「神蹟」、沒有記在這書上。
20:31 但記這些事、要叫你們信「耶穌」是「基督」、是 「神的兒子」・並且叫你們信了他、就
可以因他的名得生命。

（十二）「耶穌」的升天

「耶穌」從死裡復活後，多次在「門徒」面前顯現，有四十天之久，講說「神國」的事，並把「傳福音」的「大使命」交託給他們。

●《新約聖經》馬太福音：

28:18「耶穌」進前來、對他們說、天上地下所有的「權柄」、都賜給我了。
28:19 所以你們要去、使「萬民」作我的「門徒」、奉「父子聖靈」的名、給他們「施洗」・（或
作「給他們施洗歸於父子聖靈的名」）
28:20 凡我所吩咐你們的、都教訓他們遵守我就常與你們同在、直到「世界的末了」。

「耶穌」在一次與「門徒」聚集的時候，祝福完「門徒」，他就離開他們，被帶到天上去了。

「耶穌」受難以後，本來很消沉的「門徒」，在「耶穌」復活升天以後，聚在一起，有上百人，熱切禱告，有十天之久。然後，「聖靈」降下，他們得著能力，開始大力傳講「耶穌」是「基督」的「福音」，一次就有三千人信主，信的人都在一處，信主的人天天增加，這是「基督教教會」的開始。

此後，「猶太公會」和「官府」迫害「門徒」，「司提反」成爲第一個殉道的基督徒。「門徒」暫時逃離「耶路撒冷」，同時也將「福音」傳到四方。

● **《新約聖經》使徒行傳：**

7:53 你們受了「天使」所傳的「律法」、竟不遵守。
7:54 衆人聽見這話、就極其惱怒、向「司提反」咬牙切齒。
7:55 但「司提反」被「聖靈」充滿、定睛望天、看見　神的榮耀、又看見「耶穌」站在　神的右邊。
7:56 就說、我看見天開了、「人子」站在　神的右邊。
7:57 衆人大聲喊叫、摀著耳朵、齊心擁上前去。
7:58 把他推到城外、用石頭打他．作見證的人、把衣裳放在一個少年人名叫「掃羅」的腳前。
7:59 他們正用石頭打的時候、「司提反」呼籲主說、求主「耶穌」接收我的靈魂。
7:60 又跪下大聲喊著說、主阿、不要將這罪歸於他們。說了這話、就睡了．「掃羅」也喜悅他被害。

● **《新約聖經》馬可福音：**

16:9 在七日的第一日清早、「耶穌」復活了、就先向「抹大拉」的「馬利亞」顯現・「耶穌」從他身上曾趕出「七個鬼」。
16:10 他去告訴那向來跟隨「耶穌」的人・那時他們正哀慟哭泣。
16:11 他們聽見「耶穌」活了、被「馬利亞」看見、卻是不信。
16:12 這事以後、「門徒」中間有兩個人、往鄉下去・走路的時候、「耶穌」變了形像向他們顯現、
16:13 他們就去告訴其餘的「門徒」・其餘的「門徒」、也是不信。
16:14 後來十一個「門徒」坐席的時候、「耶穌」向他們顯現、責備他們不信、心裡剛硬・因爲他們不信那些在他復活以後看見他的人。
16:15 他又對他們說、你們往普天下去、「傳福音給萬民聽」。(「萬民」原文作「凡受造的」)
16:16 信而受洗的必然得救・不信的必被定罪。
16:17 信的人必有「神蹟」隨著他們・就是「奉我的名趕鬼」・說「新方言」。
16:18 手能拿蛇・若喝了甚麼毒物、也必不受害・手按病人、病人就必好了。
16:19 主「耶穌」和他們說完了話、後來被接到天上、坐在　神的右邊。
16:20 「門徒」出去、到處宣傳「福音」、主和他們同工、用「神蹟」隨著、證實所傳的道。阿們。

● 《新約聖經》路加福音：

24:13 正當那日、「門徒」中有兩個人往一個村子去、這村子名叫「以馬忤斯」、離「耶路撒冷」
約有二十五里。
24:14 他們彼此談論所遇見的這一切事。
24:15 正談論相問的時候、「耶穌」親自就近他們、和他們同行。
24:16 只是他們的眼睛迷糊了、不認識他。
24:17「耶穌」對他們說、你們走路彼此談論的是甚麼事呢・他們就站住、臉上帶著愁容。
24:18 二人中有一個名叫「革流巴」的、回答說、你在「耶路撒冷」作客、還不知道這幾天在那裡
所出的事麼。
24:19「耶穌」說、甚麼事呢・他們說、就是拿撒勒人「耶穌」的事・他是個「先知」、在　神和
眾百姓面前、說話行事都有大能。
24:20「祭司長」和我們的「官府」、竟把他解去定了死罪、釘在「十字架」上。
24:21 但我們素來所盼望要贖「以色列民」的就是他。不但如此、而且這事成就、現在已經三天
了。
24:22 再者、我們中間有幾個婦女使我們驚奇、他們清早到了「墳墓」那裡。
24:23 不見他的身體、就回來告訴我們說、看見了「天使」顯現、說他活了。
24:24 又有我們的幾個人、往「墳墓」那裡去、所遇見的、正如婦女們所說的、只是沒有看見他。
24:25「耶穌」對他們說、無知的人哪・「先知」所說的一切話、你們的心、信得太遲鈍了。

24:26「基督」這樣受害、又進入他的榮耀、豈不是應當的麼。
24:27 於是從「摩西」和「衆先知」起、凡經上所指著自己的話、都給他們講解明白了。
24:28 將近他們所去的村子、「耶穌」好像還要往前行。
24:29 他們卻強留他說、時候晚了、日頭已經平西了、請你同我們住下罷。「耶穌」就進去、要同他們住下。
24:30 到了坐席的時候、「耶穌」拿起餅來、祝謝了、擘開、遞給他們。
24:31 他們的眼睛明亮了、這纔認出他來・忽然「耶穌」不見了。
24:32 他們彼此說、在路上、他和我們說話、給我們講解聖經的時候、我們的心豈不是火熱的麼。
24:33 他們就立時起身、回「耶路撒冷」去、正遇見十一個「使徒」、和他們的同人、聚集在一處。
24:34 說、主果然復活、已經現給「西門」看了。
24:35 兩個人就把路上所遇見、和擘餅的時候怎麼被他們認出來的事、都述說了一遍。
24:36 正說這話的時候、「耶穌」親自站在他們當中、說、願你們平安。
24:37 他們卻驚慌害怕、以爲所看見的是魂。
24:38「耶穌」說、你們爲甚麼愁煩・爲甚麼心裡起疑念呢。
24:39 你們看我的手、我的腳、就知道實在是我了・摸我看看・魂無骨無肉、你們看我是有的。
24:40 說了這話、就把手和腳給他們看。

24:41 他們正喜得不敢信、並且希奇、「耶穌」就說、你們這裡有甚麼喫的沒有。
24:42 他們便給他一片「燒魚」。（有古卷在此有「和一塊蜜房」）
24:43 他接過來、在他們面前喫了。
24:44 「耶穌」對他們說、這就是我從前與你們同在之時、所告訴你們的話、說、「摩西的律
法」、「先知」的書、和《詩篇》上所記的、凡指著我的話、都必須應驗。
24:45 於是「耶穌」開他們的心竅、使他們能明白《聖經》。
24:46 又對他們說、照經上所寫的、「基督」必受害、第三日從死裡復活。
24:47 並且人要奉他的名傳「悔改赦罪的道」、從「耶路撒冷」起直傳到「萬邦」。
24:48 你們就是這些事的見證。
24:49 我要將我父所應許的降在你們身上・你們要在城裡等候、直到你們領受從上頭來的能力。
24:50 「耶穌」領他們到「伯大尼」的對面、就舉手給他們祝福。
24:51 正祝福的時候、他就離開他們、被帶到天上去了。
24:52 他們就拜他、大大的歡喜、回「耶路撒冷」去。
24:53 常在殿裡稱頌　神。

●《新約聖經》使徒行傳：

1:1 「提阿非羅」阿、我已經作了「前書」、論到「耶穌」開頭一切所行所教訓的。
1:2 直到他藉著「聖靈」、吩咐所揀選的「使徒」、以後被接上升的日子爲止。

1:3 他受害之後、用許多的憑據、將自己活活的顯給「使徒」看、「四十天」之久向他們顯現、
講說「神國的事」。
1:4 「耶穌」和他們聚集的時候、囑咐他們說、不要離開「耶路撒冷」、要等候父所應許的、就
是你們聽見我說過的。
1:5 「約翰」是「用水施洗」‧但不多幾日、你們要受「聖靈的洗」。
1:6 他們聚集的時候、問「耶穌」說、主阿、你復興「以色列國」、就在這時候嗎。
1:7 「耶穌」對他們說、父憑著自己的「權柄」、所定的時候日期、不是你們可以知道的。
1:8 但「聖靈」降臨在你們身上、你們就必得著能力‧並要在「耶路撒冷」、「猶太全地」、和
「撒瑪利亞」、直到「地極」、作我的見證。
1:9 說了這話、他們正看的時候、他就被取上升、有一朵「雲彩」把他接去、便看不見他了。
1:10 當他往上去、他們定睛望天的時候、忽然有兩個人、身穿白衣、站在旁邊、說。
1:11 「加利利人」哪、你們爲甚麼站著望天呢‧這離開你們被接升天的「耶穌」、你們見他怎樣
往天上去、他還要怎樣來。

（十三）「耶穌」末日再來

經過兩千年的時間，「世界末日」是什麼時候是個未知數，因爲「耶穌」說只有父知道。

● **《新約聖經》馬太福音：**

24:36 但那日子、那時辰、沒有人知道、連「天上的使者」也不知道、「子」也不知道、惟獨

「父」知道。

到那日，就會派聖子「耶穌」來作王，千年公審判決所有「生者」和「死者」，最後迎來「新天地」，帶來沒有仇恨，沒有眼淚，沒有失望等等的「永遠幸福」。

十九、「耶穌」和「抹大拉」的「馬利亞」

「抹大拉」是地方名，「抹大拉的馬利亞」是一個公元一世紀的「猶太人」女性，「耶穌」的「跟隨者」，「羅馬天主教」、「東正教」和「聖公會」都把她當做「聖人」。

「耶穌」在各地傳道時，與「耶穌」同行的人，除了十二個「門徒」以外，還有他所「醫治」與「趕鬼」的幾個「婦女」，「抹大拉的馬利亞」就是其中的一位。

●**《新約聖經》路加福音：**

8:1　過了不多日、「耶穌」周遊各城各鄉傳道、宣講　「神國的福音」．和他同去的有十二個「門徒」。

8:2　還有「被惡鬼所附」、「被疾病所累」、已經治好的幾個「婦女」、內中有稱爲「抹大拉的馬利亞」、曾有「七個鬼」從他身上趕出來。

當「耶穌」被帶往審判時，「門徒」都離開他逃走了。

●**《新約聖經》馬太福音：**

26:55 當時、「耶穌」對衆人說、你們帶著刀棒、出來拿我、如同拿「強盜」麼．我天天坐在殿裡

教訓人、你們並沒有拿我。

26:56 但這一切的事成就了、為要應驗「先知」書上的話。當下、「門徒」都離開他逃走了。

「耶穌」釘「十字架」時，環境極其惡劣，但是「抹大拉的馬利亞」跟著「耶穌」到「十字架」下，看「耶穌」受苦、斷氣、埋葬。

●《新約聖經》馬可福音：

15:40 還有些「婦女」、遠遠的觀看．內中有「抹大拉的馬利亞」、又有「小雅各」和「約西」的母親「馬利亞」、並有「撒羅米」。

15:41 就是「耶穌」在「加利利」的時候、跟隨他、服事他的那些人、還有同「耶穌」上「耶路撒冷」的好些「婦女」在那裡觀看。

15:42 到了晚上、因為這是「預備日」、就是「安息日」的前一日。

15:43 有「亞利馬太」的「約瑟」前來、他是尊貴的「議士」、也是等候　神國的．他放膽進去見「彼拉多」、求「耶穌的身體」。

15:44「彼拉多」詫異「耶穌」已經死了．便叫「百夫長」來、問他「耶穌」死了久不久。

15:45 既從「百夫長」得知實情、就把「耶穌的屍首」賜給「約瑟」。

15:46「約瑟」買了「細麻布」、把「耶穌」取下來、用「細麻布」裹好、安放在「磐石」中鑿出來的「墳墓」裡．又滾過一塊「石頭」來擋住「墓門」。

15:47「抹大拉的馬利亞」、和「約西」的母親「馬利亞」、都看見安放他的地方。

16:1 過了「安息日」、「抹大拉的馬利亞」、和「雅各」的母親「馬利亞」、並「撒羅米」、買
了「香膏」、要去膏「耶穌」的身體。
16:2 七日的第一日清早、出太陽的時候、他們來到「墳墓」那裡。
16:3 彼此說、誰給我們把石頭從「墓門」滾開呢。
16:4 那「石頭」原來很大、他們抬頭一看、卻見「石頭」已經滾開了。
16:5 他們進了「墳墓」、看見一個「少年人」坐在右邊、穿著白袍・就甚驚恐。
16:6 那「少年人」對他們說、不要驚恐・你們尋找那「釘十字架」的拿撒勒人「耶穌」・他已經
復活了、不在這裡・請看安放他的地方。
16:7 你們可以去告訴他的「門徒」和「彼得」說、他在你們以先往「加利利」去・在那裡你們要
見他、正如他從前所告訴你們的。
16:8 他們就出來、從「墳墓」那裡逃跑・又發抖、又驚奇、甚麼也不告訴人・因爲他們害怕。
16:9 在七日的第一日清早、「耶穌」復活了、就先向「抹大拉的馬利亞」顯現・「耶穌」從他身
上曾趕出「七個鬼」。
16:10 他去告訴那向來跟隨「耶穌」的人・那時他們正哀慟哭泣。
16:11 他們聽見「耶穌」活了、被「馬利亞」看見、卻是不信。

●《新約聖經》馬太福音：

27:56 內中有「抹大拉的馬利亞」、又有「雅各」和「約西」的母親「馬利亞」、並有「西庇太」

兩個兒子的「母親」。
27:57 到了晚上、有一個「財主」、名叫「約瑟」、是「亞利馬太」來的．他也是「耶穌的門
徒」。
27:58 這人去見「彼拉多」、求「耶穌的身體」．「彼拉多」就吩咐給他。
27:59「約瑟」取了身體、用乾淨「細麻布」裹好。
27:60 安放在自己的「新墳墓」裡、就是他鑿在「磐石」裡的．他又把「大石頭」滾到「墓門
口」、就去了。
27:61 有「抹大拉的馬利亞」、和那個「馬利亞」在那裡、對著「墳墓」坐著。
27:62 次日、就是「預備日」的第二天、「祭司長」和「法利賽人」聚集、來見「彼拉多」、說。
27:63 大人、我們記得那誘惑人的、還活著的時候、曾說、三日後我要復活。
27:64 因此、請吩咐人將「墳墓」把守妥當、直到第三日．恐怕他的「門徒」來把他偷了去、就告
訴「百姓」說、他從死裡復活了．這樣、那後來的迷惑、比先前的更利害了。
27:65「彼拉多」說、你們有「看守的兵」．去罷、盡你們所能的、把守妥當。
27:66 他們就帶著「看守的兵」同去、封了石頭、將「墳墓」把守妥當。
28:1 「安息日」將盡、七日的頭一日、天快亮的時候、「抹大拉的馬利亞」、和那個「馬利
亞」、來看「墳墓」。
「安息日」過後，「抹大拉的馬利亞」在天還沒亮時，就到「耶穌的墳墓」，並發現「墳墓」已

經空了，其他「門徒」聞風而來，看看「空墳」就走了，只有「抹大拉的馬利亞」留在「空墳」處哭泣，所以她將成爲第一個看見復活後的「耶穌」的「見證人」。

●《新約聖經》約翰福音：

20:1 七日的第一日清早、天還黑的時候、「抹大拉的馬利亞」來到「墳墓」那裡、看見「石頭」從「墳墓」挪開了。

20:2 就跑來見「西門彼得」、和「耶穌」所愛的那個「門徒」、對他們說、有人把主從「墳墓」裡挪了去、我們不知道放在那裡。

20:3 「彼得」和那「門徒」就出來、往「墳墓」那裡去。

20:4 兩個人同跑、那「門徒」比「彼得」跑得更快、先到了「墳墓」。

20:5 低頭往裡看、就見「細麻布」還放在那裡．只是沒有進去。

20:6 「西門彼得」隨後也到了、進「墳墓」裡去、就看見「細麻布」還放在那裡。

20:7 又看見「耶穌」的「裹頭巾」、沒有和「細麻布」放在一處、是另在一處捲著。

20:8 先到「墳墓」的那「門徒」也進去、看見就信了。

20:9 因爲他們還不明白「聖經」的意思、就是「耶穌」必要從死裡復活。

20:10 於是兩個「門徒」回自己的住處去了。

20:11 「馬利亞」卻站在「墳墓」外面哭．哭的時候、低頭往「墳墓」裡看。

20:12 就見兩個「天使」、穿著白衣、在安放「耶穌身體」的地方坐著、一個在頭、一個在腳。

20:13「天使」對他說、「婦人」、你爲甚麼哭。他說、因爲有人把我主挪了去、我不知道放在那
裡。
20:14說了這話、就轉過身來、看見「耶穌」站在那裡、卻不知道是「耶穌」。
20:15「耶穌」問他說、「婦人」、爲甚麼哭、你找誰呢。「馬利亞」以爲是「看園的」、就對他
說、「先生」、若是你把他移了去、請告訴我、你把他放在那裡、我便去取他。
20:16「耶穌」說、「馬利亞」。「馬利亞」就轉過來、用「希伯來話」對他說、「拉波尼」
（「拉波尼」就是「夫子」的意思。）
20:17「耶穌」說、不要摸我・因我還沒有升上去見我的父・你往我「弟兄」那裡去、告訴他們
說、我要升上去、見我的父、也是你們的父・見我的 神、也是你們的 神。
20:18「抹大拉的馬利亞」就去告訴「門徒」說、我已經看見了主・他又將主對他說的這話告訴他
們。

●《新約聖經》路加福音：

24:1 七日的頭一日、黎明的時候、那些「婦女」帶著所預備的「香料」、來到「墳墓」前。
24:2 看見「石頭」已經從墳墓滾開了。
24:3 他們就進去、只是不見「主耶穌」的身體。
24:4 正在猜疑之間、忽然有「兩個人」站在旁邊・衣服放光。
24:5 「婦女們」驚怕、將臉伏地・那「兩個人」就對他們說、爲甚麼在「死人」中找「活人」

呢。

24:6 他不在這裡、已經復活了・當記念他還在「加利利」的時候、怎樣告訴你們。

24:7 說、「人子」必須被交在「罪人」手裡、釘在「十字架」上、第三日復活。

24:8 他們就想起「耶穌」的話來。

24:9 便從「墳墓」那裡回去、把這一切事告訴「十一個使徒」和其餘的人。

24:10 那告訴「使徒」的、就是「抹大拉的馬利亞」、和「約亞拿」、並「雅各」的母親「馬利亞」、還有與他們在一處的「婦女」。

24:11 他們這些話、「使徒」以爲是胡言、就不相信。

有一些現代作家，認爲「抹大拉的馬利亞」是「耶穌」的「妻子」。這些作者引用「諾斯底派」的寫作，來支持他們的論點。例如被命名爲《腓力福音》的殘章，的確描述「抹大拉的馬利亞」不單單只是「耶穌」的門徒之一，她還是最爲接近「耶穌」的「使徒」。這種「親密的關係」，被描述爲「抹大拉的馬利亞」能夠理解「耶穌」以及他的教導，而其他的「使徒」卻不能。

在《腓力福音》中有一句：「『救世主』的『同伴』是『瑪麗亞抹大拉』。『基督』愛她多於『門徒』，經常吻她，『門徒』受到冒犯，感到不滿。他們問他：你爲什麼愛她多於愛我們呢？」

雖然難有定論，但是「抹大拉的馬利亞」，在「耶穌」受難地，以及在他的「墳墓」出現，至少和她作爲「妻子」的角色是一致的。

● **《新約聖經》約翰福音：**

19:25站在「耶穌」「十字架」旁邊的、有他「母親」、與他「母親的姊妹」、並「革羅罷」的妻子「馬利亞」、和「抹大拉的馬利亞」。

還有一個被用來支持「耶穌結婚」的論點是：根據《馬太福音》，「耶穌」屬於「大衛王家族」，是「猶大王國」「所羅門王」的後代，「獨身」在「耶穌」那個時代，對於「猶太男人」是很罕見的。「耶穌」是個「猶太人」，而按照當時的傳統，「猶太男人」是必須「結婚」的。根據「猶太人的習俗」，「獨身」是要受到「譴責」的。一位「猶太人父親」有義務爲他兒子找一個合適的「妻子」。然而，目前仍然沒有證據，證明這種「猶太人的婚配傳統」在西元一世紀就已經發展出來。

關於「抹大拉的馬利亞」是「耶穌的妻子」的說法，是來自一些書刊，例如：《聖血和聖杯》，《聖血和聖杯》於公元一九八二年出版。

《聖血和聖杯》在對「聖血」和「聖杯」進行研究後假設推斷：「耶穌基督」並未被釘死在「十字架」上，而是受難後復活後，與「瑪利·瑪格達琳（抹大拉的馬利亞）」結婚生子。他們攜子逃到了「法國」南部，並且建立了「王朝」，他們的後代仍然在世，今天依然繁盛，受到了「天主教」內一些「祕密社團」的保護。

但是，「羅馬天主教庭」內部，一直在隱瞞這件事情。由於內容新奇，比人們的想象更加撲朔迷離、錯綜複雜，該書進入暢銷書排行榜，迄今已售出了二百萬冊。

《聖血和聖杯》的三位作者，「邁克爾·貝金特（新西蘭人）」、「理查德·萊早（美國人）」

和「亨利．林肯（美國人）」，自公元一九七六年至一九八一年，歷時五年為該書進行了調查研究，費盡心力，最後才得出書中的推斷。

後來，受到《聖血和聖杯》這本書的影響，誕生《達文西密碼》一書，而且被普及，還拍成電影。

《達文西密碼》是美國作家「丹．布朗」的一部小說，在二〇〇三年三月十八日，由「蘭登書屋」出版。這本書以七百五十萬本的成績，打破美國小說銷售記錄，目前全球累積銷售量更已突破八千萬冊，成為有史以來最暢銷的小說之一。

《達文西密碼》這本書，集合了偵探，驚悚和陰謀論等多種風格，並激起了大眾對某些宗教理論的普遍興趣，包括：有關「聖杯的傳說」、「抹大拉的馬利亞」在「基督教歷史」中的角色等，通常被「基督徒」視為「異端」的理論。

其實，假如「耶穌基督」和「抹大拉的馬利亞」真的有結婚又生子，「基督徒」也不必驚慌失措，因為這並不損大家對「耶穌基督」的尊敬。倒是，「基督教會」遮遮掩掩，一概的否認，斥為「異端」，這是抹滅世人對歷史真相，「知」的權利。

第三單元 「耶穌」消失的十八年

在《新約聖經》的《四福音書》中，「耶穌」有十八年消失的時間，千百年來，很多人在研究「耶穌」消失的這十八年，但是都沒有結果，「基督教會」也只能含糊帶過。

後來，出現兩本書，不約而同的說明，原來當時十二歲的「耶穌」，跑到印度去了，在消失的這十八年當中，「耶穌」在「印度」和「西藏」學習「佛法」。

第一本書是《彼得福音》，在最早的《聖經新約》中，歸屬於《五福音書》，是有記載「耶穌」消失的這十八年的事蹟，只不過被「羅馬教會」給刪除了。

第二本書是《耶穌基督佚史》，「耶穌」消失的這十八年的事蹟，在「西藏」「密宗」的案卷中也有記載，說一個「同修」到「中亞」去弘法，被人釘在「十字架」上。

另外，「耶穌」傳下來的「手勢」，也是一個線索。就是「基督教」畫十字的「手勢」，這個「手勢」其實就是「密宗」的「准提法」的五個手印。

方法是先結「金剛拳印」，用「大拇指」的指尖壓到「無名指」根部，然後彎曲其餘四指，壓在「大拇指」上成「拳狀」。然後，再用這個「金剛拳印」，第一個印在「額頭」，第二個印在「左肩」，第三個印在「右肩」，第四個印在「心窩」，第五個印在「喉頭」。印完了，這個手印要在頭頂上放掉。

因爲，這一段「耶穌」學習「佛法」的經歷，是「基督教」不願意提起的，再加上被「羅馬教會」刪除了，所以才留下「耶穌」消失十八年之謎。

一、被剔除的《彼得福音》

在《四福音書》中，只有《路加福音》提到「耶穌」在十二歲的時候，出現在「猶太教神殿」，講道折服「猶太教長老」，自此以後，完全沒有提及「耶穌」從十二歲起，到三十歲重返「耶路撒冷」傳道，這十八年間，「耶穌」在青年時期的事蹟。其它三本《福音書》，也完全沒有提及青年時期的「耶穌」，這十八年間的事蹟。

●《新約聖經》路加福音：

2:40 孩子漸漸長大、強健起來、充滿智慧．又有　神的恩在他身上。
2:41 每年到「逾越節」、他父母就上「耶路撒冷」去。
2:42 當他「十二歲」的時候、他們按著節期的規矩上去。
2:43 守滿了節期、他們回去、孩童「耶穌」仍舊在「耶路撒冷」．他的父母並不知道。
2:44 以爲他在同行的人中間、走了一天的路程、就在親族和熟識的人中找他。
2:45 既找不著、就回「耶路撒冷」去找他。
2:46 過了三天、就遇見他在殿裡、坐在教師中間、一面聽、一面問。

2:47 凡聽見他的、都希奇他的聰明和他的應對。
2:48 他父母看見就很希奇．他母親對他說、我兒、爲甚麼向我們這樣行呢．看哪、你父親和我傷
心來找你。
2:49「耶穌」說、爲甚麼找我呢．豈不知我應當以我父的事爲念麼。（或作「豈不知我應當在我父
的家裡麼」）
2:50 他所說的這話、他們不明白。
2:51 他就同他們下去、回到「拿撒勒」．並且順從他們．他母親把這一切的事都存在心裡。
2:52「耶穌」的智慧和身量、（「身量」或作「年紀」）並 神和人喜愛他的心、都一齊增長。

●《新約聖經》路加福音：

3:16「約翰」說、我是用水給你們施洗、但有一位能力比我更大的要來、我就是給他解鞋帶也不
配．他要用「聖靈與火」給你們施洗。
3:17 他手裡拿著「簸箕」、要揚淨他的場、把麥子收在倉裡、把糠用不滅的火燒盡了。
3:18「約翰」又用許多別的話勸百姓、向他們「傳福音」。
3:19 只是分封的王「希律」、因他兄弟之妻「希羅底」的緣故、並因他所行的一切惡事、受了
「約翰」的責備。
3:20 又另外添了一件、就是把「約翰」收在監裡。
3:21 衆百姓都受了洗、「耶穌」也受了洗、正禱告的時候、天就開了。

3:22「聖靈」降臨在他身上、形狀彷彿「鴿子」、又有聲音從天上來、說、你是我的愛子、我喜悅你。
3:23「耶穌」開頭「傳道」、年紀約有「三十歲」．依人看來、他是「約瑟」的兒子、「約瑟」是「希里」的兒子。

《四福音書》的作者「馬太、馬可、路加」和「約翰」，既然是「耶穌」的忠實「門徒」，對於「耶穌」的言行記錄，自然是務求詳實，不可能完全沒有提及青年時期的「耶穌」，從十二歲到三十歲，這十八年間的事蹟，不可能有這樣的疏忽。很多學者推論，這四位「聖徒」必定曾經有記述這十八年間的事蹟，很有可能是在四世紀時，被刪除竄改。

公元三二五年，「君士坦丁大帝」把「羅馬帝國」境內的二百多名「主教」，召集在「尼西亞」開了一次「基督教」大會，目的在於制定「教會」與「政權」之間的關係。在這次會議中，彼此同意對「教條」做若干的增減。以後接續大約五百年，總共開了十一次「基督教會議」，一般的「教會歷史」只稱七次。

在這些「基督教」會議中，由於某種原因，「教會」在校正《新約聖經》的《四福音書》時，將《四福音書》的這一部分全部刪除，再經過歷代的刪改增減，導致今日所見到的《四福音書》，已經是面目全非、支離破碎，雖然經過修飾，終難掩蓋其中的缺陷。

中古時代的「教會」，爲什麼要刪除《四福音書》當中，青年時期的「耶穌」，那十八年當中的事蹟呢？合理的推測，當時的「教會」認爲這十八年的事蹟，會破壞「耶穌基督」的神聖形象，以及有損「基督教」的權威地位。

有些考古學家認爲，最原始的《福音書》，應該是有五本，所以是《五福音書》，而不是《四福音書》，這本消失的《福音書》就是《彼得福音》。

《彼得福音》於公元一八八六年冬，由法國考古學家「於爾班．布里安」在挖掘「埃及」大約八世紀的「基督徒僧侶墓穴」時所發現的。這本《彼得福音》是以「希臘文」寫成，內容顯示作者是使徒「彼得」。

《彼得福音》不被「基督教會」承認，認爲是「僞經」。但是，現在流通的《舊約聖經》和《新約聖經》，都是經過人爲竄改過的，不也是「僞經」嗎？「伊斯蘭教」就認爲「基督教」的《舊約聖經》和《新約聖經》是不可靠的，原因就是《舊約聖經》和《新約聖經》，曾經被修改刪除過。

使徒「彼得」是「耶穌」的首位門徒，追隨「耶穌」多年，「耶穌」對他倚重甚深。「耶穌」曾將他從十二歲到三十歲，這十八年間的事蹟，詳細的告訴「彼得」，「彼得」都有記錄。

「耶穌」在「十字架」上受難之後，使徒「彼得」成爲「耶穌」的傳法與繼承人，在「希臘、土耳其、羅馬」之間傳道多年，後來在「羅馬」殉教。「彼得」的筆記被流傳下來，有些學者稱爲《彼得福音》，或者稱爲《水上門徒行紀》，簡稱《水徒行傳》。

有些學者認爲，《彼得福音》可能曾經一度被編入《新約聖經》之內，而且居於《五福音書》之首，後來才被剔除，《新約聖經》只剩下《四福音書》。而《彼得福音》被剔除的原因，很可能是因爲，「彼得」敍述「耶穌」曾經去過「印度」及「西藏」研究佛法，而且敍述的太詳盡了。

所以，古代的「教會」，乾脆把《彼得福音》全部廢除，不列入《新約聖經》之內。其它的《四福音書》，只要有提到「耶穌」曾經去過「印度」及「西藏」研究佛法的經文，也一律刪除。

這也說明了，爲什麼青年時期的「耶穌」，從十二歲到三十歲，這十八年間的事蹟，會消失不見。「耶穌」在《新約聖經》裡，總計失蹤了十八年，因爲這十八年的事蹟，是一個「不能說的祕密」。

「耶穌」這十八年來，輾轉來到「印度、尼泊爾、拉達克」和「西藏」學習與傳道，最後回到故鄉，「耶穌」是第一位把「佛法」帶到「中東」的聖者。

當然，這本《彼得福音》被「基督教會」認爲是「僞經」，不予承認。但是，「基督教會」又無法交代「耶穌」失蹤了十八年，到底是去哪裡了？

二、《彼得福音》的摘要內容

《彼得福音》又稱爲《水徒行紀》，因爲「彼得」在成爲「耶穌」的門徒之前，是個「打魚的」漁夫，是「耶穌」在水上「打魚的」的門徒，所以「彼得」稱爲「水徒」。

● 《新約聖經》馬太福音：

4:17 從那時候「耶穌」就傳起道來、說、天國近了、你們應當悔改。

4:18「耶穌」在「加利利」海邊行走、看見弟兄二人、就是那稱呼「彼得」的「西門」、和他兄弟「安得烈」、在海裡撒網．他們本是「打魚的」。

《彼得福音（水徒行紀）》目前只有「英文翻譯本」，所以下面《彼得福音》的摘要內容，都是

經文大意的翻譯。

在《路加福音》裡有提到，「耶穌」在「十二歲」的時候，他的父母按照節期的規矩，帶「耶穌」上「耶路撒冷」。

●《新約聖經》路加福音：

2:40孩子漸漸長大、強健起來、充滿智慧．又有　神的恩在他身上。

2:41每年到「逾越節」、他父母就上「耶路撒冷」去。

2:42當他「十二歲」的時候、他們按著節期的規矩上去。

2:43守滿了節期、他們回去、孩童「耶穌」仍舊在「耶路撒冷」．他的父母並不知道。

2:44以爲他在同行的人中間、走了一天的路程、就在親族和熟識的人中找他。

2:45既找不著、就回「耶路撒冷」去找他。

2:46過了三天、就遇見他在殿裡、坐在教師中間、一面聽、一面問。

2:47凡聽見他的、都希奇他的聰明和他的應對。

2:48他父母看見就很希奇．他母親對他說、我兒、爲甚麼向我們這樣行呢．看哪、你父親和我傷心來找你。

2:49「耶穌」說、爲甚麼找我呢．豈不知我應當以我父的事爲念麼。（或作「豈不知我應當在我父的家裡麼」）

2:50他所說的這話、他們不明白。

2:51他就同他們下去、回到「拿撒勒」．並且順從他們．他母親把這一切的事都存在心裡。
2:52「耶穌」的智慧和身量、（「身量」或作「年紀」）並 神和人喜愛他的心、都一齊增長。

對照《彼得福音（水徒行紀）》的經文之後，我們就會發現，原來古代的「基督教會」，就是刪除《路加福音》第二章以後的經文，難怪讓「耶穌」消失了十八年。

我們現在來還原被刪除的經文，「耶穌」消失的這十八年，要從《彼得福音（水徒行紀）》的第二十一章談起。但是，要從第二十章來接續，因爲《路加福音》第二章，就是《彼得福音（水徒行紀）》的第二十章。第二十章的第一到第二十一節，敍述「耶穌」失蹤於「猶太人」的「逾越節」節日宴會。

●《新約聖經》彼得福音（水徒行紀）：

20:1「猶太人」「逾越節」的節日宴會結束了，各人上路回家。
20:2「耶穌」的母親「馬利亞」問衆人說：我的兒子呢？有沒有人看見這孩子？
20:3「耶穌」的父親「約瑟」與衆親友到處找尋「耶穌」，結果找不到。

後來三天以後，「約瑟」和「馬利亞」就回到「耶路撒冷」去找「耶穌」。發現他在「猶太神殿」的十二石級上。這裡的經文描述，和《路加福音》差不多，但是其實還有內情。原來，在那次「逾越節」的節日宴會裡，還有一位印度王子在場。

●《新約聖經》彼得福音（水徒行紀）：

21:1「印度」東部「奧里薩國（Orissa）」的王子「拉瓦那（Ravanna）」，也應邀參加「耶路

撒冷」猶太人「逾越節」的節日宴會。
21:2 「拉瓦那王子」很富有又公正，他帶者一批「婆羅門教」的教徒來拜訪。
21:3 「耶穌」站在「猶太祭司」群中講話，「拉瓦那王子」就注意到他了。
21:15「拉瓦那王子」問「耶穌」，要不要和他一起回「印度」，去學習東方「婆羅門教」的智
慧。
21:16「耶穌」表示希望前往「印度」參學，經過多日和父母的討論之後，「耶穌」的父母終於准
許他去「印度」。
21:17 於是，「拉瓦那王子」帶著「耶穌」和隨從，啟程回「印度」，經過漫長的旅途，越過「新
特（Sind）」，回到東印度「奧里薩國（Orissa）」的王宮。
「婆羅門教」的衆「祭司」歡迎王子歸國，也歡迎王子帶回的「耶穌」。
21:19「耶穌」被送到「賈格納神廟（Jagannath）」去參學，在那裡研習「吠陀經（Veda）」，
與「摩尼教律法（Manic Laws）」。

從第二十三章的第一節到二十六節，敍述「耶穌」在「婆羅門」僧侶「拉馬斯（Lamas）」的陪同下，周遊「恆河」兩旁，學習印度人的「醫療秘法」，本章全部都在講述「印度草藥療法」，學習「草藥療法」和他往後施展神蹟替人治病有關。

●《新約聖經》彼得福音（水徒行紀）：

23:1 「耶穌」和他的朋友「拉馬斯」，一同周遊「奧里薩國（Orissa）」全國各地和恆河河谷各

地的城市，尋求智慧正道，參訪各地的聖者高僧。
23:2 「班那勒斯（Barnares）」是「恆河」河畔的文化古城，人文薈萃，「耶穌」與朋友在此
逗留很多日子。
23:3 「耶穌」在那裡，學習「印度人」的「醫療秘法」，他成爲當時最偉大的印度神療大師「烏
特列卡（Udraka）」的弟子。
23:4 「烏特列卡」教導「耶穌」，如何運用各種方法治病，包括清水、泥土、植物、草藥、冷
療、熱療、日光治療和陰影治療等方法。

由於「耶穌」學習「婆羅門教」的教法之後，不認同印度的「種姓制度」，觸怒了「婆羅門大祭師」，差點被殺。還好「拉馬斯」跪下替「耶穌」乞求赦免死刑，他們才不殺「耶穌」，只放逐了「耶穌」。

印度的「種姓制度」，深入「印度」人心。《吠陀經》將「社會」劃分爲「婆羅門（Brahmana）、剎帝利（Chhetri）、吠舍（Vaisya）、首陀羅（Sudra）」等四大階級：

⑴最高階「婆羅門」：如國王、貴族、僧侶等。

⑵第二等「剎帝利」：如軍人、武士。

⑶第三等「吠舍」：如商人、平民或從事「農耕畜牧的人」。

⑷第四等「首陀羅」：出身卑微、靠勞力爲生者，如「奴隸」。

⑸排除在「階級」之外的「第五姓」，竟是連「奴隸」都不如的「賤民」，他們甚至被禁止與其

他階級的人一起喝水、洗衣、進食、身體碰觸。

●《新約聖經》彼得福音（水徒行紀）：

24:1 「耶穌」在「渣根那聖廟」參學了四年。

24:2 有一天，「耶穌」問「婆羅門」群僧：「請告訴我，爲什麼你們婆羅門教認爲在上帝眼中是不平等的？」

24:24「婆羅門大祭師」說：凡敢觸犯「婆羅教」道理的，必須被處死！

24:25「拉馬斯」慌忙跪下，替「耶穌」乞求赦免死刑．他們就不殺「耶穌」，只放逐他了事。

24:26「耶穌」於是離開了，走到黃皮膚與黑皮膚的人家去暫住。

後來「耶穌」居然在「印度」傳講人類應該不分階級的觀念，「婆羅門教」的「祭司」們就要暗殺他，「耶穌」知道後，就匆忙離開「印度」。

「耶穌」向北方而行，來到「喜馬拉雅山」的「卡彼華斯都（Kapivastu）城」，當地的佛教僧人們，開了寺廟的門歡迎「耶穌」。

●《新約聖經》彼得福音（水徒行紀）：

31:4 「耶穌」在「印度」傳講，人類應該如同兄弟手足般的相親相愛，不分種姓，應該平等無分階級。他並且譴責「婆羅門教」劃分階級不合理，「祭司」腐化及祭祀儀式太繁褥，而且沒有用。

31:6 「婆羅門教」的「祭司」們就說：假如仍然准許這個「希伯來青年」在「印度」傳講，將來就會引起革命，「平民」和「賤民」就會起來殺掉「祭司」和摧毀神廟。

31:7 他們就召集了全「印度」各區的「婆羅門祭司」，「班納斯」成爲狂熱的「婆羅門」信仰集中地。

31:17「祭司」們圖謀逮捕「耶穌」，但是，又苦於他並無犯罪。

31:19「祭司」們決定暗殺「耶穌」。

31:20 他們僱了一個「職業殺手」，叫他乘夜去暗殺「耶穌」。

31:21「拉馬斯」聽到這個暗殺「耶穌」的陰謀，就慌忙去通報「耶穌」，「耶穌」就立即匆忙離開。

31:22「耶穌」乘夜離開「班納斯」，向北方而行，所到之處，農人、商人和修行者，都無不幫助他。

31:23 經過多日的旅程，「耶穌」來到偉大的「雪山（喜馬拉雅山）」，來到「卡彼華斯都（Kapivastu）城」住下。

31:24 當地的「佛教僧人」們開了寺廟的門，歡迎「耶穌」。

從第三十二章開始，「耶穌」學習「佛教」的「佛法」，這對於往後「耶穌」回到「以色列」傳道時，產生了極大的影響。因爲，「耶穌」把「佛法」融入「猶太教」裡，改變只有「猶太人」可以信仰上帝「耶和華」的教規。「耶穌」認爲「外邦人」也可以信仰上帝「耶和華」。

● **《新約聖經》彼得福音（水徒行紀）：**

32:1 在眾僧人之中，有一位佛教的高僧，名叫「巴爾他．阿拉保（Barata Arabo）」，很賞識「耶穌」的上根智慧。

32:2 「巴爾他．阿拉保」教導「耶穌」研讀《吠陀經》，和「瞿曇悉達（釋迦牟尼佛）」的大智慧結晶。

32:3 當他們兩人談到「人類起源」的可能性時，「巴爾他．阿拉保」就說。

32:4 「人類是宇宙的奇蹟。人是每一種生命的一部分，因爲人曾經歷各種生命的形態。」

32:5 「在還未有人類的遠古時代，人的原始形態，只不過是一個小點的無形物質，逐漸演變成一粒微小的原生質體，一種單細胞生命。」

32:6 「宇宙的定律，是要一切的東西都不斷改進，以趨於完善的境界。那一粒微小的原生質體，一種單細胞生命，不停的進化，先進化爲蟲，然後進化爲爬蟲類，鳥類，獸類……最後才進化爲人類。」

32:7 「人類本身有心靈，完美的心靈是從經驗來獲得的，心靈常常會以肉身的形態顯現，以最適合它成長的形式。所以，心靈可以顯現爲蟲、鳥、獸或人等各種形相。」

32:8 「未來，每一種生命的形態，都將會進化爲完美的人的狀態。」

32:9 當人進化成爲最完美境界之後，他將會進化到更高境界的生命形式。

32:10「耶穌」問說：「巴爾他．阿拉保，是誰教你這些道理，講人的心靈，可以在野獸、鳥或爬物的肉身中顯現呢？」

從第三十二章的第一節直到第四十節，是「耶穌」與「巴爾他．阿拉保」辯論的經文，「耶穌」認爲一切生命，都是由上帝「耶和華」創造的，不是由「單細包」進化而來。

●《新約聖經》彼得福音（水徒行紀）：

32:41「印度」聖賢中，最聰明的「維迪亞帕蒂（Vidyapati）」，「卡帕維斯圖（Kapavistu）」神廟的院長，聽到「巴爾他．阿拉保」對「耶穌」講解人類的起源，以及「希伯來先知」「耶穌」的辯答之後，他說：

32:42「你們卡彼華斯都（Kapivastu）城的高僧們，聽我說：我們今天站在時代的頂峰上。六百年前，一位佛陀聖靈誕生，給人類帶來了光明，現在另一位聖人站在『卡彼華斯都』佛寺中。」

32:43「這位希伯來先知耶穌，是新升起的智慧之星。他帶給我們許多關於上帝奧祕的知識；將來全世界都要聽他的開示，榮耀他的名。」

32:44「你們卡彼華斯都（Kapivastu）城的高僧們，應該人人靜聽他的講話，他是上帝的活神諭。」

32:45 於是，衆僧人皆致謝，讚嘆啟悟的「佛陀」。

在第三十六章裡，談到「耶穌」在「西藏」學習「禪法」。

●《新約聖經》彼得福音（水徒行紀）：

36:1 在「西藏」的「拉薩」有一座雄偉的佛寺，裡面藏有豐富的古代佛經及手稿。

36:2 這位印度聖僧讀過這些手稿，向「耶穌」透露了其中的許多心法；但耶穌想要親自閱讀這些
佛經。
36:3 當時，遠東（指中國）最偉大的聖僧「孟斯特（Meng-ste）」就在「西藏」的這座寺廟
裡。
36:4 要穿越「喜馬拉雅山」的「伊莫特斯（Emodus）」高地的道路很艱難，但是「耶穌」啟程
了，聖僧「維迪亞帕蒂（Vidyapati）」派了一位值得信賴的嚮導與他同行。
36:5 另外，聖僧「維迪亞帕蒂」給「孟斯特」寫了一封信，他在信中講述了這位「希伯來聖人」
的情況，並請寺廟的僧人，盛大的歡迎「耶穌」。
36:6 經過多日的驚險長途跋涉，「嚮導」和「耶穌」到達了「西藏」的「拉薩寺」。
36:7 聖僧「孟斯特」大開寺門，衆僧人都向這位「希伯來聖人」表示歡迎。
36:8 「耶穌」可以接觸到所有神聖的手稿，並在聖僧「孟斯特」的幫助下，閱讀了所有的手稿佛
經。
36:9 聖僧「孟斯特」經常與「耶穌」談論未來的時代，以及最適合這個時代人民的神聖服務。
36:10 在「拉薩」，「耶穌」沒有講道傳教。當他完成在寺廟學校的所有學業之後，他就向西方旅
行。他在許多村莊，逗留了一段時間，並且講道傳教。

從第三十七章開始，敍述「耶穌」學成歸國的過程。「耶穌」從「西藏」來到「拉荷（Lahore）」，取道前往「波斯」。當時二十四歲的「耶穌」，沿途經過「波斯」、「塞浦勒斯

島」、「亞述」、「希臘」、「埃及」等地，都有講道傳教。

第第六十四章，「耶穌」回到「加利利」，來到「約但河」，受其堂兄「施洗約翰」的洗禮。

從第六十五章起，以下的各章節敍述，與《馬太福音》、《馬可福音》和《路加福音》所敍述的「耶穌」事蹟差不多一樣，但是仍然有一些出入，這可能就是《福音書》修改之處。

《彼得福音（水徒行紀）》的最後一章，第一百八十二章，敍述使徒「彼得」在「耶路撒冷」成立第一座「基督教堂」，「彼得」被選爲「耶穌」的繼承弟子，衆人尊之爲「教師」領導「基督徒」。

三、《耶穌基督佚史》的摘要內容

除了《彼得福音》說明，「耶穌」爲什麼會消失十八年之外，還有另一本書《耶穌基督佚史》，更是提供了有力的佐證。

公元一八九四年，「俄國」的作家兼旅行記者「尼古拉斯．諾托維奇（Nicolas Notovitch）」在法國「巴黎」發表了一本震驚世界的著作《耶穌基督佚史》（La Vie Inconnue De Jesus-Christ），英文翻譯本稱爲《The Unknown Life of Jesus Christ》。

《耶穌基督佚史》大約有二百二十二頁，全文大約二十多萬字。其中從第一頁到第一九〇頁，敍述作者在「印度」和「西藏」旅程的見聞，以及分析「婆羅門教」與「佛教」的不同，其餘篇幅爲計十四章的《伊薩（Issa，耶穌）經卷》英文譯本。

《伊薩（耶穌）經卷》的第一章至第四章的內容，與《舊約聖經》出埃及記，以及《新約聖經》

的《四福音書》大同小異。第五章描述，「伊薩（耶穌）」十四歲時，父母要他娶媳婦，「伊薩（耶穌）」不願意，就連夜逃家，參加來自「印度」的「商隊」東行，到達「印度」皈依「婆羅門教」，跟隨「祭司」學《吠陀經》六年，後來改學「佛法」六年。

後來，「伊薩（耶穌）」給「首陀羅種姓」的最低等級的「賤民」講經，這個行爲招致「婆羅門」的不滿，因爲他們感覺到自己的領導地位和權力受到了威脅。「伊薩（耶穌）」在「賈爾加納特、拉賈格里哈、貝拿勒斯」和其他「聖城」度過了六年，後來，因爲「婆羅門」的惱怒追殺，而不得不逃走。他認爲，按等級對人作出不同的評價，並不是神的旨意。

於是，「伊薩（耶穌）」走進「喜馬拉雅山」，來到「尼泊爾」。他在這裡研讀「佛經」達六年之久。他傳播的教義簡單明了，尤其符合被壓迫者和弱者的要求。

後來，「伊薩（耶穌）」雲遊西方各國，再返回故鄉「以色列」，傳經布道。最後，因爲惹怒「猶太教」的「祭司們」，被誣告罪名，釘死在「十字架」上。

《耶穌基督佚史》的最精采片段講述，作者「尼古拉斯．諾托維奇」訪問位於「印度」與「西藏」交界的「牟白克（Mul Berk）」山頂上的一座佛寺，名爲「法戒寺（Himis）」。寺中僧人出示一卷《聖者伊薩生平》（The Unknown Life of Jesus Christ）給作者看，內容記載聖人「伊薩（耶穌）」的生平事蹟。

「諾托維奇」認爲「伊薩」就是「耶穌」，證明「耶穌」曾經來到「印度」學習佛法。這就可以說明，爲什麼《新約聖經》四本《福音書》的記載，從「耶穌」十二歲到三十歲，這十八年間消失的原因。

原來，「耶穌」在故鄉「以色列」消失的這段歲月，他取道去了「印度」和「西藏」，學習「婆羅門教」的教義，以及「佛教」的心法。

在《耶穌基督佚史》的書中記載，「諾托維奇」是在公元一八八七年十月十四日離開「拉荷（Lahare）」，前往「羅瓦片地（Rawalpindi）」，又前往「喀什米爾（Kashmir）」。

後來，去了「拉達克（Ladakh）」，「拉達克」是「印度」的一個中央直轄區，爲「印度」控制的「喀什米爾」的東部部分。他從「拉達克」，打算經由「卡拉戈林（Karakorum）」的山路，進入「中國」境內的「土耳其斯坦」，取道返回「俄國」。

在旅行途中，「諾托維奇」在「印度」與「西藏」交界的「牟白克（Mul Berk）」，訪問一座與世隔絕的「山中佛寺」。

寺中的「喇嘛僧人」接待他，比「伊斯蘭教」的「穆斯林」還要熱情得多。他問一個「喇嘛僧人」，原因何在？

「喇嘛僧人」回答說：「因爲『穆斯林』與我們的『佛教』沒有共同之處，你們『基督教徒』則不同，『基督教徒』接受了『佛陀』的偉大教義之後，獨樹一格，創造了另一個『基督教徒的喇嘛』，連接上天與俗世。」

「諾托維奇」好奇的問道：「您所說的那位『基督教徒的喇嘛』是誰？」

「喇嘛僧人」回答說：「先生！我們不把他看做是『神的獨生子』，而是看做是一位『上根智慧

者』。實際上，『佛陀』將他的精神附在先知『伊薩』的肉體上。『伊薩』不用『火與劍』在全世界傳道。」

「喇嘛僧人」繼續說道：「『伊薩（耶穌）』是一位偉大的『先知』，是佛門下的一名高徒，他的偉大遠遠超過任何一位『喇嘛』，因爲他接受了『佛陀』的精神。他向你們傳授教義，引導你們『罪惡的靈魂』回到『神的懷抱』，使你們有資格享受『造物主』的恩德，並且使每一個生靈都能夠分清善惡。」

這位「喇嘛僧人」繼續敘述，先知「伊薩（耶穌）」，來自「中東」，在「印度」與「西藏」研習「佛法」十多年。後來，返回「中東」，「拉薩文獻」說這位「伊薩（耶穌）」在返回「以色列」之後不久被釘「十字架」而死。

「諾托維奇」聽完之後，大感吃驚，他推測這位「伊薩」可能就是「耶穌」的異譯。最後，他問這位「喇嘛僧人」說：「有記載這位『伊薩』的經書嗎？這些『經書』放在什麼地方？」

「喇嘛僧人」回答說：「有！『伊薩』的經書共有幾萬卷，存放在『拉薩』的『布達拉宮』的『藏經樓』，那裡藏有數以萬計的古代佛經。在幾所大寺廟裡，也都存有抄本。可惜，我們的寺院太小了，我們沒有這種經書抄本。」

「諾視托維奇」立卽遍訪「西藏」和「印度」邊境的佛寺，詢問關於「伊薩（耶穌）」的經書，但是都一無所獲。

後來，「諾視托維奇」於公元一八八七年，到達了「拉達克邦國」的首府「列赫（Leh）」市郊二十五英里左右的一座「佛教寺院」，名叫「希米斯（Himis）」。這是「拉達克邦國」境內最宏偉的，也是最有名的佛寺，寺名的意義就是「守法戒」之意，所以又稱爲「法戒寺」。每年的「佛誕」，以及「佛陀成道日」，很多「佛教徒」來此拜佛，及紀念「佛陀」降服「天魔」而成道。

「法戒寺」座落於「喜馬拉雅山」，在海拔一萬一千英呎的山谷內。歷代的各地佛寺，因爲恐受「伊斯蘭教」毀滅佛教文物，因此將無數的經與文獻文物送來「法戒寺」保存，祕藏於密室經樓，不輕易啟示外人。

「諾視托維奇」向「法戒寺」的「住持」大喇嘛詢問有關先知「伊薩（耶穌）」的事蹟。

法戒寺「住持」回答說：「古代的『住持』曾經見過這位先知『伊薩（耶穌）』，寺內的經卷文獻很多，確實有先知『伊薩（耶穌）』的相關文獻，我也有讀過有關先知『伊薩（耶穌）』的經書，內容對於先知『伊薩（耶穌）』的生平言行都有記載，他後來回到『以色列』傳道。至於文獻，原文是用『巴利文（Pali）』寫成的，是從『印度』傳入『尼泊爾』，再傳入『西藏』。留在『法戒寺』的版本，則是『藏文版』。」

「諾視托維奇」問道：「不知『住持』可否容許外人抄錄一份？不知是否有違反寺規呢？」

「住持」回答說：「文獻原屬於大眾，自然應該公開，問題是物件淩亂，一時難以尋獲，必須慢慢尋找，下次先生再光臨敝寺，想必可以敬贈一份。」

後來，因爲「諾視托維奇」有事，必須返回「俄國」而離去。結果在返回「俄國」的途中，不幸在「品達克（Pintak）」地區，不小心墜馬折斷了一隻腿。「諾視托維奇」只好負傷重返「法戒寺」，得到「住持」特別的照料醫治，並且准他住在該寺療養。

「住持」大喇嘛有感於「諾視托維奇」的誠懇，並且憐憫他因為遠道而來求經才受傷，因此特准「諾視托維奇」閱覽經卷，派人將兩卷厚厚的經書，送到他的病床前，鬆散的書頁，因為年久已經變黃了。在往後的兩天裡，「住持」給他誦讀了這部先知「伊薩」的文獻。

「諾視托維奇」的筆記寫道：「『住持』大喇嘛，最後允許我的請求，命令『喇嘛』捧來兩大卷經書，都已經變黃殘舊，全部都是『藏文』，一個字燈都不認識，唯有依賴『翻譯人員』翻譯口授，我再執筆記錄。」

「諾視托維奇」的筆記又提到：「經文是『頌體』，有韻無題，次序淩亂，後來經過整理，我題名為《伊薩（耶穌）經卷》。」

「諾視托維奇」的記錄，總共得到二百四十四頌，分為十四章，最長的一章為二十七頌，「頌文」的情節，與《舊約聖經》和《新約聖經》沒有很大的差別。

現將《伊薩（耶穌）經卷》這部經卷的翻譯本，列出主要的內容，歸納如下：

● **《伊薩（耶穌）經卷》**：

5:1 「伊薩（耶穌）」在十四歲的時候，越過「辛特」，來到「雅利安人」的聖地。

5:2 他渡越「玉河」之地，他儀容俊偉，態度不凡，廣額隆準，一望而知他乃上帝恩庇之子。

5:3 他們邀他留居神廟，但是他未接受。

5:4 不久他來到「克里希那（Krisna）」「黑天神」的誕生之地，他歸依「婆羅門教」，成爲「門徒」，研究《吠陀》經典。

（「Krisna」字面的意思爲「黑色」，最早出現於「古印度」史詩《摩訶婆羅多》中，是「婆羅門教」最重要的神祇之一，被很多「印度教」派別認爲是至高無上的神。按照「印度教」的傳統觀念，他是主神「毗濕奴」的化身。）

5:5 然後六年間，他來往於「王舍城」，「卡西（Kasi）」等各處的佛教聖地，然後他前往參拜「佛陀」誕生聖地「迦毘羅瓦斯土（Kapilavastu）」，在那裡他追隨「佛教」僧人六年之久，學習「巴利文」及研讀佛經。

《伊薩（耶穌）經卷》第五章後面的章節，有二個重點：

⑴然後，他遍遊「尼泊爾」與「喜瑪拉雅山」，然後西返，他經過「波斯」，「拜火教」之地。

⑵他的聲名已經遍傳各地。他返回本國「以色列」之時，年齡才二十九歲，他力即開始向「以色列人」弘揚和平博愛之道。

● **《伊薩（耶穌）經卷》**：

6:1 「婆羅門教」白人，「祭司」與「勇士」，知道「伊薩」向「賤民」傳道施醫之後，就決定派人將這位青年「先知」殺死。

6:2 「賤民」通報示警給「伊薩」，於是「伊薩」連夜逃出「則格諾特」，到了「喜瑪拉雅山」上，來到「釋迦牟尼佛」誕生之地住下，生活在「佛教徒」當中。

6:3 「伊薩」學得「巴利文」之後，就潛心學習佛經。

6:4 六年之後，被「佛陀」選派來弘揚「聖言」的「伊薩」，已經成爲一位聖典佛經的完美「弘法者」。

6:5 然後，他就離開「喜瑪拉雅山」，下山到「拉傑普塔那（the valley of Rajputana）」山谷，向西而行，向各民族傳授至高無上的完美法門。

《伊薩（耶穌）經卷》第六章從第六節到第十六節，是「伊薩」教人不要執著形相，不要拜偶像的情節。

從第八章起，「伊薩」開始講及唯一的「上帝」是無形像的「造物主」，但也講述因緣果報的原理。

在第九章第一節提到，「造物主（Creator）」選擇「伊薩」來代表眞神，以提醒墮落的人類，當他返回「以色列」時，已年滿二十九歲。

前文說「伊薩（耶穌）」是「佛陀」挑選派來弘揚「聖言」的人，這裡則說是「造物主（Creator）」選擇，這樣看來，好像把「佛陀」當作是「造物主」，這是「印度」和「西藏」一帶的信仰觀念。

第九章，敍述「伊薩」在「以色列」傳道，以及抨擊腐敗的「猶太教」。

第十三章，敍述羅馬總督「彼拉多（PILATE）」派兵逮捕「伊薩（耶穌）」，並施以毒刑侮辱及公審。敍述士兵將「伊薩（耶穌）」與兩個「盜賊」，一同押往刑場，釘「十字架」，日落時分，

「伊薩」氣絕升天。

●《伊薩（耶穌）經卷》：

14:3日落時分，「伊薩（耶穌）」的苦難結束了，他失去了知覺，這個正義之人的靈魂離開了他的身體，融入了神性。

14:5「彼拉多」害怕他的行爲，將「聖人」的屍體交給了他的父母，父母將其埋葬在刑場的附近。群衆來到他的墳墓前祈禱，空氣中充滿了呻吟和悲嘆。

14:6三天之後，政府派「士兵」把「伊薩（耶穌）」的屍體運到別處埋葬，因爲擔心會引起民變。

14:7第二天，群衆發現墳墓空空蕩盪，謠言立刻就傳播出去：最高的主已經派「天使們」，將聖人的遺體運走了。

第十四章第七節以下各節，敘述總督「彼拉多」下令屠殺「墳墓」旁，哭泣的「基督徒」。第十四章末段，敘述「伊薩（耶穌）」與兩大盜賊同時被釘「十字架」上。日落時分，「伊薩（耶穌）」失去知覺，死亡升天。此段與《四福音書》不符合，《四福音書》說「耶穌」氣斷時是「申初」。

●《新約聖經》路加福音：

23:44那時約有「午正」、遍地都黑暗了、直到「申初」（下午三點）。

23:45日頭變黑了・殿裡的幔子從當中裂爲兩半。

23:46「耶穌」大聲喊著說、父阿、我將我的靈魂交在你手裡．說了這話、氣就斷了。
行刑三日後，羅馬總督「彼拉多」，因爲恐怕引起「以色列人」造反，就派士兵於夜間，將「耶穌」遺體移走，埋葬於一處祕密地點。次晨，「以色列人」民來拜，發現墓門大開，石洞已空，傳說立即展開，稱：「耶穌已被天使迎接升天」。

請「讀者們」注意！上述的內容，有兩個地方與《四福音書》的敘述不同，一是並無「施洗約翰」出現；二是《四福音書》說「耶穌」三日後復活顯聖，而《伊薩（耶穌）經卷》則無此事，是否又有經文遭到「基督教會」竄改呢？

「諾視托維奇」最後在書中寫道：「當我到達『穆爾貝赫村』時，看見了一尊雕刻在懸崖峭壁上，高達十二公尺的『彌勒佛雕像』。他是『釋迦牟尼佛』所預言的未來佛『救世主』。從發音上來看，『巴利語』的『彌勒』名字『Metteyya』與『阿拉密阿語』的『彌賽亞（Messiah）』很接近，而『猶太人』至今仍期望救世主『彌賽亞』的到來。」

四、《耶穌基督佚史》的正負評價

「諾視托維奇」著作的《耶穌基督佚史》於一八九四年在「巴黎」出版之後，連續加印八版。另外，在「英國」有英譯版一種，在「美國」有美譯本三種，繼之有「德文版、義大利文版、西班牙文版、瑞典文版、俄文版」等，轟動一時，不過也立刻引起「基督徒」反對聲浪的口誅筆伐。

對於《耶穌基督佚史》的內容，世界上有正反兩極的評價，迄今尚未完全停息爭論的戰火。正負兩極的評價如下：

（一）負面評價：

⑴公元一八九四年五月十九日的《紐約時報（New York Times）》書評，抨擊此書爲：「荒謬！有誰會相信『耶穌』與『印度』和『西藏』的『佛教』扯上關係？那他的頭腦一定有問題！此書荒謬至極，不值得探討它的眞僞。」

⑵公元一八九四年六月四日的《紐約時報（New York Times）》，再度批評此書：「作者引用的文獻，卽便是事實，也毫無價值。因爲，所有的『基督徒』都知道，『釋迦牟尼』的教義，創造了一個貧瘠的文明。如果『異教徒』認爲『佛教』的記載，比『基督教』更值得相信，那他們就太輕信了。」

⑶公元一八九四年五月，著名的神學作家「黑爾（Edward E. Hale）」撰文批評此書：「有沒有『法戒寺』這間寺廟，還是個疑問，此書的內容純屬虛構。」

⑷公元一八九四年十月，「牛津大學」比較哲學系教授「穆勒（Max Muller）」撰文批評此書是僞造，作者根本沒有去過該地區。

⑸「紐約時報（New York Times）」於一八九六年四月十九日，第三度抨擊此書：「作者根本沒有去過『拉達克地處』。」

（二）正面評價：

⑴有一位國際知名的俄人學者兼藝術家，名爲「尼古拉斯．羅里奇（Nicholas Roerich）」和

妻子與兒子「喬治」，及六位友人，一共九人，組成探險隊，於公元一九二四年至一九二八年間，遍游西藏、新疆、喜瑪拉雅山、喀什米爾、拉達克等地，並專程去列城「法戒寺」查詢《伊薩經卷》一事。

兒子「喬治」畢業於美國「哈佛大學」，是一位考古學家兼西藏語文專家，精通藏文，中文，梵文。同行者還有一位西藏文學研究專家，和一位西藏喇嘛「洛桑明就多傑」。

「羅里奇」一行人收穫很豐盛，發現了「歐洲」早期民族往來居住「印藏地區」的遺跡，也發現了「彌勒佛」是印藏地區的普遍信仰，「伊薩（耶穌）活佛」也是相當普遍的傳說。

「羅里奇」將旅遊的見聞，寫成很多本書：包括《喜瑪拉雅山》、《亞洲的心臟地帶（HEART OF ASIA）》和《阿勒泰—喜瑪拉雅（ALTAI—HIMALAYA）》等名著，轟動國際。

《阿勒泰一喜瑪拉雅》一書，是「羅里奇」的旅行日記見聞實錄，其中詳述「伊薩（耶穌）活佛」在「印藏地區」及「喜瑪拉雅山」地帶的流行傳說。

在《亞洲的心臟地帶》裡說：「在位於『西巴基斯坦』，接近『拉達克』邊境的『斯利那加（SRINAGAR）』城，我們就聽到『耶穌基督』曾經來過該地的傳說。我們還發現這種傳說，是多麼廣泛的流傳於『印度』和『拉達克邦國』，甚至在『中亞細亞』，都傳說『耶穌』有來過這些地方。」

「羅里奇」說：「『伊薩（耶穌）活佛』的傳說，流行於『喀什米爾、拉達克、蒙古』和『新疆』，『佛教』有很多『喇嘛』，都知道這個傳說，『耶穌』的確來過『印度』和『西藏』地區。」

「羅里奇」在「法戒寺」黑暗的角落，找到了《伊薩（耶穌）經卷》，他的兒子「喬治」精通「藏文」，又有藏僧「洛桑明就多傑」同行，因此可以直接從經卷翻譯。《伊薩（耶穌）經卷》的翻譯文，收錄於「羅里奇」的著作《阿勒泰－喜瑪拉雅》一書內，內容與「諾托維奇」著作的《耶穌基督佚史》相當接近，沒有很大的差異。

「羅里奇」的發現，再一次證實「諾托維奇」著作的《耶穌基督佚史》，是眞實可靠的，學術界有鑒於「羅里奇」一行人的認眞嚴肅研究態度，因此無人抨擊。

但是，大多數的「基督教」神學專家，至今仍然存疑，不肯接受「耶穌」曾經遠赴「西藏」和「印度」研究「佛法」的事實，因爲若屬實，有損「耶穌基督」的地位，不過，由於物證俱在，反對者也無話可說，《伊薩（耶穌）經卷》一案，從此沉寂。

⑵原籍「印度」的英人「史轡米．阿喜達南達（Swami Abhedananda）」，此人精通英文及梵文，原爲「基督徒」，於公元一八八四年改信「印度教」。從一八八六年起，他遍遊「恆河流域」和「喜瑪拉雅山」，以後往「英國」及「歐洲」弘揚「印度教」，專長講授《吠陀經》。

「阿喜達南達」於公元一九二一年七月，從美國「三藩市」乘船往「印度」，公元一九二二年，「阿喜達南達」率領一批學者，專程前往西藏「法戒寺」，探查「伊薩（耶穌）傳說」一事。

後來，「阿喜達南達」把他的日記寫成書，書名是《喀什米爾、西藏（Kashmir Tibet）》，該書的「英文本」被收在「美國國會圖書館」。書中敘述同行衆人到達「法戒寺」，詢問該寺「住持」及「衆喇嘛」，有關「諾視托維奇」撰寫《耶穌基督佚史》一書的內容是否屬實，「住持」及「衆喇嘛」異口同聲的說：「此書的內容全部屬實！」《伊薩（耶穌）經卷》至此已獲證實存在，學術界的爭論，才得以平息。

(3)公元一九三九年夏天，有一對「瑞士」籍的音樂家夫婦，「查爾斯．卡斯帕里（Prof & Mme Charles Caspari）」教授和夫人，前往「印度」和「西藏」地區的「凱拉斯山（Mt．KAILAS）」旅行。

他們順道從「巴基斯坦」北部的城市「殊零尼格」前往「列城」，這是唯一的道路，他們只是想要參觀列城「法戒寺」一年一度的盛大三天「跳神表演」，「卡斯帕里」夫婦並不知有「伊薩活佛」一事。

「卡斯帕里」夫婦由一位國際知名的「克拉倫斯．加斯克夫人（Mme Clarence Gasque）」帶領著，與一批遊客同行，來到列城「法戒寺」，受到該寺的歡迎及招待。

看過「跳神表演」後的數日，「卡斯帕里」夫人與「加斯克」夫人，某日在「法戒寺」的天台閒坐聊天時，突然有三位「喇嘛」來見他們，每人各捧一卷古舊的經卷，對「加斯克」夫人說：「這些經卷內有記載，你們的『耶穌』曾經來過此地。」這三位「喇嘛」當中，有一位是掌管「法戒寺」藏經樓的「大喇嘛」。

「卡斯帕里」夫人大吃一驚，因爲她完全不知道「耶穌」與「法戒寺」有關。由於經卷是用「藏文」寫成的，兩位女士都不懂「藏文」，也沒有要求找人翻譯。但是，「卡斯帕里」夫人拍下照片留念，後來帶回「瑞士」。在她八十五歲那年，將這張照片交給「美國」一位「基督教」女作家，給予公開發表，引起國際學者的注意。

(4)公元一九五一年，「美國」最高法院大法官之一的「威廉·道格拉斯（William Douglas）」曾經前往「印度」旅行，訪問「法戒寺」，返美後發表《喜瑪拉雅山後（BEYOND THE HIGH HIMALAYAS）》一書。

書中有一段寫道：「『拉達克省（邦國）』的『希米士佛寺（法戒寺）』，仍是該地區最引人入勝的觀光勝地，該寺年代久遠，甚多傳奇。其中之一，爲傳說『耶穌』十四歲時，曾經來到該地，二十八歲才離開西返祖國，從此斷絕音訊，傳說『耶穌』來『法戒寺』之時，名字爲『伊薩（耶穌）』。」

(5)公元一九七五年，「美國」加州大學「北嶺分校（UC-North Ridge）」，人類學教授「羅伯茨·拉維斯（Roberts·Ravice）」博士，前去拜往訪「列城」，曾經三度訪問在「印度」的「達賴喇嘛」。

「拉維斯」博士到了「法戒寺」，曾經目睹《伊薩（耶穌）經卷》，並且經由翻譯人員翻譯《伊薩（耶穌）經卷》，得以了解經文的內容，與「諾視托維奇」撰寫《耶穌基督佚史》一書的內容相同。

其實，「耶穌」到「西藏」學習佛法一事，並不會降低他的宗教地位，「基督徒」們不必急著否認。

「佛教」的創始人「釋迦牟尼佛」，在七歲時，便開始跟隨當時最有名的「婆羅門」學者「跋陀羅尼」學習，用了四年時間學會了《四吠陀》和《五明》的學問，可說是「釋迦牟尼佛」的啟蒙老師。

後來，「釋迦牟尼佛」爲了探尋「人生的哲理」和「宇宙的眞相」，便踏上了尋求解脫之路。在山中，跟隨當時著名的「婆羅門」修行者「阿羅迦羅」和「郁陀羅摩子」學習「禪定」，可是發現這不是「究竟解脫之法」，便離開兩位師父，最後在「菩提樹」下，成就「正等正覺」，這些師父只是「釋迦牟尼佛」在塵世間的老師。

《伊薩（耶穌）經卷》提到，「耶穌」學習《吠陀經》，其實《吠陀經》是古代「婆羅門教」的經典，不是「佛教」的經典，「釋迦牟尼佛」也曾經學習過。值得注意的是，《伊薩（耶穌）經卷》裡，並沒有說「耶穌」是「佛教徒」。

「釋迦牟尼佛」學習《吠陀經》，後來另創立「佛教」；「耶穌」也學習《吠陀經》，後來另創立「基督教」，可見《吠陀經》是各教修行的共同經典。

學習《吠陀經》，一定會接觸到《奧義書》和「瑜伽禪定」，尤其是「瑜伽禪定」。「佛教」所謂的「六神通」，就是修習「瑜伽禪定」，才能獲得。在《四福音書》裡，提到「耶穌」施展各種「神蹟」，想必「耶穌」的「瑜伽禪定」功夫，已經有相當的火侯。

我總覺得，「耶穌」學習《吠陀經》之後，另創立的「基督教」，與原本的「猶太教」不同。我所謂的「不同」，是指上帝「耶和華」。

各位「讀者」！你們有沒有發現到一件奇怪的事情。在《舊約聖經》裡，經常看到上帝「耶和華」的蹤跡，常出來顯神蹟、訓話、發怒、降災殺人。但是，在《新約聖經》裡，上帝「耶和華」卻不見蹤影。甚至，「耶穌」被釘在十字架上斷氣之前，也大喊：「我的 神、我的 神、爲甚麼離棄我。」」。

●《新約聖經》馬太福音：

27:46 約在申初、「耶穌」大聲喊著說、「以利、以利、拉馬撒巴各大尼」．就是說、「我的神、我的 神、爲甚麼離棄我」。

所以，我強烈懷疑，原本「猶太教」的上帝「耶和華」，和「耶穌」心中認定的神，是不同的神，不同的「上帝」。

第四單元 《新約聖經》的內容

「基督教」認爲《新約聖經》（New Testament）是《聖經》全書裡，繼《舊約聖經》之後的其餘部分。

《新約聖經》共二十七卷，內容大致可分爲五個大類，即「福音書」、「使徒行傳」、「保羅書信」、「大公書信」和「啟示錄」。雖然這幾個部分的表現形式有所不同，但是他們都有共同的主題，即強調「耶穌基督」的身分、生平和地位。

「耶穌基督」去世、復活及升天之後，「基督徒」在各地宣講「耶穌基督」的教導和事跡。《使徒行傳》記載他們在各處傳道的經歷，幾年之內，「地中海東岸」就建立一些「基督教會」。部分傑出的基督徒（如使徒「保羅」），透過書信來問候、告誡這些教會的信徒，而這些書信構成「大公書信」。

「耶穌基督」的事蹟最初並沒有文字記錄，六十年後，人們才用文字記錄下來。這些記錄「耶穌基督」言論及生平事跡的文字，就是我們所說的《福音書》。

這些《福音書》原本分散於不同的教會，並非一本統一的著作。最早編輯《新約聖經》的人是「馬吉安」，他在西元二世紀編輯出來的版本，被後人視爲《新約聖經》最早的雛形。

馬吉安（Marcion）（大約公元一一〇年到一六〇年），是早期「基督教」的神學家，是第一位《新約聖經》的編輯，自立「馬吉安派」，也是第一個被「羅馬教廷」判爲「異端」的派別。他創建了一個與「正統羅馬教會」平行的教會組織，並且自封「主教」，「馬吉安」被稱爲「基督教有史以來最危險的敵人」。

「正統羅馬教會」不認同「馬吉安」的學說，將他視爲「異端」，但是仍然被「馬吉安」的《聖經》編輯工作所刺激，於是「正統羅馬教會」也著手編輯，歷經多人的努力，《新約聖經》逐漸成形。

《新約聖經》共有二十七卷，包括：

(1)福音書：

①馬太福音②馬可福音③路加福音④約翰福音

(2)歷史書：

①使徒行傳

(3)保羅書信：

①羅馬書②哥林多前書③哥林多後書④加拉太書⑤以弗所書⑥腓立比書⑦歌羅西書⑧帖撒羅尼迦前書⑨帖撒羅尼迦後書⑩提摩太前書⑪提摩太後書⑫提多書⑬腓利門書

(4)普通書信：

①希伯來書②雅各書③彼得前書④彼得後書⑤約翰一書⑥約翰二書⑦約翰三書⑧猶大書

(5)預言書：

①啟示錄

下面略述每本書的內容如下：

一、福音書

(1)馬太福音：

《馬太福音》是《新約聖經》的第一部分，《四福音書》的第一卷書，全書共有二十八章，一一六八節。「基督教會」傳統一般認爲，《馬太福音》的作者是「耶穌」十二使徒之一的「馬太」。

《馬太福音》主要記載了「耶穌」的生平，其中包括「耶穌」的家譜、「耶穌」神奇的出生、童年、受浸、受魔鬼「撒但」試探、講道、被釘十字架、復活等。復活的「耶穌」最後向「使徒」頒布「大使命」。

因爲《馬太福音》與《馬可福音》及《路加福音》內容相近，而與《約翰福音》有顯著區別，所以這前三本《福音書》被歸納作「對觀福音」，即可以互相對照閱讀的《福音書》。

儘管《四福音書》都記載了「耶穌」在世的事跡，《馬太福音》卻用了一個以「耶穌」爲《舊約聖經》中，上帝「耶和華」所應許的「彌賽亞」的角度去看「耶穌」的生平與教導。因此，本書常將《舊約聖經》的預言與「耶穌」的生平連貫起來，從而扮演了《舊約聖經》與《新約聖經》之間的橋梁。

再者，因爲「耶穌」是「彌賽亞」，本書十分強調祂有權柄去解釋上帝「耶和華」的律法，及教導有關「天國」的眞理。

⑵馬可福音：

《馬可福音》是《新約聖經》中，記錄「耶穌」傳道活動的《四福音書》之一，是一本向「外邦人」傳道的《福音書》。《馬可福音》記錄了「耶穌」受施洗者「約翰」的洗禮以後，「耶穌」的傳道故事，一直到「耶穌」被處死，以及「耶穌」空墓被人發現爲結尾。

在《馬可福音》中，並沒有「耶穌」的族譜記載，也沒有「耶穌」出生的場景記載。此外，在《馬可福音》的結尾中，也沒有復活後「耶穌」顯像的記載。《馬可福音》將「耶穌」描繪成一個行動派的英雄人物，一個「驅魔者」、「醫治者」以及一個「神蹟實行者」。

⑶路加福音：

《路加福音》是《新約聖經》中，《四福音書》之一。《路加福音》記述了「耶穌」一生的生活，詳細記載了他的誕生、工作、受難與復活等相關事蹟，並以「耶穌」升天結束。《路加福音》是四部《福音書》中，對「耶穌」出生前及童年生活描述最詳細的一部。

⑷約翰福音：

《約翰福音》是《新約聖經》的第四部《福音書》，是《四福音書》中最晚寫成的。《約翰福音》記載的「耶穌」的言行，有許多未記錄在其他三卷「福音書」，特別強調「耶穌」的「神性」和「基督徒」屬靈生命的建造。「基督教」傳統上，相信《約翰福音》的作者是使徒「約翰」。

二、歷史書

⑴使徒行傳：

《使徒行傳》，是介紹「耶穌基督」復活、向「門徒」顯現、升天後，他的「使徒」們傳道、殉道的事跡。其中，包括「保羅」的同伴「路加」寫的，關於「保羅」的事跡。

《使徒行傳》接續《路加福音》的記載，敍述「耶穌」復活升天後，「福音工作」的進展。「路加」在《使徒行傳》中，除了記述「保羅」的傳道工作之外，也描述「見證工作」的擴展。

首先在「猶太人」當中，其後伸展到「外邦的人」。開頭時十二章的記載，大部分和「彼得」的活動有關，剩下的十六章，則敍述「保羅」的傳道活動。「路加」與「保羅」是好朋友，在多次旅程上，「路加」與「保羅」結伴同行。

三、保羅書信

⑴羅馬書：

《羅馬書》是由使徒「保羅」寫給當時在「羅馬城」的「基督教會」的一卷書信，內容集合他對「基督教」信仰，尤其在「罪」及「救恩」等問題的獨特見解及價值觀，對後世的「基督教」神學研究有一定的影響。

「保羅」，一個以前迫害「基督徒」的人，後來成爲「耶穌基督」的使徒，奉派前往「非猶太諸國」傳道。自《羅馬書》起，連續十四本書，都是由「保羅」在「聖靈」感示之下寫成的。「猶太人」因為是「亞伯拉罕」的後裔，便可以享有優先權嗎？在信中，「保羅」肯確的表明，「猶太人」和「非猶太人」，在上帝「耶和華」面前都是平等的，人不能靠謹守「摩西律法」，而是要對「耶穌基督」懷具信心，並且藉賴上帝「耶和華」所賜的仁慈，才能「稱義」。

(2)哥林多前書：

《哥林多前書》是使徒「保羅」為「哥林多人」所寫的第二封書信，收錄在《新約聖經》的《保羅書信》集當中，第一封先前的信已經散佚。

「哥林多」是一個醜聲遠播、奢華淫逸的城市，是東西方罪惡的淵藪。「哥林多」位於「伯羅奔尼撒半島」和「希臘大陸」之間的狹窄地峽，俯瞰通往大陸的要道。在使徒「保羅」的時代，該城的人口約有四十萬，在商業上居於極重要的位置，它也是「希臘」的學術中心。

公元五十年左右，使徒「保羅」抵達這個「羅馬帝國」的大都會，其中物質雖十分繁榮，道德卻極其墮落。「保羅」在「哥林多」逗留了十八個月，在當地建立了一群「基督徒」會眾。

「保羅」是第一個把「基督的福音」帶到「哥林多」的人，他寫信給「哥林多人」，提醒他們跟自己的「屬靈」關係。「保羅」離開「哥林多」不久，便聽到「教會」出問題的消息，這些問題不少至今仍在「教會」中出現。「保羅」對這個「年輕教會」，寫了他所有書信中最長的一篇。

(3)哥林多後書：

《哥林多後書》是「保羅書信」之一，由使徒「保羅」所著，是《哥林多前書》的後續。時間可能是在公元五十五年，「哥林多」的「基督徒會眾」裡，仍然有些問題引起使徒「保羅」的關注。

「保羅」派遣「提多」到「哥林多」去，協助當地弟兄收集捐款以資助「猶太」的聖徒。「提多」回到「保羅」那裡，報告「保羅」有關「哥林多人」對「保羅」第一封書信的反應，「保羅」的話促使他們悔改，知道這件事之後，讓「保羅」感到很欣慰。

因此，「保羅」再次寫信給「哥林多人」。促使「保羅」寫這封信的問題之一，就是在「哥林多人」當中，有些「特殊使徒」存在，「保羅」把這些人描述爲「假使徒，行事詭詐」。

⑷加拉太書：

《加拉太書》是使徒「保羅」寫給「加拉太」早期「基督徒」社群的一封信。「保羅」在這封信裡，主要關注的議題是，這些公元一世紀的「外邦基督徒」，「非猶太人」的信徒，是否要遵守「摩西律法」。「保羅」認爲，這些初代的「加拉太」信徒不需要遵守「摩西律法」的規條，尤其是「割禮」。

公元四十九年，「保羅」和「西拉」開始「保羅」的第二次海外傳道旅程。他們途經過「加拉太」的區域，結果各會衆信心越發堅固，人數天天加增。可是，接踵而至的是「猶太派的基督徒」，他們說服「加拉太」各會衆的一些信徒，相信受「割禮」和謹守「摩西律法」，是眞正「基督教」所定的必需條件。

他們堅稱「保羅」的「福音」，雖然得自「耶路撒冷使徒」，卻是殘缺的，漏掉了行「摩西律法」，受「割禮」的要求。「保羅」在本書，極力證明自己所傳的「福音」，是出自「基督」的啟示，他的職份也爲「耶路撒冷使徒」所認許。再者，「福音」是出於「應許」，不是本乎「律法」，人得救是「因爲信」，不是「因行律法」。

⑸以弗所書：

《以弗所書》是由使徒「保羅」，在大約公元六十年至六十一年，在「羅馬帝國」首都的「羅馬監獄」中，寫給「以弗所基督徒」的一封書信，這封書信由「推基古」帶給「以弗所人」。

在教會初期，「基督徒」傳講福音，帶來社會文化的挑戰，因而不時在社會上引起騷亂，往往因此被抓起來拘禁。當時「保羅」正首次被囚於「羅馬監獄」，他向「凱撒」上訴，在士兵看守之下等候審訊。

「保羅」在信的起首，就表明自己是執筆者，此信是寫給「以弗所人」，並且四次直接或間接提及自己「爲主被囚」。公元第一世紀，「以弗所」憑著巫術、魔術、占星術和對生育女神「亞底米」的崇拜而聞名遐邇。

「保羅」在第二次海外傳道旅程期間，曾於「以弗所」稍作停留，向當地的人傳道。「保羅」在他的第三次傳道旅程期間，重回「以弗所」，在那兒停留了三年左右傳道。由於「保羅」熱心傳道，揭發了在崇拜中使用「偶像」的謬誤，結果激怒了製造和販賣「偶像」的人。「保羅」終於在一片鼓譟騷嚷中，離開「以弗所」。

⑹腓立比書：

《腓立比書》是使徒「保羅」寫給「腓立比」的「基督徒」的一封書信，「保羅」寫這封信時，是個被軟禁的囚犯，受到羅馬皇帝「尼祿」的禁衛軍所監管，但是他仍忙於從事協助「基督徒」及當

地「教會」的活動。

「保羅」在「異象」中，接獲呼召要把好消息傳至「馬其頓」之後，他和同伴「路加」、「西拉」及「提摩太」從「小亞細亞」的「特羅亞」乘船往「尼亞波利」，然後馬上起程沿著一條山道，前往深入內陸約十五公里的「腓立比」。

「保羅」在公元五十年，首次踏足「腓立比」，他的傳道很快便結出果子。經商的婦人「呂底亞」是第一批「猶太教徒」改信者之一，但不久「保羅」他們便遭受到猛烈的反對，「保羅」和「西拉」受到棍打後，被囚在監獄裡。

他們在監房裡的時候，發生了一場地震，看守的獄卒及他的家人，聽過「保羅」和「西拉」的話之後成為信徒。翌日，「保羅」和「西拉」從監裡獲釋，前往「呂底亞」家中探望會眾，向弟兄們提出一番勸慰，然後離開「腓立比」。

數年後，在第三次海外傳道旅行途中，「保羅」有機會再次探訪「腓立比」的「會眾」。在「會眾」成立了「教會」大約十年後，「腓立比」的弟兄們所表現的愛心，使「保羅」大受感動，他就在上帝「耶和華」的感示下，寫成了《腓立比書》這封書信。

(7)歌羅西書：

《歌羅西書》是使徒「保羅」寫給公元一世紀「羅馬帝國」亞細亞行省「歌羅西基督徒」的一封書信，成書時間大約在公元六十年到六十一年。

《歌羅西書》是「保羅」在「羅馬監獄」中寫的，由於「以巴弗」帶來了「歌羅西教會」的近況，「保羅」得知「教會」正受到某種「異端」的威脅，所以一方面寫信稱讚「教會」的表現，另一方面更警戒他們謹防錯誤的教訓。

「歌羅西」位於亞細亞行省「呂加斯谷」，在「以弗所」東方約一百六十公里處。使徒「保羅」派出「阿尼西母」和「推基古」兩位使者，把「保羅」致「歌羅西與「基督」聯合的「聖民」和「忠信弟兄」的一封信，帶給「歌羅西」的會衆。

「保羅」從未到過「歌羅西」，但是與他們的關係非常密切。「以巴弗」曾在「歌羅西人」中間辛勤工作，這群主要由「非猶太人」構成的「會衆」，很可能是由他建立的。「以巴弗」是「歌羅西教會」的聖徒，也是常和「保羅」一同工作的傳道者。「保羅」第一次被囚在「羅馬監獄」時，「以巴弗」曾和「保羅」一同坐監。

(8)帖撒羅尼迦前書：

《帖撒羅尼迦前書》是使徒「保羅」寫給「帖撒羅尼迦」教會的一封書信，成書時間大約在公元五十二年，可能是《新約聖經》中最古老的書卷，也可能是「保羅書信」中最早進入正典的作品，也是除了《馬太福音》之外，最早以「希臘文」寫成的《聖經》書目之一。

「帖撒羅尼迦教會」是使徒「保羅」第二次出外傳道時建立的。由於「猶太人」妒忌「保羅」在傳揚「基督教」方面的成功，便糾集暴民行兇。他們闖進「耶孫」的家，把他和其他弟兄拉到「地方官」那裡，說這些人都違背「凱撒」的命令，說另有一個王「耶穌」。

「耶孫」和其他弟兄要被迫交出「保狀」，然後才獲得釋放。爲了當地弟兄、「保羅」和「西拉」的安全起見，弟兄們乘夜打發「保羅」和「西拉」到「庇哩亞」去。沒想到，反對「保羅」的「猶太人」追蹤而至，以致「保羅」不得不停止在「庇哩亞」的傳教工作，轉往「希臘」的「雅典」去。

「保羅」曾經兩次打算返回「帖撒羅尼迦」，但是每一次都被「猶太人」阻擋。由於「保羅」對這群「新會眾」深感關注，他差遣「提摩太」返回「帖撒羅尼迦」，去勸慰當地的弟兄，使他們的信心更堅定。「提摩太」帶回令人鼓舞的消息，說弟兄們在猛烈的逼迫下仍不屈不撓，謹守忠誠，這令「保羅」大喜過望。「保羅」意識到，他們繼需要進一步的指引和勸告。因此，「保羅」寫了第一封信給「帖撒羅尼迦人」。

(9)帖撒羅尼迦後書：

《帖撒羅尼迦後書》是使徒「保羅」在大約公元五十一年，寫給「帖撒羅尼迦」的「基督徒」的第二封信。這封信寫於第一封信之後不久，而且同樣是在「哥林多城」寫的，因爲「西拉」和「提摩太」再次連同「保羅」問候「帖撒羅尼迦」的「會眾」，書信的話題和討論的性質，表明「保羅」覺得急需糾正「會眾」所犯的一個錯誤。

在「會眾」裡有些人辯稱「主的日子到了」，這些理論在「會眾」裡，造成了不少擾亂。因此，「保羅」十分焦急，他渴望盡快糾正這些弟兄們的錯誤思想。因此，「保羅」在跟兩個同伴一起在「哥林多」時，他在當地寫信給「帖撒羅尼迦」的「會眾」。

(10)提摩太前書：

《提摩太前書》是使徒「保羅」寫給「提摩太」的第一封信，由於《提摩太前書》、《提摩太後書》和《提多》」這三卷書信的對象是「教會牧師」，因此也稱爲「教牧書信」。

在《提摩太前書》的開頭，指出這封書信的收信人是「提摩太」。「提摩太」生長於「路司得」，父親爲「希臘人」，母親爲「猶太人」。他自幼受祖母及母親影響，熟習《舊約聖經》。由於「提摩太」十分長進，爲人可靠，「保羅」便帶他參與第二次布道旅程的工作。此後「提摩太」與「保羅」到處宣教，成爲親密的伙伴。

當「保羅」從「羅馬監獄」獲釋，重返「亞細亞」的「馬其頓」時，曾吩咐「提摩太」留在「以弗所」負責選拔「教會領袖」及「牧養信徒」的工作。在致「提摩太」的第一封信裡，「保羅」淸楚釐定「會衆」在組織方面的若干辦事程序。

此外，他也覺得有需要警告「提摩太」提防謬誤的主張，並且強化弟兄去抗拒那「似是而非的學問」。此外，「以弗所」這個商業城市充滿了「物質主義」的引誘及「貪愛錢財」的精神，因此「保羅」針對這方面提出勸告。

後來，「保羅」大約於公元五十年，從事第二次海外傳道旅行時，來到「路司得」，「路司得」和「以哥念」的弟兄都稱讚「提摩太」，「保羅」於是讓「提摩太」跟他和「西拉」一起從事「傳道旅行」。

在《使徒行傳》以及在「保羅」的十四封書信中，有十一封曾經指名提及「提摩太」。「保羅」一向對「提摩太」表現父親般的關懷，「提摩太」在「海外傳道」工作上有卓越的表現，並且已具備資格負起更大的責任。

⑾提摩太後書：

《提摩太後書》是「保羅書信」中最後寫成的一卷，他寫了《提摩太前書》後，第二次被捕，再度被囚於「羅馬監獄」，在此時他寫了《提摩太後書》，時間約在公元六十五年，受書者爲「提摩太」。

從信中可知，「保羅」知道自己殉道的日子已經很近了，因此寫信切切囑咐「提摩太」，要堅持作工的心志，不要灰心，教導「信徒」持守眞理，並請「提摩太」趕快到「羅馬」，因爲「保羅」想見他。

在《提摩太後書》中，提到這封書信是寫於「羅馬監獄」。「保羅」在「羅馬」再度繫身囹圄，但是這次的監禁，卻比第一次艱難得多，他並沒有期望獲得釋放，而是等待最後的判決和死亡。「保羅」的傳道工作，遍及當時已知的世界上多個主要城市，從「耶路撒冷」至「羅馬」，甚至可能遠及「西班牙」，他忠信的完成自己的人生旅程。

⑿提多書：

《提多書》是使徒「保羅」的「教牧書信」中，最短的一封書信，這封信是「保羅」在「羅馬」初次被囚，與第二次被囚期間，即約公元六十一至六十四年左右寫成的。

這封信是「保羅」寫給「提多」的，而且作者「保羅」跟他有十分親密的關係，是多年的夥伴。「提多」是個「希臘人」，他時常陪伴「保羅」來往各地，並且至少有一次偕同「保羅」上「耶路撒冷」。

「保羅」在探訪「克里特」期間，留下「提多」，要「提多」照他所吩咐的，將那沒有辦完的事都辦齊了，又在各城設立「長老」。「克里特」的責任非常艱巨，因為「克里特人」的「虛偽」，是家喻戶曉的，以致「保羅」引用他們自己的「先知」所說的話：「克里特人常說謊話，乃是惡獸，又饞又懶。」

「克里特」的各群「會衆」就在這種環境下建立起來，因此「保羅」勸勉「克里特信徒」特別需要除去不敬虔的心和世俗的情慾，在今世自守、公義、敬虔度日，正如一般。

「保羅」在「羅馬」初次被囚獲釋之後，他在從事「傳道活動」的最後幾年，再次與「提摩太」和「提多」共事。最後，「保羅」談及他正在前往「希臘」西北部的「尼哥波立」途中。他在那裡被捕，然後被帶返「羅馬」服刑，最後被處決。

⒀腓利門書：

《腓利門書》是使徒「保羅」唯一的「私人」信件，意即不是正式寫給一群「會衆」，而是寫給一位私人朋友「腓利門」，目的是要與他討論一個特別的難題。這位富有的「腓利門」，他住在「小亞細亞」中部「弗呂家」的「歌羅西城」。

「保羅」在「羅馬」首次被囚時，有很大的自由向人傳道。聽他傳道的人當中有一位名叫「阿尼西母」，是從「保羅」的朋友「腓利門」家中私自潛逃的奴隸。後來，「阿尼西母」成為「基督徒」，而「保羅」經「阿尼西母」同意，決定把他送回「腓利門」處。

「保羅」更致信給「腓利門」，親自代「阿尼西母」向「腓利門」提出請求，請求「腓利門」仁慈的接待「阿尼西母」，如同接待「保羅」一樣。「保羅」希望自己能夠早日獲得釋放，以便前往探望「腓利門」。最後，他以問候結束了這封信。

四、普通書信

⑴希伯來書：

《希伯來書》是《新約聖經》中，寫給「猶太人基督徒」的一封書信，這卷書中沒有提及作者姓名，內容大略陳述「耶穌基督」在《舊約聖經》和《新約聖經》時代的獨特地位，並且解釋部分《舊約聖經》的真正含義。作者在信的結語中寫道：

●《新約聖經》希伯來書：

13:23 你們該知道我們的兄弟「提摩太」已經釋放了．他若快來、我必同他去見你們。

看來「作者」與「收信者」都認識「提摩太」，而「提摩太」大約在公元六十五年左右被釋放，所以本書寫成，應該至少在西元六十五年之後。

「作者」引用《舊約聖經》，表明這些經文應用在「耶穌」的身上，彰顯了「耶穌基督」的「神性」。作爲支持「耶穌基督」的論證，《希伯來書》很傑出；它具有完美的結構，同時提出大量來自《希伯來文聖經》的證據。

它逐一討論「摩西律法」的不同特色，約、血、居間者、崇拜用的帳幕、祭司的職任、祭物，表明這些事只不過是上帝「耶和華」所立的模式，目的是要指向未來較重大的事物。這一切便是「耶穌基督」和他所獻的祭物，亦卽「律法」的應驗。

這封信的價值在於：當前的「基督徒」不在「摩西律法」之下，依然能夠從「作者」的「論據」找出有益的資料。

這封信闡明《新約聖經》的安排，是根據上帝「耶和華」給「亞伯拉罕」的應許，通過「亞伯拉罕」的「種子」「耶穌基督」，使萬民得福，這個「應許」的實現便是獲得生命的唯一希望。

(2)雅各書：

《雅各書》最爲人所知道的地方，是說明了「信心」跟「行爲」是同等重要，因爲「身體沒有靈魂是死的，信心沒有行爲也是死的。」

大多數「教會」傳統，都認爲《雅各書》的「作者」，應該是主的兄弟「雅各」。「雅各」是「瑪利亞」和「約瑟」的兒子，因此他是「耶穌」的親弟弟。

《雅各書》寫成時間大約在公元六十二年左右，應該是《新約聖經》中，「保羅書信」之外的書信中，最早寫成的書卷。

「耶穌」在傳道的時候，他的弟弟「雅各」並不相信他。復活了的「耶穌」曾向「雅各」顯現，這使「雅各」確信同父異母的哥哥「耶穌」就是「彌賽亞」。

後來，「雅各」成爲了最早見證「耶穌」復活的「見證人」之一，他留在「耶路撒冷」，並組織部分「信徒」在樓上的房間禱告。從那以後，「雅各」在「耶路撒冷教會」的地位開始提高。他備受

敬重，在「耶路撒冷」的「會衆」裡擔任「監督」的職位。

《雅各書》經常提到「律法」，也是《新約聖經》中，提到最多「命令句式」的一卷。本書多次講到「智慧」，與《箴言書》的風格相似。本書也講到「口舌的事」，特別注意「信心的眞實表現」。《雅各書》強調生活的表現，注重在於「信徒與人的關係」。

(3)彼得前書：

《彼得前書》是「耶穌十二使徒」中的「彼得（原名西門）」，寫給當時在「小亞細亞」幾個「教會」的信，時間大約是在公元六十年。

《彼得前書》旨在勉勵「信徒」在患難中持守信心，屹立不搖。「基督徒」是聖潔的、在世上寄居的，因此「信徒」的盼望不在世上，是在天上，應該看輕世上的苦難。

書中提及「受苦」不下十六次，其中七次記述「耶穌基督」的受苦，藉此提醒「基督徒」：「苦難」是在所難免的事情。「基督徒」應當效法「耶穌基督」的榜樣，忍受冤屈，專仰望神。

書中有另一個主題是「盼望」，知道當「耶穌基督」再來時，可與「耶穌基督」同享永遠榮耀。由於這個「盼望」不是源出「信徒」本身，本書又強調　神的「眞恩」，以此形容「基督徒」信仰的特質。全書充滿「作者」的囑咐，勉勵「基督徒」心存敬畏神的心，品行端正，一心爲善。

(4)彼得後書：

《彼得後書》的成書時間是大約在公元六十五到六十七年，即「教會」傳統認爲「彼得」殉道，遭羅馬皇帝「尼祿」處決的那一年。「教會」認爲這本書是「耶穌十二使徒」之首「彼得（原名西門）」所寫。現代聖經研究則認爲，「作者」不可能是「彼得」。

《彼得後書》的主要內容，爲「要使所蒙的屬天呼召堅定不移」、「向僞教師發出強烈警告」和「要切切仰望上帝的日子」。

(5)約翰一書：

《約翰一書》與《約翰福音》在文體上頗相似，因此可能是來自於同一個「作者」，即《約翰福音》的作者「約翰」。

「約翰」寫這封信的目的，是要保護他所「親愛的」「小子們」，幫助他們抗拒「好些敵基督者」所提倡的謬誤道理。這些「敵基督者」是從他們中間出去的，並且試圖引誘他們離棄眞理。

這些叛道的「敵基督者」很可能被「希臘」的哲學思想，包括早期的「諾斯替教」所影響。「諾斯替」一詞在「希臘」語中意爲「知識」，「諾斯替」是指透過「靈知」來獲得知識。「靈知」在「希臘」語原文，是指透過「個人經驗」所獲得的一種「知識」或「意識」。

「諾斯替主義者」相信透過這種超凡的經驗，可使他們脫離無知及現世。「諾斯替教」的「信徒」聲稱，自己從上帝「耶和華」那裡接獲若干「玄祕」的特別知識。

「約翰」堅決反對叛道，他在信中廣泛地討論三個主題：「罪、愛心和敵基督者」。他論及「罪」和支持「耶穌」的「贖罪祭」的話，顯示「敵基督者」自己聲稱是無罪的，因此無須倚賴「耶穌」的「贖價祭物」。這種以「自我」爲中心的「知識」，使他們變成自私自利，毫無愛心。所以「約翰」再三強調眞正「基督徒」的愛心，藉此揭發「敵基督者」的惡劣情況。

再者，「約翰」闡明「耶穌」就是「基督」，他在降世爲人之前，卽已經存在。他以肉身來到世上，以「上帝兒子」的身分，爲相信的人提供拯救的安排。顯然「約翰」是要藉此推翻「敵基督者」的謬誤信仰。「約翰」將這些「僞教師」稱爲「敵基督者」，並列出若干方法將「上帝的兒女」和「魔鬼的兒女」辨別出來。

⑹約翰二書：

《約翰二書》的篇幅較簡短，可以寫在「使徒時代」的一頁「莎草紙」上面。這封信開頭顯示，是寫給「蒙揀選的夫人和她的兒女」的。當時的確有「基里亞」（希臘文的「夫人」）這個名字存在，有些「聖經學者」就認爲「約翰」的這封信是寫給某個人的。但是，有些人卻認爲「約翰」的信，是寫給一群「基督徒會衆」的，只是他把「會衆」稱爲「蒙揀選的夫人」而已。

「約翰」寫第二封信時，並沒有打算那麼普及化，因爲這封信看來若非僅是寫給一個人，便是只寫給一群「會衆」的。

像《約翰一書》一樣，第二封《約翰二書》可能是「約翰」於公元九十八年左右在「以弗所」寫成的。

「約翰」寫這封信的原因是，由於當日「基督徒」的信心正受到一些「僞教師」所威脅。「約翰」想警告「基督徒」留意提防這些人，使他們能夠認出誰是「僞教師」而避之，並且繼續懷著彼此相愛的心在眞道上行走。

「約翰」首先表達他在「眞理」內對「蒙揀選的夫人和她的兒女」的摯愛，然後他提及自己非常高興，因爲他發現在他們當中，有些人按「眞理」而行。世上有許多「敵基督者」出現，他們否認「耶穌」曾以肉身來到世間。人若沒有「基督」的教訓，就沒有「上帝」；相反的，人若緊守這教訓，就有父又有子。

人若不是帶著這教訓，就不要接待他到家裡，也不可問候他。「約翰」還有許多事要寫給他們，但他渴望能夠親自到他們那裡，與他們當面暢談，使他們的喜樂得以滿足。

(7)約翰三書：

《約翰三書》信中的起頭與結尾部分的問候形式，都與《約翰二書》相同，而且「執筆者」也自稱爲「長老」，因此，這封信很有可能也是使徒「約翰」的手筆，也是於公元九十八年左右，在「以弗所」寫成的。

這封信是「約翰」寫給他所疼愛的忠信基督徒「該猶」的，「約翰」的信是直接寫給他本人的，所以這是一封「私人郵件」。

「約翰」在信中表示，非常賞識「該猶」對周遊弟兄所表現的慷慨，並提及野心勃勃的「丟特腓」所引起的若干難題。信中提及的「低米丟」，可能是奉「約翰」差派，將信交給「該猶」的人。

當時的「會衆」習慣於慷慨接待一些「爲主名」奔波勞碌的弟兄，即使「款待者」與「弟兄」素未謀面。「約翰」很高興聽見「該猶」仍然「按眞理而行」，他稱讚「該猶」做著一件忠信的事，對來訪的「弟兄」表現仁愛的關注。

「約翰」在較早時候，曾經寫信給「會衆」，但是狂妄自大的「丟特腓」，卻不願以尊重的態度，接受任何來自「約翰」，或其他負有責任的「弟兄」的東西。因此，「約翰」若前往該「會眾」，他必定會因「丟特腓」用惡言妄論「弟兄」而責備他。

「約翰」勸勉「該猶」不要效法惡，要效法善。他指出「低米丟」是個受稱讚的榜樣。「約翰」沒有寫及許多事，因為他希望不久便親自與「該猶」見面。

⑻猶大書：

《猶大書》的引言顯示，「耶穌基督」的僕人，「雅各」的弟兄「猶大」，寫信給「那被召的」。所以，《猶大書》的作者，是「耶穌」的弟弟「猶大」。

在《馬可福音》及《馬太福音》中，記載了「耶穌」有四個兄弟，他們的名字分別是「雅各、約西、猶大、西門」。此外，他還有幾個姐妹，但是沒有被清楚的寫出來。

「猶大」寫信給「被召的人」，但並沒有指明某群「會眾」或某個人，因此這封書信是給所有「基督徒」廣泛傳閱的。雖然信中沒有提到寫作的地點，但最可能是在「巴勒斯坦」寫成。寫信的時間，大約在公元六十五年左右。

自「耶穌基督」死去和復活以來，有些外來的「不法勢力」，已經滲進「基督徒會眾」裡，「猶大」的「基督徒」弟兄，正身陷險境。

在「猶大」的信中，教導弟兄們應當如何戒備提防這項危險，內容有兩個重點：「警戒行淫亂、巫靈和輕視主治的人」與「勸人要留在神的愛中」。

五、預言書

⑴啟示錄：

《啟示錄》是《新約聖經》收錄的最後一個作品，寫作時間大約在公元九十到九十五年。作者是「拔摩島」的「約翰」，「基督教會」傳統上相信他是「耶穌」的門徒「約翰」。

內容主要是對未來的預警，包括對「世界末日」的預言：接二連三的大災難，世界朝向毀滅發展的「末日光景」，並描述「最後審判」，重點放在「耶穌的再來」。

《啟示錄》的內容大綱爲「給亞西亞七教會的信」、「末日災難」、「揭開七印」、「七天使吹七號」、「與撒但的戰爭」、「最後七碗的災難」、「神的最終勝利」和「新天新地」。

第五單元 啟示錄

《啟示錄》是《新約聖經》收錄的最後一本書，總共二十二章，寫作時間大約在公元九〇到九五年。「作者」是「拔摩島」上的「約翰」，「基督教會」傳統上相信就是「耶穌」的十二使徒中的「約翰」。

「拔摩島」位於「愛琴海」，距離「以弗所」西南一百公里處。「愛琴海」是「地中海」的一部分，位於「巴爾幹半島」南部和「小亞細亞半島」之間。

《啟示錄》的內容，主要是對未來的預警，包括對「世界末日」的預言。未來將有接二連三的大災難，世界會朝向毀滅之路來發展，描述末日的光景，並且描述末日最後的審判，重點放在「耶穌」的再來。

《啟示錄》的內容簡介如下：

⑴第一章到第三章：「約翰」看到「耶穌基督」的異象，「耶穌基督」分別對「亞細亞」的七個教會寫了一段信息，這些信息對每個分會忠誠的「信徒」發出讚揚、勸誡和應許。

⑵第四章到第十一章：「約翰」在「異象」中看到神坐在神國度的寶座、神的羔羊、一部用「七個印」封起來的「書卷」。「約翰」在「異象」中看到分別揭開「七個印」的情形。在「額

頭」上有「神的印記」的人會在「末日時代」獲得神的保護。「約翰」看到在主第二次來臨前，會有戰爭、災難和許多其他發生在後期時代的事件。

(3)第十二章到第十六章：「約翰」在「異象」中，看到天上的戰爭，以及這場戰爭延續到世上。魔鬼「撒但」領導邪惡的勢力，企圖破壞神在世上的國度。在「末日」，由於「天使」的協助，「福音」會圓滿的降臨到這個世上，人們將為「哈米吉多頓」戰役作好準備。有三個「魔鬼」叫「眾王」聚集在一處，「希伯來話」叫作「哈米吉多頓」。

(4)第十七章到第二十二章：屬靈的「巴比倫」會傳遍世界各地，「正義的聖徒」聚集起來之後，「巴比倫」會倒塌，它的「支持者」將為此哀慟。「義人」會被邀請去參加「神的羔羊」的婚筵，「撒但」會被捆綁，「千禧年」將開始，而「基督」將親自統治大地，「死者」會受到審判。

下面，詳細介紹《啟示錄》的內容。

一、引言

「約翰」首先說明本書的來源、內容、功用、收受者、蒙恩和祝願，並且說明本書的主旨，宣告主必再來和祂的永在全能。

●《新約聖經》啟示錄：

1:1「耶穌基督」的啓示、就是　神賜給他、叫他將必要快成的事指示他的衆僕人．他就差遣使
者、曉諭他的僕人「約翰」．
1:2「約翰」便將　神的道、和「耶穌基督」的見證、凡自己所看見的、都證明出來。
1:3 念這書上預言的、和那些聽見又遵守其中所記載的、都是有福的．因爲日期近了。
1:4「約翰」寫信給「亞西亞」的「七個教會」．但願從那昔在今在以後永在的　神．和他寶座前
的「七靈」。
1:5 並那誠實作見證的、從死裡首先復活、爲世上君王元首的「耶穌基督」．有恩惠平安歸與你
們。他愛我們、用自己的血使我們脫離罪惡（「脫離」有古卷作「洗去」）。
1:6 又使我們成爲國民、作他父　神的「祭司」．但願榮耀權能歸給他、直到永永遠遠。阿們。
1:7 看哪、他駕雲降臨．衆目要看見他、連刺他的人也要看見他．地上的萬族都要因他哀哭。這
話是眞實的。阿們。
1:8 主　神說、我是「阿拉法」、我是「俄梅戛」、（「阿拉法俄梅戛」乃「希臘字母」首末二
字）是「昔在今在以後永在的全能者」。

二、「約翰」所看見的「異象」

「拔摩島」的「約翰」看見的「異象」，包括「七個金燈台」、「人子耶穌」和「七星」，「耶穌」交代「約翰」，要把所見所聞的事都寫出來，告知七個教會。

●《新約聖經》啟示錄：

1:9 我「約翰」就是你們的弟兄、和你們在「耶穌」的患難、國度、忍耐裡一同有分・爲 神的
道、並爲給「耶穌」作的見證、曾在那名叫「拔摩」的海島上。
1:10 當主日我被「聖靈」感動、聽見在我後面有「大聲音」如「吹號」說。
1:11 你所看見的、當寫在書上、達與「以弗所、士每拿、別迦摩、推雅推喇、撒狄、非拉鐵非、
老底嘉」、那七個教會。
1:12 我轉過身來、要看是誰發聲與我說話・既轉過來、就看見「七個金燈台」。
1:13「燈台」中間、有一位好像「人子」、身穿長衣、直垂到腳、胸間束著金帶。
1:14 他的頭與髮皆白、如白羊毛、如雪・眼目如同火焰。
1:15 腳好像在爐中鍛煉光明的銅・聲音如同「眾水」的聲音。
1:16 他右手拿著「七星」・從他口中出來一把「兩刃的利劍」・面貌如同「烈日」放光。
1:17 我一看見、就仆倒在他腳前、像死了一樣。他用右手按著我說、不要懼怕・我是首先的、我
是末後的。
1:18 又是那存活的・我曾死過、現在又活了、直活到永永遠遠・並且拿著死亡和陰間的鑰匙。
1:19 所以你要把所看見的、和現在的事、並將來必成的事、都寫出來。
1:20 論到你所看見在我右手中的「七星」、和「七個金燈台」的奧祕・那「七星」就是「七個教
會的使者」・「七燈台」就是「七個教會」。

三、給「七個教會」的「七封信」

這一段是給「七個教會」的七封信，文中不斷重複對「七個教會」的勸勉與責備，並呼籲有錯的「教會」悔改，對主要至死忠心，靠主得勝，必有賞賜。

（一）以弗所教會：鬆懈（放鬆懈怠）的教會

●《新約聖經》啟示錄：

2:1 你要寫信給「以弗所教會」的「使者」、說、那右手拿著「七星」、在「七個金燈台」中間行走的、說。

2:2 我知道你的行爲、勞碌、忍耐、也知道你不能容忍「惡人」、你也曾試驗那自稱爲「使徒」卻不是「使徒」的、看出他們是假的來。

2:3 你也能忍耐、曾爲我的名勞苦、並不乏倦。

2:4 然而有一件事我要責備你、就是你把「起初的愛心」離棄了。

2:5 所以應當回想你是從那裡墜落的、並要悔改、行起初所行的事．你若不悔改、我就臨到你那裡、把你的「燈台」從原處挪去。

2:6 然而你還有一件可取的事、就是你恨惡「尼哥拉」一黨人的行爲、這也是我所恨惡的。

2:7「聖靈」向衆教會所說的話、凡有耳的、就應當聽。得勝的、我必將 神樂園中生命樹的果子賜給他喫。

（二）士每拿教會：苦難的教會

●《新約聖經》啟示錄：

2:8 你要寫信給「士每拿教會」的「使者」說、那首先的、末後的、死過又活的說、

2:9 我知道你的患難、你的貧窮、（你卻是富足的）也知道那自稱是「猶太人」所說的「毀謗話」、其實他們不是「猶太人」、乃是「撒但」一會的人。

2:10 你將要受的苦你不用怕·「魔鬼」要把你們中間幾個人下在監裡、叫你們被試煉·你們必受患難十日。你務要至死忠心、我就賜給你那生命的冠冕。

2:11「聖靈」向「衆教會」所說的話、凡有耳的、就應當聽。得勝的、必不受第二次死的害。

（三）別迦摩教會：異端（邪說）的教會

●《新約聖經》啟示錄：

2:12 你要寫信給「別迦摩教會」的「使者」、說、那有兩刃利劍的說、

2:13 我知道你的居所、就是有「撒但」座位之處·當我忠心的見證人「安提帕」在你們中間、「撒但」所住的地方被殺之時、你還堅守我的名、沒有棄絕我的道。

2:14 然而有幾件事我要責備你、因爲在你那裡、有人服從了「巴蘭」的教訓·這「巴蘭」曾教導「巴勒」將「絆腳石」放在「以色列人」面前、叫他們喫祭「偶像」之物、行姦淫的事。

2:15 你那裡也有人照樣服從了「尼哥拉一黨人」的教訓。

2:16 所以你當悔改、若不悔改、我就快臨到你那裡、用我口中的劍、攻擊他們。

2:17「聖靈」向「衆教會」所說的話、凡有耳的、就應當聽。得勝的、我必將那隱藏的嗎哪賜給

他，並賜他一塊白石，石上寫著新名，除了那領受的以外，沒有人能認識。

「巴蘭」是《舊約聖經》民數記中的人物，「摩押」國王「巴勒」召「巴蘭」來詛咒「以色列人」，但是「巴蘭」依照神的命令祝福「以色列人」。然而，「巴蘭」因爲貪心，計誘「以色列人」與「摩押人」連合，跪拜「偶像」，違背了上帝「耶和華」的命令，從而自取滅亡。

「尼哥拉一黨人」是誰？這是難以確定的一個問題，可以有三種不同的解釋，我比較認同下面這個解釋。

「尼哥拉一黨人」，從早期的時候，就是稱爲「安提阿人尼哥拉」的黨羽。「尼哥拉」本來是「耶路撒冷教會」所選出來的「七執事」中的一位。

●《新約聖經》使徒行傳：

6:5 大衆都喜悅這話，就揀選了「司提反」，乃是大有信心、「聖靈」充滿的人，又揀選「腓利、伯羅哥羅、尼迦挪、提門、巴米拿」，並進「猶太教」的「安提阿人尼哥拉」．

「尼哥拉」原來是有好名聲的，但是以後「靈性」墮落，離開「眞道」，設立一種無律法的「僞智派」。結果，成爲「尼哥拉一黨」，他們極力放縱情慾，引誘「信徒」赴「異邦宗教」，崇拜的「偶像筵席」，並行淫亂。

可見「尼哥拉一黨人」和服從「巴蘭」教訓的人，犯了同樣的錯誤，成爲影響「教會」信仰危害的「異端」，所以被主恨惡。

（四）推雅推喇教會：淫亂的教會

● 《新約聖經》啟示錄：

2:18你要寫信給「推雅推喇教會」的「使者」、說、那眼目如火焰、腳像光明銅的　神之子、
說、
2:19我知道你的行爲、愛心、信心、勤勞、忍耐．又知道你末後所行的善事、比起初所行的更
多。
2:20然而有一件事我要責備你、就是你容讓那自稱是「先知」的婦人「耶洗別」教導我的僕人、
引誘他們行姦淫、喫「祭偶像之物」。
2:21我曾給他悔改的機會、他卻不肯悔改他的淫行。
2:22看哪、我要叫他病臥在床、那些與他行淫的人、若不悔改所行的、我也要叫他們同受大患
難。
2:23我又要殺死他的「黨類」、（「黨類」原文作「兒女」）叫「衆教會」知道、我是那察看人
肺腑心腸的．並要照你們的行爲報應你們各人。
2:24至於你們「推雅推喇」其餘的人、就是一切不從那教訓、不曉得他們素常所說「撒但」深奧
之理的人．我告訴你們、我不將別的擔子放在你們身上。
2:25但你們已經有的、總要持守、直等到我來。
2:26那得勝又遵守我命令到底的、我要賜給他權柄制伏列國。
2:27他必用「鐵杖」轄管他們、（「轄管」原文作「牧」）將他們如同「兜戶」的瓦器打得粉

碎·像我從我父領受的權柄一樣。

2:28 我又要把晨星賜給他。

2:29「聖靈」向「眾教會」所說的話、凡有耳的、就應當聽。

《聖經》上同名叫「耶洗別（Jezebel）」的，有兩個女人，一個在《舊約聖經》，一個在《新約聖經》。

①《舊約聖經》裡的「耶洗別」：

「耶洗別」是西頓王「謁巴力」的女兒，也是「以色列」分裂之後，第七代國王「亞哈」的王后。她引誘「亞哈」，竟在上帝「耶和華」選民「以色列」的都城建造假神「巴力廟」，（「巴力」即是「太陽神」）。同時又豎起一根假神「亞舍拉」的木柱，（「亞舍拉」即是掌管生育的女神）。因此，使上帝「耶和華」極爲震怒。

●《舊約聖經》列王記上：

16:31 犯了「尼八」的兒子「耶羅波安」所犯的罪·他還以爲輕、又娶了西頓王「謁巴力」的女兒「耶洗別」爲妻、去事奉敬拜「巴力」。

16:32 在「撒瑪利亞」建造「巴力的廟」、在廟裡爲「巴力」築壇。

16:33「亞哈」又作「亞舍拉」、他所行的、惹「耶和華」「以色列　神」的怒氣、比他以前的「以色列」諸王更甚。

②《新約聖經》裡的「耶洗別」：

這個「耶洗別」，是「推雅推喇城」一個自稱爲「先知」的女人。她引誘「信徒」犯姦淫罪，並且叫「信徒」去吃祭祀假神的食物。神說，曾給過她悔改的機會，她卻不肯悔改。故神要叫她病臥在床，與她一同作惡的，若不悔改，要同受患難，被神擊殺。這樣好叫「衆教會」知道，神是察看人肺腑心腸的，並要照各人的行爲報應各人。

（五）撒狄教會：衰微的教會

●《新約聖經》啟示錄：

3:1 你要寫信給「撒狄教會」的「使者」、說、那有 神的「七靈」、和「七星」的、說、我知
道你的行爲、按名你是活的、其實是死的。
3:2 你要儆醒、堅固那剩下將要衰微的．（「衰微」原文作「死」）因我見你的行爲、在我 神
面前、沒有一樣是完全的。
3:3 所以要回想你是怎樣領受、怎樣聽見的．又要遵守、並要悔改。若不儆醒、我必臨到你那裡
如同賊一樣．我幾時臨到、你也決不能知道。
3:4 然而在「撒狄」你還有幾名是未曾汙穢自己衣服的．他們要穿白衣與我同行．因爲他們是配
得過的。
3:5 凡得勝的、必這樣穿白衣．我也必不從「生命冊」上塗抹他的名．且要在我父面前、和我父
衆使者面前、認他的名。
3:6 「聖靈」向「衆教會」所說的話、凡有耳的、就應當聽。

（六）非拉鐵非教會：持守（堅持操守）的教會

●《新約聖經》啟示錄：

3:7 你要寫信給「非拉鐵非教會」的「使者」、說、那聖潔、眞實、拿著「大衛」的鑰匙、開了
就沒有人能關、關了就沒有人能開的、說。
3:8 我知道你的行爲、你略有一點力量、也曾遵守我的道、沒有棄絕我的名．看哪、我在你面前
給你一個敞開的門、是無人能關的。
3:9 那「撒但」一會的、自稱是「猶太人」、其實不是「猶太人」、乃是說謊話的、我要使他們
來在你腳前下拜、也使他們知道我是已經愛你了。
3:10 你既遵守我忍耐的道、我必在普天下人受試煉的時候、保守你免去你的試煉。
3:11 我必快來、你要持守你所有的、免得人奪去你的冠冕。
3:12 得勝的、我要叫他在我　神殿中作柱子、他也必不再從那裡出去．我又要將我　神的名、和
我　神城的名、（這城就是從天上從我　神那裡降下來的「新耶路撒冷」）並我的新名、都
寫在他上面。
3:13「聖靈」向「衆教會」所說的話、凡有耳的、就應當聽。

（七）老底嘉教會：溫暾（ㄊㄨㄣ，微暖而不熱）的教會

●《新約聖經》啟示錄：

3:14 你要寫信給「老底嘉教會」的「使者」、說、那爲「阿們」的、爲誠信眞實見證的、在　神

創造萬物之上爲元首的、說。
3:15 我知道你的行爲、你也不冷也不熱・我巴不得你或冷或熱。
3:16 你旣如溫水、也不冷也不熱、所以我必從我口中把你吐出去。
3:17 你說、我是富足、已經發了財、一樣都不缺・卻不知道你是那困苦、可憐、貧窮、瞎眼、赤身的。
3:18 我勸你向我買「火煉的金子」、叫你富足・又買白衣穿上、叫你赤身的羞恥不露出來・又買「眼藥」擦你的眼睛、使你能看見。
3:19 凡我所疼愛的、我就責備管教他・所以你要發熱心、也要悔改。
3:20 看哪、我站在門外叩門・若有聽見我聲音就開門的、我要進到他那裡去、我與他、他與我一同坐席。
3:21 得勝的、我要賜他在我寶座上與我同坐、就如我得了勝、在我父的寶座上與他同坐一般。
3:22 「聖靈」向「衆教會」所說的話、凡有耳的、就應當聽。

四、天上的情景

「約翰」被「聖靈」帶到天上，看見天上的情景，包括：

①上帝「耶和華」坐在「寶座」上。

②「寶座」的周圍，有二十四位「長老」。

③有「七盞火燈」在「寶座」前點著，這「七燈」就是　「神的七靈」。
④「寶座」前好像一個「玻璃海」，如同「水晶」。
⑤「寶座」中和「寶座」周圍，有「四個活物」，前後遍體都滿了眼睛。
⑥「第一個活物」像「獅子」，第二個像「牛犢」，第三個臉面像「人」，第四個像「飛鷹」。
⑦「寶座」的右手中有「書卷」，用「七印」封嚴了。
「寶座」與「四活物」並「長老」之中，有「羔羊」站立（就是「耶穌基督」）。「神的羔羊」是「基督教」中，「耶穌」的稱號之一，出自《約翰福音》，記載「施洗約翰」指「耶穌」爲人類的救主、彌賽亞（基督）的話。

●《新約聖經》約翰福音：

1:29 次日、「約翰」看見「耶穌」來到他那裡、就說、看哪、　「神的羔羊」、除去（或作背
負）世人罪孽的。

⑧這「羔羊」前來，從坐「寶座」的右手裡拿了「書卷」。
⑨盛滿了「香」的「金爐」，這「香」就是「衆聖徒的祈禱」。
⑩「寶座」與「活物」並「長老」的周圍，有千千萬萬的「天使」。

●《新約聖經》啟示錄：

4:1 此後、我觀看、見「天上有門」開了、我初次聽見好像「吹號」的聲音、對我說、你上到這
裡來、我要將以後必成的事指示你。

4:2 我立刻被「聖靈」感動、見有一個「寶座」安置在天上、又有一位坐在「寶座」上。
4:3 看那坐著的、好像碧玉和紅寶石・又有虹圍著「寶座」、好像綠寶石。
4:4 「寶座」的周圍、又有二十四個座位、其上坐著二十四位「長老」、身穿白衣、頭上戴著
「金冠冕」。
4:5 有閃電、聲音、雷轟、從「寶座」中發出。又有「七盞火燈」在「寶座」前點著、這「七
燈」就是　「神的七靈」。
4:6 「寶座」前好像一個「玻璃海」如同「水晶」・「寶座」中、和「寶座」周圍有「四個活
物」、前後遍體都滿了眼睛。
4:7 「第一個活物」像「獅子」、第二個像「牛犢」、第三個臉面像「人」、第四個像「飛
鷹」。
4:8 「四活物」各有六個翅膀、遍體內外都滿了「眼睛」・他們晝夜不住的說、「聖哉、聖哉、
聖哉」、主　神・是昔在今在以後永在的全能者。
4:9 每逢「四活物」將榮耀、尊貴、感謝、歸給那坐在「寶座」上、活到永永遠遠者的時候。
4:10 那二十四位「長老」、就俯伏在坐「寶座」的面前、敬拜那活到永永遠遠的、又把他們的
「冠冕」放在「寶座」前、說。
4:11 我們的主、我們的　神、你是配得榮耀尊貴權柄的・因爲你創造了萬物、並且萬物是因你的
旨意被創造而有的。

5:1 我看見坐「寶座」的右手中有「書卷」、裡外都寫著字、用「七印」封嚴了。
5:2 我又看見一位「大力的天使」、大聲宣傳說、有誰配展開那「書卷」、揭開那「七印」呢。
5:3 在天上、地上、地底下、沒有能展開能觀看那「書卷」的。
5:4 因爲沒有配展開、配觀看那「書卷」的、我就大哭。
5:5 「長老」中有一位對我說、不要哭・看哪、「猶大支派」中的「獅子」、「大衛的根」、他
已得勝、能以展開那「書卷」、揭開那「七印」。
5:6 我又看見「寶座」與「四活物」並「長老」之中、有「羔羊」站立、像是被殺過的、有「七
角七眼」、就是 「神的七靈」、奉差遣往普天下去的。
5:7 這「羔羊」前來、從坐「寶座」的右手裡拿了「書卷」。
5:8 他既拿了「書卷」、「四活物」和二十四位「長老」、就俯伏在「羔羊」面前、各拿著
「琴」、和盛滿了「香」的「金爐」・這「香」就是「衆聖徒的祈禱」。
5:9 他們唱新歌、說、你配拿「書卷」、配揭開「七印」・因爲你曾被殺、用自己的血從各族各
方、各民各國中買了人來、叫他們歸於 神。
5:10 又叫他們成爲國民、作「祭司」、歸於 神・在地上執掌王權。
5:11 我又看見、且聽見、「寶座」與「活物」並「長老」的周圍、有許多「天使」的聲音・他們
的數目有千千萬萬。
5:12 大聲說、曾被殺的「羔羊」、是配得權柄、豐富、智慧、能力、尊貴、榮耀、頌讚的。

5:13我又聽見、在天上、地上、地底下、滄海裡、和天地間一切所有「被造之物」、都說、但願
頌讚、尊貴、榮耀、權勢、都歸給坐「寶座」的和「羔羊」、直到永永遠遠。
5:14「四活物」就說、阿們。「衆長老」也俯伏敬拜。

(一)「四活物」是什麼?

「四活物」是什麼?答案很多種,略舉如下:

①代表「耶穌」的四種屬性:獅(萬獸之王)、牛犢(強壯)、人(萬物之靈)、鷹(鳥中之王)。

②代表《四福音書》的象徵,不過《四福音書》那一本是代表獅、牛犢、人與鷹,則說法甚多,各有千秋。

③代表四位重要的信徒:獅(「彼得」)、牛犢(「耶穌」的弟弟「雅各」)、人(「馬太」)、鷹(「保羅」)。

④代表四處的早期教會:獅(「耶路撒冷」,教會發源地)、牛犢(「安提阿」,海外市道中心)、人(「埃及」的「亞力山大」,學者集中地)、鷹(「君士坦丁」,使「羅馬帝國」變爲「基督國」的大城)。

⑤代表《舊約聖經》十二支派分在四個方向,有四個支派的「營幕」,作爲領導者的代表。他們的軍旗有四個旗號如下:獅子(「猶大」營)、牛犢(「以法蓮」營)、人(「流便」營)、鷹(「但」營)。

● 《舊約聖經》民數記：

2:1 「耶和華」曉諭「摩西」「亞倫」說。
2:2 「以色列人」要各歸自己的「纛」下、在本族的「旗號」那裡、對著「會幕」的四圍安營。
（「纛（ㄉㄠˋ）」，古代軍隊裡的大旗。）
（「會幕」，意爲「神的居所」，是自《出埃及記》中，「以色列人」離開「古埃及」以
後，到征服「迦南地」之前的一個時期，所設置的一個流動的敬拜上帝「耶和華」的中心場
所，通常是用「帳篷」所搭建。）
2:3 在「東邊」向日出之地、照著軍隊安營的是「猶大」營的纛・有「亞米拿達」的兒子「拿
順」、作「猶大人」的首領。
2:10 在「南邊」、按著軍隊是「流便」營的纛・有「示丟珥」的兒子「以利蓿」作「流便人」的
首領。
2:18 在「西邊」按著軍隊是「以法蓮」營的纛・「亞米忽」的兒子「以利沙瑪」作「以法蓮人」
的首領。
2:25 在「北邊」按著軍隊是「但」營的纛・「亞米沙代」的兒子「亞希以謝」、作「但人」的首
領。

⑥代表「人類」的四種「力量」，即：獅子（惱怒）、牛犢（慾望）、人（理由）、鷹（良心）。

⑦代表「耶穌」的四種「性情」，即：獅子（謙卑）、牛犢（犧牲）、人（仁慈）、鷹（靈力）。

⑧代表「教會」四種「聖職」，即：獅子（牧養的）、牛犢（作執事的）、人（作醫師的）、鷹（思想家）。

⑨代表「神」的四種「屬性」，即：獅子（智慧）、牛犢（能力）、人（全在）、鷹（創造）。

但是，我認爲另外兩種解釋最爲貼切。

我們先來看經文中，如何描述這「四活物」的外表特徵如下：

●**《新約聖經》啟示錄：**

4:6　「寶座」前好像一個「玻璃海」如同「水晶」．「寶座」中、和「寶座」周圍有四個「活
物」、前後遍體都滿了「眼睛」。

4:7　第一個「活物」像「獅子」、第二個像「牛犢」、第三個「臉面像人」、第四個像「飛
鷹」。

4:8　「四活物」各有「六個翅膀」、遍體內外都滿了「眼睛」．他們晝夜不住的說、「聖哉、聖
哉、聖哉」、主　神．是昔在今在以後永在的全能者。

6:1　我看見「羔羊」揭開「七印」中「第一印」的時候、就聽見「四活物」中的一個「活物」、
聲音如雷、說、你來。

6:7　揭開「第四印」的時候、我聽見第四個「活物」說、你來。

7:11　「衆天使」都站在「寶座」和「衆長老」並「四活物」的周圍、在「寶座」前、面伏於地、敬拜　神。

15:7　「四活物」中有一個把盛滿了活到永永遠遠之　神大怒的「七個金碗」給了那「七位天使」。

19:4　那二十四位「長老」與「四活物」、就俯伏敬拜坐「寶座」的　神、說、阿們、哈利路亞。

我們整理這「四活物」的外表特徵如下：

⑴遍體內外都滿了眼睛。

⑵四個活物的形像不同：獅子、牛犢、人、鷹。

⑶有六個翅膀。

⑷他們晝夜不住讚美及敬拜神

⑸「活物」聲音如雷，並且對「約翰」說話。

⑹有一個「活物」，將神大怒之碗交與「七位天使」。

由以上經文中，對這「四活物」外表特徵的描述，我認爲只有兩種可能，一種是「基路伯」，另一種是「外星機器人」。

（二）「基路伯」是什麼？

「基路伯」就是「智天使」，「智天使」在《舊約聖經》中，被描述有翅膀、服從上帝的天物。根據「天主教」神學，「智天使」與「熾天使（六翼）」都是最高級的天使階層。這「四活物」與

「基路伯」的描述，是完全相同的。在《舊約聖經》以西結書裡，就有出現「四個活物」。所以，「四活物」就是四種外表不同的，特殊高階地位的「六翼熾天使」。

●《舊約聖經》以西結書：

1:4 我觀看、見狂風從北方颳來、隨著有一朵包括閃爍火的「大雲」、周圍有光輝、從其中的火內發出好像光耀的「精金（精美的黃金）」。

1:5 又從其中、顯出「四個活物」的形像來、他們的形狀是這樣、有人的形像。

1:6 各有四個「臉面」、四個「翅膀」。

1:8 在四面的「翅膀」以下有「人的手」．這「四個活物」的「臉和翅膀」、乃是這樣．

1:11 各展開上邊的兩個「翅膀」相接、各以下邊的「兩個翅膀」遮體。

10:14「基路伯」各有四臉．第一是「基路伯」的臉、第二是「人」的臉、第三是「獅子」的臉、第四是「鷹」的臉。

讀《舊約聖經》以西結書的經文，假如用另一種思考模式來想像，當古代的「以色列」先知「以西結」，看到「外星飛碟」由天空降落到地面時，以當時他所受的教育和知識，大概就是《以西結書》裡的形容場景。所以，「四活物」就是四種外表不同，功能不同的「外星智慧型機器人」。

五、「羔羊（耶穌）」揭開「七印」

在《啟示錄》中，敘述「七印」、「七號」和「七碗」的異象，以及相關的「預言」。「七

印」、「七號」和「七碗」是神在末世的審判中，三個相隨系列。

「七印」是七本《預言書》的「封印」，上帝「耶和華」坐在「寶座」的右手中有「書卷」，裡外都寫著字，用「七印」封嚴了。

「封印」原指古代官吏在「農曆春節」前，將代表權力與地位的「印綬」封存起來，暫停辦公的儀式。中國傳說中的「封印」，多是採用如「五行、太極、八卦」等手段，並可有例如「符咒、法器」等物品的輔助。

這裡的「封印」，是指上帝「耶和華」對《預言書》施加一種「封鎖」的力量，使其他人無法打開閱讀。

「七號」是「七支號角」的意思，「號角」是古代軍隊中用來傳達命令的管樂器，後來也泛指「喇叭」一類的樂器。

隨著「末世」的進展，「七印」、「七號」和「七碗」彼此關聯，「七印」是「七號」的前奏，再由「七號」引出了「七碗」。

「七印」中的「頭四印」，包括從「耶穌基督」升天，到這世代末了的世界歷史：

⑴第一印出現「白馬騎士」，帶來「福音」的傳揚；
⑵第二印出現「紅馬騎士」，導致了一場大戰；
⑶第三印出現「黑馬騎士」，帶來饑荒；
⑷第四印出現「灰馬騎士」，出現了瘟疫，以及更多的饑荒和戰爭。

這四印一打開，就看見有「四匹馬」和騎在馬上的「四騎士」，表示「福音、戰爭、饑荒」和「死亡」。

在「第五印」裡，有「殉道聖徒」的呼喊，在靠近這世代末了的時候，這些「殉道的聖徒」哭喊著要向神呼求伸冤。

「第六印」是在「大災難」的起頭，包括「地與天的震動」，爲了要警告居住在地上的人們，提醒所有地上的居民，在宇宙中有一位神。到那時候，「惡人」再也不能自大狂妄的在地上安然居住了。

「第七印」包括了「七號（七個號角）」，並且要一直持續到永遠。

（一）揭開「第一印」：出現「白馬騎士」

● 《新約聖經》啟示錄：

6:1 我看見「羔羊」揭開「七印」中「第一印」的時候、就聽見「四活物」中的一個「活物」、聲音如雷、說、你來。

6:2 我就觀看、見有一匹「白馬」、騎在馬上的拿著弓．並有「冠冕」賜給他．他便出來、勝了又要勝。

（二）揭開「第二印」：出現「紅馬騎士」

● 《新約聖經》啟示錄：

6:3 揭開「第二印」的時候、我聽見「第二個活物」說、你來。

6:4 就另有一匹馬出來、是「紅的」．有「權柄」給了那騎馬的、可以從地上奪去太平、使人彼

此相殺・又有一把「大刀」賜給他。

（三）揭開「第三印」：出現「黑馬騎士」

●《新約聖經》啟示錄：

6:5 揭開「第三印」的時候、我聽見「第三個活物」說、你來。我就觀看、見有一匹「黑馬」・
騎在馬上的手裡拿著「天平」。
6:6 我聽見在「四活物」中、似乎有聲音說、「一錢銀子」買「一升麥子」、「一錢銀子」買
「三升大麥」・「油和酒」不可蹧踢。

（四）揭開「第四印」：出現「灰馬騎士」

●《新約聖經》啟示錄：

6:7 揭開「第四印」的時候、我聽見「第四個活物」說、你來。
6:8 我就觀看、見有一匹「灰色馬」・騎在馬上的、名字叫作「死」・「陰府」也隨著他・有
「權柄」賜給他們、可以用「刀劍、饑荒、瘟疫、（「瘟疫」或作「死亡」）野獸」、殺害
「地上四分之一的人」。

（五）揭開「第五印」：出現「殉道聖徒」

●《新約聖經》啟示錄：

6:9 揭開「第五印」的時候、我看見在「祭壇」底下、有爲 「神的道」、並爲作「見證」、被
殺之人的「靈魂」。

6:10大聲喊著說、聖潔眞實的主阿、你不審判住在地上的人給我們伸流血的冤、要等到幾時呢。
6:11於是有「白衣」賜給他們各人．又有話對他們說、還要安息片時、等著一同作僕人的、和他
們的弟兄、也像他們被殺、滿足了數目。

（六）揭開「第六印」：「大災難」的起頭

●《新約聖經》啟示錄：

6:12揭開「第六印」的時候、我又看見「地大震動」．「日頭變黑像毛布」、「滿月變紅像
血」。
6:13天上的「星辰」墜落於地、如同「無花果」樹被大風搖動、落下未熟的果子一樣。
6:14天就挪移、好像「書卷」被捲起來．「山嶺海島」都被挪移離開本位。
6:15地上的「君王、臣宰、將軍、富戶、壯士」、和「一切爲奴的」、自主的、都藏在「山
洞」、和「巖石穴」裡。
6:16向「山和巖石」說、倒在我們身上罷、把我們藏起來、躲避坐「寶座者」的面目、和「羔
羊」的忿怒。
6:17因爲他們「忿怒的大日」到了、誰能站得住呢。

（七）插入的「異象」之一：「額頭受印」的「以色列人民」

●《新約聖經》啟示錄：

7:1 此後我看見「四位天使」站在「地的四角」、執掌「地上四方的風」、叫風不吹在地上、海

上、和樹上。

7:2 我又看見另有一位「天使」、從「日出之地」上來、拿著「永生 神的印」．他就向那得著「權柄」能傷害「地和海」的「四位天使」、大聲喊著說、

7:3 「地與海並樹木」、你們不可傷害、等「我們印了我們 神衆僕人的額」。

這一段插入的「異象」，在這裡我要特別說明一件事情。就是在網路上，「一貫道」宗教團體，在培訓「講師人才」的教材當中，有一段「由聖經上來印證三寶」的內容，就是引用這一段經文。

在「培訓講師教材」中說，這一段經文印證「傳道」的第一寶「玄關竅」：

⑴「有一位天使、從日出之地上來」：日出於東方，「日出之地」，比喻東方的古國「中國」。

⑵「拿著永生 神的印」：「一貫道」的「濟公老師」，領「天命」渡化衆生。

⑶「等我們印了我們 神衆僕人的額」：「一貫道」的「點傳師」，領「天命」代天傳道。在「傳三寶」的儀式中，傳第一寶「玄關竅」時，是「濟公老師」用祂的「神手」，借「點傳師」的凡手的方式，點在「求道者」額頭上的「玄關竅」。因爲，「點傳師」人數衆多，到處在辦道，所以說等「我們」印了我們 神衆僕人的「額」。

結論：由《新約聖經》上的印證，衆生務必得到來自東方「上天使者（天使）」的「印記」，印在額頭上的「玄關竅」。亦卽「求道」，得到「濟公老師」傳授「自性三寶」，才能得救，可見「天道」是多麼殊勝。

其實，這是一個「美麗的錯誤」和「完美的巧合」。因爲，《啟示錄》接下來的章節，寫的很清

楚。只有「以色列人」，才有資格「受印」。

●《新約聖經》啟示錄：

7:4 我聽見「以色列人」、各支派中「受印」的數目、有十四萬四千。

7:5 「猶大支派」中「受印」的有一萬二千．「流便支派」中有一萬二千．「迦得支派」中有一萬二千。

7:6 「亞設支派」中有一萬二千．「拿弗他利支派」中有一萬二千．「瑪拿西支派」中有一萬二千．

7:7 「西緬支派」中有一萬二千．「利未支派」中有一萬二千．「以薩迦支派」中有一萬二千．

7:8 「西布倫支派」中有一萬二千．「約瑟支派」中有一萬二千．「便雅憫支派」中「受印」的有一萬二千．

經文清楚的聲明，只有「以色列十二支派」的人，才有資格「受印」，「外邦基督徒」沒有資格「受印」，他們只能穿著「白衣」。因為，「以色列人」還是上帝「耶和華」的「最愛」，是上帝「耶和華」的「選民」。而「外邦基督徒」，是上帝「耶和華」的「次愛」，所以不能「受印」，只能穿「白衣」。

（八）插入的「異象」之二：身穿「白衣」的「外邦基督徒」

●《新約聖經》啟示錄：

7:9 此後、我觀看、見有許多的人、沒有人能數過來、是從各國各族各民各方來的、站在「寶

座」和「羔羊」面前、身穿「白衣」、手拿「棕樹枝」。
7:10 大聲喊著說、願救恩歸與坐在「寶座」上我們的 神、也歸與「羔羊」。
7:11「衆天使」都站在「寶座」和「衆長老」並「四活物」的周圍、在「寶座」前、面伏於地、
敬拜 神。
7:12 說、阿們・頌讚、榮耀、智慧、感謝、尊貴、權柄、大力、都歸與我們的 神、直到永永遠
遠。阿們。
7:13「長老」中有一位問我說、這些穿「白衣」的是誰、是從那裡來的。
7:14 我對他說、我主、你知道・他向我說、這些人是從「大患難」中出來的、曾用「羔羊的
血」、把衣裳洗白淨了。
7:15 所以他們在 「神寶座」前、晝夜在他殿中事奉他・坐「寶座」的要用「帳幕」覆庇他們。
7:16 他們不再飢、不再渴・日頭和炎熱、也必不傷害他們・
7:17 因爲「寶座」中的「羔羊」必牧養他們、領他們到生命水的泉源・ 神也必擦去他們一切的
眼淚。

這些「穿白衣」的是誰呢？他們就是「外邦基督徒」，從大患難中出來，忠心的「見證人」；他們經過嚴厲的試煉，曾用「羔羊的血」把衣裳洗白淨。

當我們領受了「救恩」，被「耶穌的寶血」洗淨，重生得救，就如同穿上一件「白衣」，一件潔白的衣袍。

（九）揭開「第七印」：出現「七枝號」和「金香爐」

●《新約聖經》啟示錄：

8:1 「羔羊」揭開「第七印」的時候、天上寂靜約有「二刻」。

8:2 我看見那站在　神面前的「七位天使」、有「七枝號」賜給他們。

8:3 另有一位「天使」拿著「金香爐」、來站在「祭壇」旁邊．有許多「香」賜給他、要和「眾聖徒」的祈禱一同獻在「寶座」前的「金壇」上。

8:4 那「香的煙」、和「眾聖徒的祈禱」、從「天使」的手中一同升到　神面前。

8:5 「天使」拿著「香爐」、盛滿了「壇上的火」、倒在地上．隨有雷轟、大聲、閃電、地震。

六、「七位天使」吹「七個號角」

「七位天使」吹「七個號角」，簡稱「七號」。「七號」是「第七印」的「內容」。

「頭四號」是對「地、海、江河、日、月、星辰」的審判，因為在這「頭四號」中的審判，「地」就不再適合人類居住。

「第五號」是對人類審判的「第一樣災禍」，是「大災難」最嚴重災禍的起頭。「第六號」是對人類進一步審判的「第二樣災禍」，是「大災難」的一部分。

「第七號」包括「基督」永遠的國，以及由「七碗」組成的「第三樣災禍」，審判死人，賞賜「眾申言者」、「眾聖徒」和「敬畏神的人」，並敗壞那些「敗壞地者」。

「三樣災禍」是「大災難」的結束。之後，就是賞賜「眾申言者」、「眾聖徒」，以及「敬畏神之名的人」，這三種人，是歷代所產生的。「申言者」大部分出自《舊約聖經》；「聖徒」大部分出自《新約聖經》；而「敬畏神之名的人」，則產生於「大災難」的時候。

「第七號」也包括「審判死人」，以及敗壞「撒但」、「敵基督」、「假申言者」、和「一切跟從他們的人」。因此，「第七號」包括從「大災難」末了，到永世的每一件事。

「七位天使」吹「七個號角」之後的結果，簡述如下：

⑴吹「第一號」：審判「地」，帶來「雹子和火」，幾乎毀滅了世上的大部分「植物」。

⑵吹「第二號」：審判「海」，像似「流星」撞擊「海洋」，導致大量「海洋生物」的死亡。

⑶吹「第三號」：審判「江河與眾水的泉水」，像似「流星」撞擊「江河」，導致大批「人類」的死亡。

⑷吹「第四號」：審判「天象」，使得「日、月、星」黑暗無光。

⑸吹「第五號」：「撒但」從天落到地上，產生了「魔鬼蝗蟲」去折磨人。

⑹吹「第六號」：釋放四個「魔鬼使者」，指揮「魔鬼軍隊」，殺死三分之一的「人類」。

⑺吹「第七號」：「神奧祕」的完成，召來了持有「神忿怒七碗」的「七位天使」。

（一）天使吹「第一號」：地的三分之一被燒

●《新約聖經》啟示錄：

8:6 拿著「七枝號」的「七位天使」、就預備要吹。

8:7 「第一位天使吹號」、就有「雹子與火攙著血」丟在地上．「地」的三分之一和「樹」的三
分之一被燒了、一切的「青草」也被燒了。

（二）天使吹「第二號」：海的三分之一被毀

●《新約聖經》啟示錄：

8:8 「第二位天使吹號」、就有彷彿「火燒著的大山」扔在海中．「海」的三分之一變成血．
8:9 「海中的活物」死了三分之一．船隻也壞了三分之一。

（三）天使吹「第三號」：衆水的三分之一被損

●《新約聖經》啟示錄：

8:10 「第三位天使吹號」、就有「燒著的大星」、好像「火把」從天上落下來、落在江河的三分
之一、和「衆水」的泉源上．
8:11 這星名叫「茵蔯」．「衆水」的三分之一變爲「茵蔯」．因水變苦、就死了許多人。

「茵蔯」是植物名，菊科艾屬，多年生草本。別稱：青草蒿、茵陳、蚊仔菸草。「蒿」的一種，生水濱砂地，葉生白毛，梢上葉細如絲，夏秋著花，穗狀色綠，莖葉可入藥。亦稱爲「茵陳蒿」。將乾燥後的「茵陳蒿」拿來焚燒，還可以有驅蚊的效果。「茵蔯」是有毒的「苦菜」，表示「敬拜他神」的下場，是自招苦毒的結果。

（四）天使吹「第四號」：天體的三分之一被擊打

●《新約聖經》啟示錄：

8:12 「第四位天使吹號」、「日頭」的三分之一、「月亮」的三分之一、「星辰」的三分之一、
都被擊打・以致「日、月、星」的三分之一黑暗了、「白晝」的三分之一沒有光、「黑夜」
也是這樣。
8:13 我又看見「一個鷹」飛在空中、並聽見他大聲說、「三位天使」要吹那其餘的號、你們住在
地上的民、禍哉、禍哉、禍哉。

（五）天使吹「第五號」：第一樣災禍

●《新約聖經》啟示錄：

9:1 「第五位天使吹號」、我就看見「一個星」從天落到地上・有「無底坑的鑰匙」賜給他。
9:2 他開了「無底坑」、便有「煙」從坑裡往上冒、好像「大火爐的煙」・「日頭和天空」、都
因這「煙」昏暗了。
9:3 有「蝗蟲」從「煙」中出來飛到地上・有能力賜給他們、好像地上「蠍子」的能力一樣。
9:4 並且吩咐他們說、不可傷害「地上的草」、和「各樣青物」、並「一切樹木」、惟獨要傷害
「額上沒有　神印記的人」。
9:5 但不許「蝗蟲」害死他們、只叫他們「受痛苦五個月」・「這痛苦」就像「蠍子螫人的痛
苦」一樣。
9:6 在那些日子、人要求死、決不得死・願意死、死卻遠避他們。
9:7 「蝗蟲」的形狀、好像「預備出戰的馬」一樣、頭上戴的好像「金冠冕」、「臉面」好像

「男人的臉面」。
9:8 「頭髮」像「女人的頭髮」、「牙齒」像「獅子的牙齒」。
9:9 「胸前有甲」、好像「鐵甲」．他們「翅膀的聲音」、好像「許多車馬奔跑上陣」的聲音。
9:10 有「尾巴」像「蠍子」．「尾巴上的毒鉤」能「傷人五個月」。
9:11 有「無底坑」的「使者」作他們的王．按著「希伯來話」、名叫「亞巴頓」、「希利尼
話」、名叫「亞玻倫」。
9:12 「第一樣災禍」過去了、還有「兩樣災禍」要來。

（六）天使吹「第六號」：第二樣災禍

●《新約聖經》啟示錄：

9:13 「第六位天使吹號」、我就聽見有聲音、從 神面前「金壇」的四角出來、
9:14 吩咐那吹號的「第六位天使」、說、把那捆綁在「伯拉大河」的「四個使者」釋放了。
9:15 那「四個使者」就被釋放．他們原是預備好了、到某年某月某日某時、要殺人的三分之一。
9:16 「馬軍」有二萬萬．他們的數目我聽見了。
9:17 我在「異象」中看見那些「馬和騎馬的」、「騎馬的」胸前「有甲如火」、與「紫瑪瑙」、
並「硫磺」．「馬的頭」好像「獅子頭」、有火、有煙、有硫磺、從「馬的口中」出來。
9:18 口中所出來的「火、與煙、並硫磺」、這三樣災殺了人的三分之一。
9:19 這馬的能力、是在口裡、和尾巴上．因這「尾巴」像「蛇」、並且有頭用以害人。

9:20 其餘未曾被這些災所殺的人、仍舊不悔改自己手所作的、還是去「拜鬼魔」、和那些不能
看、不能聽、不能走、金、銀、銅、木、石、的「偶像」。
9:21 又不悔改他們那些凶殺、邪術、姦淫、偷竊的事。

（七）插入的「異象」之三：「大力天使」和「小書卷」

●《新約聖經》啟示錄：

10:1 我又看見另有一位「大力的天使」、從天降下、披著「雲彩」、頭上有虹·臉面像「日
頭」、兩腳像「火柱」·
10:2 他手裡拿著「小書卷」是展開的·他右腳踏海、左腳踏地·
10:3 大聲呼喊、好像「獅子」吼叫、呼喊完了、就有「七雷」發聲。
10:4 「七雷」發聲之後、我正要寫出來、就聽見「從天上有聲音」說、「七雷所說的」你要封
上、不可寫出來。
10:5 我所看見的那「踏海踏地的天使」、向天舉起右手來、
10:6 指著那創造天和天上之物、地和地上之物、海和海中之物、直活到永永遠遠的、起誓說、不
再有時日了（或作「不再耽延了」）
10:7 但在「第七位天使吹號」發聲的時候、　「神的奧祕」、就成全了、正如　神所傳給他僕人
「眾先知」的「佳音」。
10:8 我先前從「天上」所聽見的那聲音、又吩咐我說、你去把那「踏海踏地之天使」手中展開的

「小書卷」取過來．
10:9 我就走到「天使」那裡、對他說、請你把「小書卷」給我．他對我說、你拿著喫盡了、便叫
你肚子發苦、然而在你口中要甜如蜜。
10:10 我從「天使」手中把「小書卷」接過來、喫盡了．在我口中果然甜如蜜．喫了以後、肚子覺
得發苦了。
10:11 「天使」（原文作「他們」）對我說、你必指著「多民多國多方多王」再說預言。

（八）插入的「異象」之四：「聖城」和「兩個見證人」

●《新約聖經》啟示錄：

11:1 有一根「葦子」賜給我、當作「量度的杖」．且有話說、起來、將 神的殿、和祭壇、並在
殿中禮拜的人、都量一量。
11:2 只是「殿外的院子」、要留下不用量．因爲這是給了「外邦人」的．他們要踐踏聖城四十二
個月。
11:3 我要使我那「兩個見證人」、穿著毛衣、傳道一千二百六十天。
11:4 他們就是那「兩棵橄欖樹」、「兩個燈台」、立在「世界之主」面前的。
11:5 若有人想要害他們就有火從他們口中出來、燒滅仇敵．凡想要害他們的、都必這樣被殺。
11:6 這二人有「權柄」、在他們「傳道的日子」叫「天閉塞不下雨」．又有「權柄」、叫「水變
爲血」．並且能隨時隨意用「各樣的災殃」攻擊世界。

11:7 他們作完「見證」的時候、那從「無底坑」裡上來的「獸」、必與他們交戰、並且得勝、把
他們殺了。
11:8 他們的屍首就倒在大城裡的街上・這城按著「靈意」叫「所多瑪」、又叫「埃及」、就是他
們的主釘「十字架」之處。
11:9 從「各民各族各方各國」中、有人觀看他們的屍首三天半、又不許把屍首放在「墳墓」裡。
11:10 住在地上的人、就爲他們歡喜快樂、互相餽送禮物・因這「兩位先知」曾叫住在地上的人受
痛苦。
11:11 過了這三天半、有「生氣」從 神那裡進入他們裡面、他們就站起來、看見他們的人甚是害
怕。
11:12 「兩位先知」聽見有「大聲音」從「天上」來、對他們說、上到這裡來。他們就駕著雲上了
天・他們的「仇敵」也看見了。
11:13 正在那時候、地大震動、城就倒塌了十分之一・因「地震」而死的有七千人・其餘的都恐
懼、歸榮耀給天上的 神。
11:14 「第二樣災禍」過去・「第三樣災禍」快到了。

（九）天使吹「第七號」：第三樣災禍

●《新約聖經》啟示錄：

11:15 「第七位天使吹號」、天上就有大聲音說、世上的國、成了「我主」和「主基督」的國・他

要作王、直到永永遠遠。
11:16 在　神面前、坐在自己位上的「二十四位長老」、就面伏於地敬拜　神、
11:17 說、昔在今在的主　神、全能者阿、我們感謝你、因你執掌大權作王了。
11:18 「外邦」發怒、你的忿怒也臨到了．「審判死人的時候」也到了．你的僕人「眾先知」、和
「眾聖徒」、凡敬畏你名的人「連大帶小」得賞賜的時候也到了．你敗壞那些「敗壞世界之
人」的時候也就到了。
11:19 當時　「神天上的殿」開了．在他殿中現出他的「約櫃」．隨後有閃電、聲音、雷轟、地
震、大雹。

（十）插入的「異象」之五：「婦人生產」與「大紅龍」

● 《新約聖經》啟示錄：

12:1 天上現出「大異象」來．有一個「婦人」、身披「日頭」、腳踏「月亮」、頭戴「十二星的
冠冕」。
12:2 他「懷了孕」、在生產的艱難中疼痛呼叫。
12:3 天上又現出「異象」來．有一條「大紅龍」、「七頭十角」、「七頭」上戴著「七個冠
冕」。
12:4 他的「尾巴」拖拉著「天上星辰」的三分之一、摔在地上．「龍」就站在那「將要生產的婦
人」面前、等他生產之後、要吞喫他的「孩子」。

12:5 「婦人」生了一個「男孩子」、是將來要用「鐵杖」轄管「萬國」的・〔「轄管」原文作
「牧」〕他的「孩子」被提到　「神寶座」那裡去了。
12:6 「婦人」就逃到「曠野」、在那裡有　神給他預備的地方、使他被養活一千二百六十天。
12:7 在天上就有了爭戰・「米迦勒」同他的「使者」與「龍」爭戰・「龍」也同他的「使者」去
爭戰。
12:8 並沒有得勝、天上再沒有他們的地方。
12:9 「大龍」就是那「古蛇」、名叫「魔鬼」、又叫「撒但」、是迷惑普天下的・他被摔在地
上、他的「使者」也一同被摔下去。
12:10 我聽見在天上有大聲音說、我　神的救恩、能力、國度、並他「基督」的權柄、現在都來到
了・因爲那在我們　神面前晝夜控告我們「弟兄」的、已經被摔下去了。
12:11 「弟兄」勝過他、是因「羔羊的血」、和「自己所見證的道」・他們雖至於死、也不愛惜性
命。
12:12 所以「諸天」和住在其中的、你們都快樂罷・只是「地與海」有禍了、因爲「魔鬼」知道自
己的時候不多、就氣忿忿的下到你們那裡去了。
12:13 「龍」見自己被摔在地上、就逼迫那「生男孩子的婦人」。
12:14 於是有「大鷹」的「兩個翅膀」賜給「婦人」、叫他能飛到曠野、到自己的地方、躲避那
「蛇」・他在那裡被養活一載二載半載。

12:15「蛇」就在「婦人」身後、從口中吐出水來像河一樣、要將「婦人」沖去。
12:16「地」卻幫助「婦人」、開口吞了從「龍口」吐出來的水。（原文作「河」）
12:17「龍」向「婦人」發怒、去與他「其餘的兒女」爭戰、這「兒女」就是那守　神誡命、爲
「耶穌」作「見證」的。那時「龍」就站在「海邊的沙」上。

（十一）插入的「異象」之六：「海中上來的獸」

●《新約聖經》啟示錄：

13:1 我又看見「一個獸」從「海中」上來、有「十角七頭」、在「十角」上戴著「十個冠冕」、
「七頭」上有「褻瀆的名號」。
13:2 我所看見的「獸」、形狀像「豹」、腳像「熊的腳」、口像「獅子的口」．那「龍」將自己
的能力、座位、和大權柄、都給了他。
13:3 我看見「獸」的「七頭」中、有一個似乎受了死傷．那死傷卻醫好了。全地的人、都希奇跟
從那「獸」。
13:4 又拜那「龍」、因爲他將自己的「權柄」給了「獸」．也拜「獸」說、誰能比這「獸」、誰
能與他交戰呢。
13:5 又賜給他說誇大褻瀆話的口．又有權柄賜給他、可以任意而行四十二個月。
13:6「獸」就開口向　神說「褻瀆的話」、褻瀆　神的名、並他的「帳幕」、以及那些住在天上
的。

13:7 又任憑他與「聖徒」爭戰、並且得勝．也把「權柄」賜給他、制伏「各族各民各方各國」。

13:8 凡住在地上、名字從「創世」以來、沒有記在被殺之「羔羊生命冊」上的人、都要拜他。

13:9 凡有耳的、就應當聽。

13:10 「擄掠人的」必「被擄掠」．「用刀殺人」的、必「被刀殺」。「聖徒」的「忍耐」和「信心」、就是在此。

（十二）插入的「異象」之七：「地中上來的獸六六六」

●《新約聖經》啟示錄：

13:11 我又看見「另有一個獸從地中上來」．有「兩角」如同「羊羔」、說話好像「龍」。

13:12 他在「頭一個獸」面前、施行「頭一個獸」所有的「權柄」．並且叫地和住在地上的人、拜那「死傷醫好的頭一個獸」。

13:13 又行「大奇事」、甚至在人面前、叫「火」從天降在地上。

13:14 他因賜給他「權柄」在「獸」面前能「行奇事」、就迷惑住在地上的人、說、要給那受刀傷還活著的「獸」作個像。

13:15 又有「權柄」賜給他叫「獸像」有生氣、並且能說話、又叫所有不拜「獸像」的人都被殺害。

13:16 他又叫眾人、無論大小貧富、自主的爲奴的、都在「右手上」、或是在「額上」、受一個「印記」。

13:17 除了那「受印記」、有了「獸名」、或有「獸名」數目的、都不得作買賣。
13:18 在這裡有「智慧」。凡有聰明的、可以算計「獸的數目」‧因爲這是人的數目、他的數目是
「六百六十六」。

有人推測，上述的經文，是在預言人類未來的「金融交易方式」。

據說「美國」正在研究一種最新的產品「電子貨幣」，因爲「紙幣」容易被偷、被搶、被造假，而且越造越逼眞。

而這種「電子貨幣」就可免去這些顧慮，因爲它只有「米粒」般大小，是一種「微型液體晶片」，可埋入在人體的皮膚裡，用「打針」方式就可輕鬆植入，並且用「肉眼」難以看見，只有在「電腦」的辨識感應下，才能顯示出「個人身分資料」和「銀行存款餘額」。

這就等同把「提款晶片卡」上的「晶片」，縮小後植入手臂前端的皮膚下。當你購物時，只須伸手讓「電腦感應器」一掃描，便可以出現在「結帳銀幕」上，「銀行存款連線」就「自動結算」，既方便又安全。如此一來，「搶劫率」和「偷竊率」必定大幅減少，也可以杜絕製造「假鈔」的不法案件。

經文中，獸的數目「六六六」，在「希臘文」中的翻譯，就是「印記」的意思。而現在所有的商品都用「條碼」，來標示商品內容和價錢「條碼」最少的有「六條」，最多的有「二十四條」。但是，不管多少條線，其中都有「三條未定線」，這「三條未定線」就是「六六六」，它的作用是告訴「掃描器」從哪裡開始掃描讀取，從哪裡分割，從哪裡結束。

這個商品「條碼」的功能，以後可能會輸入到「微型液體晶片」裡。而且據說經由實驗證明，人體全身最方便使用「微型液體晶片」的地方，就是人的「前額」和「手背上」，因爲不需要脫下衣服，只要對著「感應器」就可以了。這豈不正是《新約聖經》中所說的位置嗎？在「額上」或「右手」上受一個「印記（微型液體晶片）」。

假如未來眞的實施這種新科技，到那個時候，「電子貨幣」已經取代了「紙幣」，「紙幣」被停止使用，只有這種「電子貨幣」做爲全世界的「通用貨幣」，你若沒有這種「電子貨幣」，你就沒辦法購買日常用品。

（十三）插入的「異象」之八：「從地上買來的那十四萬四千人唱新歌」

●《新約聖經》啟示錄：

14:1 我又觀看、見「羔羊」站在「錫安山」、同他又有「十四萬四千人」、都有他的名、和他父
的名、寫在「額上」。
14:2 我聽見從天上有聲音、像「衆水」的聲音、和「大雷」的聲音．並且我所聽見的好像「彈
琴」的所彈的「琴聲」。
14:3 他們在「寶座」前、並在「四活物」和「衆長老」前唱歌、彷彿是「新歌」．除了「從地上
買來的那十四萬四千人」以外、沒有人能學這歌。
14:4 這些人未曾沾染「婦女」、他們原是「童身」。「羔羊」無論往那裡去、他們都跟隨他。他
們是從人間買來的、作「初熟的果子」歸與　「神和羔羊」。

14:5 在他們口中察不出謊言來．他們是沒有瑕疵的。

（十四）插入的「異象」之九：「三位天使傳話給住在地上的人」

●《新約聖經》啟示錄：

14:6 我又看見「另有一位天使」飛在空中、有永遠的「福音」要傳給住在地上的人、就是「各國
各族各方各民」。
14:7 他大聲說、應當敬畏 神、將「榮耀」歸給他．因他施行「審判」的時候已經到了．應當敬
拜那創造天地海和眾水泉源的。
14:8 又有「第二位天使」、接著說、叫「萬民」喝「邪淫大怒之酒」的「巴比倫」大城傾倒了、
傾倒了。
14:9 又有「第三位天使」、接著他們、大聲說、若有人拜「獸和獸像」、在「額上」、或在「手
上」、受了「印記」。
14:10 這人也必喝 「神大怒的酒」、此酒斟在 「神忿怒的杯中」純一不雜．他要在「聖天使」
和「羔羊」面前、在「火與硫磺」之中受痛苦。
14:11 他「受痛苦的煙」往上冒、直到永永遠遠．那些拜「獸和獸像」受他名之「印記」的、晝夜
不得安寧。
14:12 「聖徒的忍耐」就在此．他們是守 「神誡命」、和「耶穌真道」的。
14:13 我聽見從天上有聲音說、你要寫下、從今以後、在主裡面而死的人有福了．「聖靈」說、是

的、他們息了自己的勞苦、作工的果效也隨著他們。

（十五）插入的「異象」之十：「拿著快鐮刀收割」

●《新約聖經》啟示錄：

14:14 我又觀看、見有「一片白雲」、雲上坐著一位好像「人子」、頭上戴著「金冠冕」、手裡拿
著「快鐮刀」。
14:15 又有「一位天使」從殿中出來、向那坐在雲上的大聲喊著說、伸出你的「鐮刀」來收割．因
爲收割的時候已經到了、地上的「莊稼」已經熟透了。
14:16 那坐在雲上的、就把「鐮刀」扔在地上．地上的「莊稼」就被收割了。
14:17 又有「一位天使」從天上的殿中出來、他也拿著「快鐮刀」。
14:18 又有「一位天使」從「祭壇」中出來、是「有權柄管火的」、向拿著「快鐮刀」的大聲喊著
說、伸出「快鐮刀」來收取地上「葡萄樹的果子」．因爲「葡萄」熟透了。
14:19 那「天使」就把「鐮刀」扔在地上、收取了地上的「葡萄」、丟在 「神忿怒的大酒醡」
中。
14:20 那「酒醡（壓酒的器具）」踹在城外、就有血從「酒醡」裡流出來、高到馬的「嚼環」、遠
有六百里。

（十六）插入的「異象」之十一：「七位掌管末了七災的天使」

●《新約聖經》啟示錄：

15:1 我又看見在天上有「異象」、大而且奇、就是「七位天使」掌管末了的「七災」．因爲
「神的大怒」在這「七災」中發盡了。
15:2 我看見彷彿有「玻璃海」、其中有「火」攙雜．又看見那些勝了「獸和獸的像」、並他名字
數目的人、都站在「玻璃海」上、拿著　「神的琴」。
15:3 唱　神僕人「摩西」的歌、和「羔羊」的歌、說、主　神、全能者阿、你的作爲大哉、奇
哉、萬世之王阿、（「世」或作「國」）你的道途義哉、誠哉。
15:4 主阿、誰敢不敬畏你、不將「榮耀」歸與你的名呢．因爲獨有你是聖的．「萬民」都要來在
你面前敬拜．因你「公義的作爲」已經顯出來了。
15:5 此後、我看見在天上那存「法櫃」的殿開了。
15:6 那掌管「七災」的「七位天使」、從殿中出來、穿著潔白光明的細麻衣、（「細麻衣」有古
卷作「寶石」）胸間束著「金帶」。
15:7「四活物」中有一個把盛滿了活到永永遠遠之　「神大怒的七個金碗」給了那「七位天使」。
15:8 因　神的榮耀、和能力、殿中充滿了煙．於是沒有人能以進殿、直等到那「七位天使」所降
的「七災」完畢了。

七、傾倒「七碗」的審判

「七碗」就是「第三樣災禍」，也是「第七號」內容的一部分；這「七碗」盛著末了的「七

災」。

「七碗」的審判，由「七號」引出，簡述如下：

⑴倒第一碗：給「人類」帶來「惡瘡」。

⑵倒第二碗：致使「海裡的生物」死亡。

⑶倒第三碗：使「江河的水」變成血。

⑷倒第四碗：使「太陽」產生的灼熱，令人難以忍受。

⑸倒第五碗：帶來「黑暗」和比「第一碗」更劇烈的「惡瘡」。

⑹倒第六碗：讓「幼發拉底河」乾枯，集結「眾王」的軍隊，發動「哈米吉多頓戰役」。

⑺倒第七碗：導致一場毀滅性「地震」和隨後而來的「大雹子」。

（一）倒第一碗：「生毒瘡」的災

●《新約聖經》啟示錄：

16:1 我聽見有大聲音從殿中出來、向那「七位天使」說、你們去、把盛「神大怒的七碗」倒在
地上。

16:2 「第一位天使」便去、把碗倒在「地上」、就有「惡而且毒的瘡」、生在那些有「獸印記、
拜獸像的人」身上。

（二）倒第二碗：「海變成血」的災

●《新約聖經》啟示錄：

16:3 「第二位天使」把碗倒在「海裡」、海就變成血、好像「死人的血」·海中的「活物」都死
了。

（三）倒第三碗：「衆水變成血」的災

● 《新約聖經》啟示錄：

16:4 「第三位天使」把碗倒在「江河與衆水的泉源」裡、水就變成血了。
16:5 我聽見掌管「衆水」的「天使」說、昔在今在的「聖者」阿、你這樣判斷是公義的·
16:6 他們曾流「聖徒」與「先知」的血、現在你給他們血喝·這是他們所該受的。
16:7 我又聽見「祭壇」中有聲音說、是的、主 神、全能者阿、你的判斷義哉、誠哉。

（四）倒第四碗：「日頭烤人」的災

● 《新約聖經》啟示錄：

16:8 「第四位天使」把碗倒在「日頭」上、叫「日頭」能用火烤人。
16:9 人被「大熱」所烤、就褻瀆那有權掌管這些災的 神之名、並不悔改將榮耀歸給 神。

（五）倒第五碗：「獸國黑暗」和「人疼痛」的災

● 《新約聖經》啟示錄：

16:10「第五位天使」把碗倒在「獸的座位」上、「獸的國」就黑暗了·人因疼痛就咬自己的舌
頭。
16:11 又因所受的疼痛、和生的瘡、就褻瀆天上的 神、並不悔改所行的。

（六）倒第六碗：「三個鬼魔」發動「哈米吉多頓戰役」的災

●《新約聖經》啟示錄：

16:12「第六位天使」把碗倒在「伯拉大河（幼發拉底河）」上、河水就乾了、要給那從「日出之地」所來的「眾王」預備道路。
16:13 我又看見「三個汙穢的靈」、好像「青蛙」、從「龍口獸口」並「假先知的口」中出來・
16:14 他們本是「鬼魔的靈」、施行奇事、出去到普天下「眾王」那裡、叫他們在　神全能者的大日聚集爭戰。
16:15（看哪、我來像賊一樣。那儆醒、看守衣服、免得赤身而行、叫人見他羞恥的、有福了。）
16:16 那「三個鬼魔」便叫「眾王」聚集在一處、「希伯來話」叫作「哈米吉多頓」。

在《舊約聖經》裡，「哈米吉多頓」一詞，只出現過一次，就是在這段經文。誰會在「哈米吉多頓大戰」中作戰？「耶穌基督」將會率領「天軍」戰勝上帝「耶和華」的仇敵。這些仇敵包括那些藐視上帝「耶和華」的人，還有那些對抗上帝「耶和華」統治權的人。

「哈米吉多頓」在「希伯來語」的字面意思是「米吉多山」。在古代，「米吉多」曾經是「以色列」境內的一座城市。歷史記載表明，「米吉多」附近曾經爆發過多場決定性的戰爭，其中一些也記在《舊約聖經》裡。

●《舊約聖經》士師記：

5:19 君王都來爭戰・那時「迦南」諸王在「米吉多」水旁的「他納」爭戰・卻未得擄掠銀錢。

●《舊約聖經》列王記下：

9:27 猶大王「亞哈」謝見這光景、就從園亭之路逃跑。「耶戶」追趕他說、把這人也殺在車上。到了靠近「以伯蓮姑珥」的坡上擊傷了他。他逃到「米吉多」、就死在那裡。

23:29「約西亞」年間、埃及王法老「尼哥」上到「伯拉河」、攻擊「亞述王」．「約西亞王」去抵擋他．「埃及王」遇見「約西亞」在「米吉多」、就殺了他。

可是，實際上「哈米吉多頓」不可能指古代「米吉多城」附近的一個地方，因爲那裡根本沒有任何高山，甚至相連的整個「耶斯列平原」也無法容納所有跟上帝「耶和華」對抗的人。因此，「哈米吉多頓」應該是指一種全球性的情勢，到時候世上所有國家都會聯合起來，最後一次對抗上帝「耶和華」的統治權。

（七）倒第七碗：導致「大地震」和「大雹子」的災

●《新約聖經》啟示錄：

16:17「第七位天使」把碗倒在「空中」、就有大聲音從殿中的「寶座」上出來、說、成了。

16:18 又有「閃電、聲音、雷轟、大地震」、自從地上有人以來、沒有這樣大這樣利害的「地震」。

16:19 那「大城」裂爲三段、「列國的城」也都倒塌了．　神也想起「巴比倫大城」來、要把那盛自己「烈怒的酒杯」遞給他。

16:20 各「海島」都逃避了、「衆山」也不見了。

16:21 又有「大雹子」從天落在人身上、每一個約重「一他連得」・〔「一他連得」約有「九十
斤」〕爲這「雹子」的災極大、人就褻瀆　神。

八、「千年國度」和它前後的「二婦、二城、二筵席」

(一)「大淫婦」的刑罰

●《新約聖經》啟示錄：

17:1 拿著「七碗」的「七位天使」中、有一位前來對我說、你到這裡來、我將坐在「眾水」上的
「大淫婦」所要受的刑罰指給你看・
17:2 地上的「君王」與他行淫・住在地上的人喝醉了他「淫亂的酒」。
17:3 我被「聖靈」感動、「天使」帶我到曠野去・我就看見一個女人騎在「朱紅色的獸」上・那
「獸」有「七頭十角」、遍體有褻瀆的名號。
17:4 那「女人」穿著「紫色和朱紅色」的衣服、用「金子寶石珍珠」爲妝飾・手拿「金杯」、杯
中盛滿了「可憎之物」、就是他「淫亂的汙穢」。
17:5 在他「額上」有名寫著說、「奧祕哉」、「大巴比倫」、作世上的「淫婦」和一切「可憎之
物」的母。
17:6 我又看見那「女人」喝醉了「聖徒的血」、和爲「耶穌」作「見證」之人的血・我看見他、
就大大的希奇。

17:7「天使」對我說、你爲甚麼希奇呢・我要將這「女人」和馱著他的那「七頭十角獸」的「奧
祕」告訴你。
17:8 你所看見的「獸」、先前有、如今沒有・將要從「無底坑」裡上來、又要歸於沉淪。凡住
在地上名字從「創世」以來沒有記在「生命冊」上的、見先前有、如今沒有、以後再有的
「獸」、就必希奇。
17:9「智慧的心」在此可以思想・那「七頭」就是「女人」所坐的「七座山」・
17:10 又是「七位王」・五位已經傾倒了、一位還在、一位還沒有來到・他來的時候、必須暫時存
留。
17:11 那先前有、如今沒有的「獸」、就是「第八位」・他也和那七位同列、並且歸於沉淪。
17:12 你所看見的那「十角」、就是「十王」・他們還沒有得國・但他們一時之間、要和「獸」同
得「權柄」與王一樣。
17:13 他們同心合意、將自己的「能力權柄」給那「獸」。
17:14 他們與「羔羊」爭戰、「羔羊」必勝過他們、因爲「羔羊」是「萬主之主、萬王之王」・同
著「羔羊」的、就是蒙召被選有忠心的、也必得勝。
17:15「天使」又對我說、你所看見那「淫婦」坐的「眾水」、就是「多民多人多國多方」。
17:16 你所看見的那「十角」、與「獸」、必恨這「淫婦」、使他冷落赤身・又要喫他的肉、用火
將他燒盡。

17:17 因爲　神使「諸王」同心合意、遵行他的旨意、把「自己的國」給那「獸」、直等到　「神
的話」都應驗了。
17:18 你所看見的那「女人」、就是管轄地上「眾王」的「大城」。

（二）「巴比倫大城」的傾倒

●《新約聖經》啟示錄：

18:1 此後、我看見另有一位「有大權柄的天使」從天降下．地就因他的榮耀發光。
18:2 他大聲喊著說、「巴比倫大城」傾倒了、傾倒了、成了「鬼魔」的住處、和各樣「汙穢之
靈」的巢穴、（或作「牢獄」下同）並各樣「汙穢可憎之雀鳥」的「巢穴」。
18:3 因爲「列國」都被他「邪淫大怒的酒」傾倒了．地上的「君王」與他行淫、地上的「客
商」、因他「奢華太過」就發了財。
18:4 我又聽見從天上有聲音說、我的民哪、你們要從那城出來、免得與他一同有罪、受他所受的
災殃。
18:5 因他的罪惡滔天他的「不義」　神已經想起來了。
18:6 他怎樣待人、也要怎樣待他、按他所行的加倍的報應他．用他調酒的杯、加倍的調給他喝。
18:7 他怎樣榮耀自己、怎樣奢華、也當叫他照樣痛苦悲哀．因他心裡說、我坐了「皇后」的位、
並不是「寡婦」、決不至於悲哀。
18:8 所以在一天之內、他的「災殃」要一齊來到、就是「死亡、悲哀、饑荒」、他又要被火燒盡

了．因爲審判他的主　神大有能力。
18:9 地上的「君王」、素來與他行淫一同奢華的、看見燒他的煙、就必爲他哭泣哀號。
18:10 因怕他的痛苦、就遠遠的站著說、哀哉、哀哉、「巴比倫大城」、堅固的城阿、一時之間你
的刑罰就來到了。
18:11 地上的「客商」也都爲他哭泣悲哀、因爲沒有人再買他們的貨物了。
18:12 這貨物就是「金、銀、寶石、珍珠、細麻布、紫色料、綢子、朱紅色料、各樣香木、各樣象
牙的器皿、各樣極寶貴的木頭和銅、鐵、漢白玉的器皿」、
18:13 並「肉桂、荳蔻、香料、香膏、乳香、酒、油、細麵、麥子、牛、羊、車、馬、和奴僕、人
口」。
18:14 「巴比倫」哪、你所貪愛的「果子」離開了你．你一切的「珍饈美味」、和「華美的物
件」、也從你中間毀滅、決不能再見了。
18:15 販賣這些貨物、藉著他發了財的「客商」、因怕他的痛苦、就遠遠的站著哭泣悲哀、說、
18:16 哀哉、哀哉、這大城阿、素常穿著「細麻、紫色、朱紅色的衣服」、又用「金子、寶石、和
珍珠」爲妝飾．
18:17 一時之間、這麼大的富厚就歸於無有了。凡「船主」、和「坐船往各處去的」、並「衆水
手」、連所有「靠海爲業的」、都遠遠的站著。
18:18 看見燒他的煙、就喊著說、有何城能比這大城呢。

18:19 他們又把「塵土」撒在頭上、哭泣悲哀、喊著說、哀哉、哀哉、這大城阿．凡有船在海中
的、都因他的「珍寶」成了富足．他在一時之間就成了荒場。
18:20 天哪、「衆聖徒衆使徒衆先知」阿、你們都要因他歡喜．因爲 神已經在他身上伸了你們的
冤。
18:21 有一位「大力的天使」舉起一塊石頭、好像「大磨石」、扔在海裡、說、「巴比倫大城」、
也必這樣猛力的被扔下去、決不能再見了。
18:22「彈琴、作樂、吹笛、吹號」的聲音、在你中間決不能再聽見．「各行手藝人」在你中間決
不能再遇見．「推磨的聲音」在你中間決不能再聽見．
18:23「燈光」在你中間決不能再照耀．「新郎和新婦」的聲音、在你中間決不能再聽見．你的
「客商」原來是地上的「尊貴人」．「萬國」也被你的「邪術」迷惑了。
18:24「先知和聖徒」、並「地上一切被殺之人」的血、都在這城裡看見了。

（三）「羔羊」的婚筵

●《新約聖經》啟示錄：

19:1 此後、我聽見好像「群衆」在「天上」大聲說、「哈利路亞」、（就是「要讚美耶和華」的
意思）救恩、榮耀、權能、都屬乎我們的 神．
19:2 他的判斷是真實公義的．因他判斷了那用「淫行」敗壞世界的「大淫婦」、並且向「淫婦」
討流「僕人血」的罪、給他們伸冤。

19:3 又說、「哈利路亞」。燒「淫婦」的煙往上冒、直到永永遠遠。
19:4 那「二十四位長」老與「四活物」、就俯伏敬拜坐「寶座」的　神、說、阿們、「哈利路
亞」。
19:5 有聲音從「寶座」出來說、　神的「衆僕人」哪、凡敬畏他的、無論大小、都要讚美我們的
神。
19:6 我聽見好像「群衆」的聲音、「衆水」的聲音、「大雷」的聲音、說、「哈利路亞」．因爲
主我們的　神、全能者、作王了。
19:7 我們要歡喜快樂、將「榮耀」歸給他．因爲「羔羊婚娶的時候」到了、「新婦」也自己預備
好了。
19:8 就蒙恩得穿光明潔白的「細麻衣」、這「細麻衣」就是「聖徒所行的義」。
19:9「天使」吩咐我說、你要寫上、凡被請赴「羔羊之婚筵的」有福了。又對我說、這是　神眞實
的話。
19:10 我就俯伏在他腳前要拜他。他說、千萬不可．我和你並你那些爲「耶穌」作「見證」的「弟
兄」同是作「僕人」的．你要敬拜　神．因爲「預言中的靈意」、乃是「爲耶穌作見證」。

（四）「天空飛鳥」的大筵席

●《新約聖經》啟示錄：

19:11 我觀看、見天開了．有一匹「白馬」．騎在馬上的、稱爲「誠信眞實」．他審判爭戰都按著

「公義」。
19:12他的「眼睛」如「火焰」、他頭上戴著許多「冠冕」．又有寫著的名字、除了他自己沒有人知道。
19:13他穿著「濺了血的衣服」．他的名稱爲　「神之道」。
19:14在天上的「衆軍」、騎著「白馬」、穿著「細麻衣」、又白又潔、跟隨他。
19:15有「利劍」從他口中出來、可以擊殺「列國」．他必用「鐵杖」轄管他們．（「轄管」原文作「牧」）並要踹全能　「神烈怒的酒醡」。
19:16在他「衣服」和「大腿」上、有名寫著說、「萬王之王、萬主之主」。
19:17我又看見一位「天使」站在「日頭」中、向「天空所飛的鳥」、大聲喊著說、你們聚集來赴「神的大筵席」．
19:18可以喫「君王與將軍」的肉、「壯士與馬和騎馬者」的肉、並一切「自主的爲奴的」、以及「大小人民」的肉。
19:19我看見那「獸」、和地上的「君王」、並他們的「衆軍」、都聚集、要與「騎白馬」的、並他的「軍兵」爭戰。
19:20那「獸」被擒拿、那在「獸」面前曾行奇事、迷惑受「獸印記」、和「拜獸像之人」的「假先知」、也與「獸」同被擒拿．他們兩個就活活的被扔在燒著硫磺的「火湖」裡。
19:21其餘的被「騎白馬者」口中出來的劍殺了．「飛鳥」都喫飽了他們的肉。

（五）「千年國度」和「白色大寶座」前的審判

●《新約聖經》啟示錄：

20:1 我又看見一位「天使」從天降下、手裡拿著「無底坑」的「鑰匙」、和一條「大鍊子」。
20:2 他捉住那「龍」、就是「古蛇」、又叫「魔鬼」、也叫「撒但」、把他捆綁一千年。
20:3 扔在「無底坑」裡、將「無底坑」關閉、用印封上、使他不得再迷惑「列國」、等到那一千
年完了‧以後必須暫時釋放他。
20:4 我又看見幾個「寶座」、也有坐在上面的、並有「審判的權柄」賜給他們‧我又看見那些
因為給「耶穌」作「見證」、並為　「神之道」被斬者的「靈魂」、和那沒有拜過「獸與
獸像」、也沒有在「額上」和「手上」受過他「印記」之人的「靈魂」‧他們都復活了、與
「基督」一同作王一千年。
20:5 這是「頭一次的復活」。其餘的「死人」還沒有復活、直等那一千年完了。
20:6 在「頭一次復活」有分的、有福了、聖潔了‧「第二次的死」在他們身上沒有「權柄」‧他
們必作　神和「基督」的「祭司」、並要與「基督」一同作王一千年。
20:7 那一千年完了、「撒但」必從「監牢」裡被釋放、
20:8 出來要迷惑地上「四方的列國」、（方原文作「角」）就是「歌革」和「瑪各」、叫他們聚
集爭戰‧他們的人數多如「海沙」。
20:9 他們上來遍滿了全地、圍住「聖徒的營」、與「蒙愛的城」‧就有火從天降下、燒滅了他

們。

20:10 那迷惑他們的「魔鬼」、被扔在「硫磺的火湖」裡、就是「獸」和「假先知」所在的地方.他們必晝夜受痛苦、直到永永遠遠。

20:11 我又看見一個「白色的大寶座」、與坐在上面的.從他面前天地都逃避、再無可見之處了。

20:12 我又看見「死了的人」、無論大小、都站在「寶座」前.「案卷」展開了.並且另有一卷展開、就是「生命冊」.「死了的人」都憑著這些「案卷」所記載的、照他們所行的受審判。

20:13 於是「海」交出其中的「死人」.「死亡和陰間」也交出其中的「死人」.他們都照各人所行的受審判。

20:14「死亡和陰間」也被扔在「火湖」裡.這「火湖」就是「第二次的死」。

20:15 若有人名字沒記在「生命冊」上、他就被扔在「火湖」裡。

「歌革」和「瑪各」是什麼?在《創世記》裡,「瑪各」是「諾亞」的孫子。

●**《舊約聖經》創世記:**

10:1 「挪亞」的兒子閃、含、「雅弗」的後代、記在下面.洪水以後、他們都生了兒子。

10:2 「雅弗」的兒子是歌篾、「瑪各」、瑪代、雅完、土巴、米設、提拉、

「瑪各」的子孫定居在「以色列」的北部,「瑪各」最後成爲「瑪各」後代子孫定居之地的名稱。

「歌革」是「瑪各」一位未來領袖的名字,他將帶領軍隊攻擊「以色列」。上帝「耶和華」預言

了「歌革」的厄運。

●《舊約聖經》以西結書：

38:2「人子」阿、你要面向「瑪各地」的「歌革」、就是「羅施、米設、土巴」的王、發預言攻擊他。

38:14「人子」阿、你要因此發預言、對「歌革」說、「主耶和華」如此說、到我民「以色列」安然居住之日、你豈不知道麼。

38:15 你必從本地從「北方」的極處、率領許多國的民來、都騎著馬、乃一大隊極多的軍兵。

38:16「歌革」阿、你必上來攻擊我的民「以色列」、如密雲遮蓋地面．末後的日子、我必帶你來攻擊我的地、到我在「外邦人」眼前、在你身上顯爲聖的時候、好叫他們認識我。

在《以西結書》的第三十八和三十九章，和《啟示錄》第二十章中，引用「歌革」和「瑪各」，是不同的人物。雖然兩處經文都提到相同的名稱，但是仔細研究經文，就可以知道，它們不是指相同的人物和事件。

在《以西結書》的預言中，「歌革」將是一個偉大的領袖，帶領軍隊攻擊「以色列」地。「歌革」被描述爲「瑪各地的歌革，是羅施、米設、土巴的王」。

在《啟示錄》中，再次提到「歌革」和「瑪各」。這是一場不同的戰鬥，但是「歌革」和「瑪各」名稱的重複出現，表明歷史將會重演，在《啟示錄》中，再次看到對神同樣的悖逆。

（六）「羔羊的新婦」妝飾整齊

●《新約聖經》啟示錄：

21:1 我又看見一個「新天新地」．因爲「先前的天地」已經過去了．「海」也不再有了。
21:2 我又看見聖城「新耶路撒冷」由　神那裡從天而降、預備好了、就如「新婦」妝飾整齊、等
候「丈夫」。
21:3 我聽見有大聲音從「寶座」出來說、看哪、「神的帳幕」在人間．他要與人同住、他們要
作他的「子民」、　神要親自與他們同在、作他們的　神。
21:4 神要擦去他們一切的眼淚．不再有死亡、也不再有悲哀、哭號、疼痛、因爲以前的事都過去
了。
21:5 坐「寶座」的說、看哪、我將一切都更新了。又說、你要寫上．因這些話是可信的、是眞實
的。
21:6 他又對我說、都成了。我是「阿拉法」、我是「俄梅戛」、我是「初」、我是「終」。我要
將「生命泉的水」白白賜給那「口渴的人」喝。
21:7 「得勝的」、必承受這些爲業．我要作他的　神、他要作我的兒子。
21:8 惟有膽怯的、不信的、可憎的、殺人的、淫亂的、行邪術的、拜偶像的、和一切說謊話的、
他們的分就在燒著「硫磺的火湖」裡．這是「第二次的死」。
21:9 拿著「七個金碗」、盛滿「末後七災」的「七位天使」中、有一位來對我說、你到這裡來、
我要將「新婦」、就是「羔羊的妻」、指給你看。

（七）聖城「新耶路撒冷」

●《新約聖經》啟示錄：

21:10 我被「聖靈」感動、「天使」就帶我到一座「高大的山」將那由　神那裡從天而降的聖城
「耶路撒冷」指示我。
21:11 城中有　「神的榮耀」．「城的光輝」如同極貴的「寶石」、好像「碧玉」、明如「水
晶」．
21:12 有高大的牆．有「十二個門」、門上有「十二位天使」．門上又寫著「以色列十二個支派」
的名字。
21:13「東邊」有三門．「北邊」有三門．「南邊」有三門．「西邊」有三門。
21:14 城牆有「十二根基」、根基上有「羔羊十二使徒的名字」。
21:15 對我說話的拿著「金葦子」當尺、要量那城、和城門城牆。
21:16 城是四方的、長寬一樣、「天使」用「葦子」量那城、共有四千里．長寬高都是一樣。
21:17 又量了城牆、按著人的尺寸、就是「天使」的尺寸、共有一百四十四肘。
21:18 牆是「碧玉」造的．城是「精金」的、如同明淨的「玻璃」。
21:19 城牆的「根基」是用各樣「寶石」修飾的。「第一根」基是「碧玉」．第二是藍「寶石」．
第三是「綠瑪瑙」．第四是「綠寶石」。
21:20 第五是「紅瑪瑙」．第六是「紅寶石」．第七是「黃璧璽」．第八是「水蒼玉」．第九是

「紅璧璽」．第十是「翡翠」．第十一是「紫瑪瑙」．第十二是「紫晶」。
21:21「十二個門」是「十二顆珍珠」．每門是一顆「珍珠」．城內的「街道」是「精金」、好像
明透的「玻璃」。
21:22 我未見城內有殿、因主　「神全能者」、和「羔羊」、爲城的殿。
21:23 那城內又不用「日月光」照．因有　「神的榮耀光」照．又有「羔羊」爲城的「燈」。
21:24「列國」要在「城的光裡」行走．地上的「君王」必將自己的「榮耀」歸與那城。
21:25 城門「白晝」總不關閉．在那裡原沒有黑夜。
21:26 人必將「列國的榮耀尊貴」歸與那城。
21:27 凡「不潔淨」的、並那行「可憎與虛謊之事」的、總不得進那城．只有名字寫在「羔羊生命
冊」上的纔得進去。
22:1「天使」又指示我在城內街道當中一道「生命水的河」、明亮如「水晶」、從　「神和羔羊的
寶座」流出來。
22:2 在河這邊與那邊有「生命樹」、結「十二樣果子」、(「樣」或作「回」)每月都結果子．
「樹上的葉子」乃爲醫治「萬民」。
22:3 以後再沒有「咒詛」．在城裡有　「神和羔羊的寶座」．他的「僕人」都要事奉他。
22:4 也要見他的面．他的名字必寫在他們的「額上」。
22:5 不再有「黑夜」．他們也不用「燈光日光」．因爲主　神要光照他們．他們要作王、直到永

永遠遠。

九、結語

●（一）信息

《新約聖經》啟示錄：

22:6 「天使」又對我說、這些話是眞實可信的．主就是「衆先知」被感之靈的　神、差遣他的使
者、將那必要快成的事指示他「僕人」。
22:7 看哪、我必快來。凡遵守這「書上預言」的有福了。
22:8 這些事是我「約翰」所聽見所看見的．我既聽見看見了、就在指示我的「天使」腳前俯伏要
拜他。
22:9 他對我說、千萬不可．我與你、和你的弟兄「衆先知」、並那些守這書上言語的人、同是作
「僕人」的．你要敬拜　神。
22:10 他又對我說、不可封了「這書上的預言」．因爲日期近了。
22:11 「不義的」、叫他仍舊「不義」．「汙穢的」、叫他仍舊「汙穢」．「爲義的」、叫他仍舊
「爲義」．「聖潔的」、叫他仍舊「聖潔」。
22:12 看哪、我必快來．賞罰在我、要照各人所行的報應他。
22:13 我是「阿拉法」、我是「俄梅戛」、我是「首先的」、我是「末後的」、我是「初」、我是

「終」。
22:14那些「洗淨自己衣服的」有福了、可得「權柄」能到「生命樹」那裡、也能從門進城。
22:15城外有那些犬類」行邪術的、淫亂的、殺人的、拜偶像的、並一切喜好說謊言編造虛謊的。
22:16我「耶穌」差遣我的「使者」爲「衆教會」將這些事向你們證明。我是「大衛的根」、又是
「他的後裔」．我是「明亮的晨星」。
22:17「聖靈」和「新婦」都說來。「聽見的人」也該說來。「口渴的人」也當來．「願意的」都
可以白白取「生命的水」喝。

（二）警告

●《新約聖經》啟示錄：

22:18我向一切聽見這「書上預言」的作「見證」、若有人在這「預言」上加添甚麼、 神必將寫
在這書上的災禍加在他身上。
22:19這「書上的預言」、若有人刪去甚麼、 神必從這書上所寫的生命樹、和聖城、刪去他的
分。

（三）頌讚和祝福

●《新約聖經》啟示錄：

22:20證明這事的說、是了．我必快來。阿們。「主耶穌」阿、我願你來。
22:21願「主耶穌」的恩惠、常與「衆聖徒」同在。阿們。

第六單元 「基督教」的歷史

一、起源

（一）背景

從《舊約聖經》的最後一部書，一直到「耶穌基督」出現之前的這段時間，被稱為「新舊約間隔期」，或者「新舊約之間」。因為，在這段期間，沒有來自上帝「耶和華」的預言，「神」消失不見有四百年之久，有些人稱這段期間為「四百年沉寂」。

在「猶太人」反抗「羅馬帝國」統治的群眾中，由於政治、經濟地位的不同，分裂為四個「政治宗教團體」：「法利賽黨、撒都該派、敬虔派和奮銳黨」。四個黨的簡介如下：

⑴法利賽黨：是「猶太」的「中產階級」和「宗教知識分子」的派別，《新約聖經》中稱為「文士」或「律法師」。他們是猶太上層的「反對派」，在政治上主張不與「羅馬人」合作，但是也不積極反抗。此派在宗教上承認「口傳律法」，接受天堂、地獄、復活、永生的思想，要求保持傳統的文化與宗教，消極的等待「救世主」的來臨，以拯救「猶太人」，並且重視各「會堂」的活動。

⑵撒都該派：「撒都該」原來是「所羅門王」時代的一個「大祭司家族」的名稱，後來演化為

「派別」名稱。此派是當時的「祭司貴族」，爲「猶太」的「當權派」。他們經濟上富有，掌管「猶太人」繳納的「什一稅」，兼營「銀錢業」，並且掌管「猶太教聖殿」的「司法權」，世襲「大祭司」的職位，與「猶太富人」和「羅馬統治者」狼狽爲奸，主張服從「羅馬」統治，僅保持「宗教獨立」和「猶太教規」，在政治上是「投降派」。他們在宗教上，只承認《摩西五經》，不承認其他口傳的教義；堅持以「聖殿的崇拜」爲中心，不重視「耶路撒冷」以外的「會堂」活動，因此，在「聖殿」毀滅後，走向衰落。

(3)敬虔派：其成員爲「農民」和「牧民」大約四千人，他們居住在「死海」西岸，主要活動於「巴勒斯坦」農村。他們實行「離城獨居、財產公有，經濟互助、禁慾主義」，在思想上具有明顯的「末世論」傾向，認爲「救世主」即將來臨。

(4)奮銳黨：是各派中最年輕的一派，爲「猶太人民」反對「羅馬」統治和「猶太上層」鬥爭的黨派，創始人爲「加利利」的「猶大」。該派的政治觀點，主張通過「暴力鬥爭」，把「猶太民族」從「羅馬」統治下解放出來，建立「上帝之國」，即獨立自主的「猶太國」。其成員爲「猶太下層」的「無產者、遊民、乞丐、貧窮手工業者」與「小商販」，曾發動多次起義。

這四個「猶太人」的「政治宗教團體」，在反抗「羅馬帝國」統治的作爲上，有消極的，也有積極的。但是，他們確定唯一可以拯救自己的，就是救世主「彌賽亞」的出現。

《新約聖經》講述了「猶太人希望」「彌賽亞」來臨的故事，「耶穌」就是傳說中的「彌賽亞」，「四百年沉寂」就被史上最偉大的故事打破，就是「耶穌基督」的「福音」。

（二）「耶穌」的開路先鋒「施洗約翰」

在「耶穌基督」誕生之前，有一位非常重要的人物，他被神揀選作「先知」式的呼召，為將要來臨的「耶穌」鋪下「救恩之路」，做「開路先鋒」，這個人就是「施洗約翰」。

根據《新約聖經》的描述，「施洗約翰」是祭司「亞倫」的後裔。「施洗約翰」在「約旦河」中為人施洗禮、勸人悔改，後來他因公開抨擊當時的猶太王「希律．安提帕斯」，因此被捕入獄，最後遭到處決。

「基督教」解經家傳統的解釋，都認為「施洗約翰」是「耶穌」的「表哥」，還比「耶穌」大六個月。

「施洗約翰」在猶太曠野長大成人，在那兒領受作「先知」的呼召，當時大約是公元二十七年，他到「約旦河」一帶傳講「悔改的信息」。「施洗約翰」呼籲「以色列人」不要以為他們是「亞伯拉罕」的後裔，就可以逃避神的審判，他們都需要悔改行善，尋求赦罪。

雖然「施洗約翰」受一般百姓的擁戴，他卻沒有自高自大，反而強調自己是那位「將臨者」的先鋒；這位「將臨者」跟他一樣，其誕生早被天使清楚說明。「施洗約翰」用水施洗，但「將臨者」卻要用「火和聖靈」為人施洗。

「施洗約翰」滿三十歲開始服事，到「耶穌」滿三十歲接受「施洗約翰」的施洗之前，短短半年之間，「全猶太」和「全約旦河地區」的人，都到「施洗約翰」那裡去，承認他們的罪，在「約旦河」裡受他的洗。所以，當「耶穌」來接受「施洗約翰」施洗的時候，他就見證了「耶穌」應得的地位，並叫他自己的「門徒」跟從「耶穌」。

「施洗約翰」就是《舊約聖經》的預言中，那在「基督」前面，爲上帝「耶和華」預備道路的那個人。「施洗約翰」當著「耶穌」的面，爲「耶穌」作見證。

（三）「耶穌」的誕生

公元前四年，「耶穌」誕生在「伯利恆」，在「加利利」地區的「拿撒勒」長大。三位前往拜訪「小耶穌」的「先知」去見「大希律王」，「大希律王」爲了解決這個「未來的新王」，就下令將「兩歲以下的嬰兒」殺光。因此，「耶穌」出生後不久，一度前往「埃及」，以逃避「大希律王」的追殺。

「耶穌」從三十歲開始「傳道」，又行「神跡、醫病、驅邪」，並招募十二位「使徒」。最後在公元三十三年左右，被猶太「祭司長」、「文士」及「法利賽人」誣陷，受「羅馬帝國」猶太行省的總督「本丟．彼拉多」審判，被釘死在「十字架」上。

「耶穌」死前，曾經預言自己死後三天將會復活，果然死後三天，「耶穌」復活。許多「耶穌」的「門徒」，見證了「耶穌」的「復活和升天」，「耶穌」被釘死，卻復活的消息，構成了「基督教信仰」的基石。「耶穌」的生平及其言行，記載於《新約聖經》的《四福音書》中。

「耶穌」和他最初的「門徒」，都是「猶太人」，「耶穌」的教導也基於《希伯來語聖經》，後來「猶太教」的《希伯來語聖經》成了「基督教」的《舊約聖經》。

「耶穌」被釘死在「十字架」之後，「猶太教」領袖一直試圖壓制「耶穌」的「使徒」。但是，在「耶穌」被釘死又復活後，「使徒們」組成與當時「猶太教」和「希臘」信仰不同的「教會」，而且容許未受「割禮」，但是受了「浸禮」的「外邦人」入會。他們被稱爲「基督徒」，並且公開宣稱「耶穌」爲「基督」。「基督教徒」一開始採用的是「猶太教」典籍的「希臘語譯本」，來作爲他們的《舊約聖經》，之後又加入了《新約聖經》。

二、使徒時代（公元三十一年到公元一〇〇年）

（一）初期的教會

初期的「教會」是從「耶路撒冷」開始的，當時的「信徒」縱使受苦受難也不動搖，奠定初期「教會」的根基。「猶太教」在「耶路撒冷」迫害「基督徒」，「基督徒」因此四散逃亡，反而讓「福音」傳遍各地。

（二）使徒「保羅」的三次宣教旅程

公元四十九年，「基督徒」在「耶路撒冷」舉行會議，決定「外邦基督徒」可以不受「猶太教割禮」。隨後因爲使徒「保羅」的三次宣教旅程，使「基督信仰」傳至「加拉太、馬其頓、亞該亞」和「亞細亞」等各省。

（三）「初期教會」的組成人員

「耶穌」的「十二使徒」和所有早期的「追隨者」，都是「猶太人」或者皈依「猶太教」的「外邦人」。因此，最早三千個改變信仰者，全部都是「猶太人」，或者原本信奉「猶太教」的人，或者「外邦人」。「羅馬」的百夫長「哥尼流」，被認爲是第一個「外邦人」的「基督徒」。

三、後使徒時代（公元一〇〇年到公元三二五年）

（一）「基督徒」受到「羅馬帝國」皇帝「尼祿」的迫害

「羅馬帝國」一開始對「基督教」採取較寬容的宗教政策，讓「基督教」得以發展。但是，「基督徒」對「耶穌基督」效忠，拒絕對「羅馬皇帝」效忠，這一點引起「羅馬皇帝」的反感。

公元六十四年，「羅馬城」發生大火，全城幾乎陷入一片火海之中，一連竄燒了六天七夜，結果「羅馬城」成爲焦土一片，城市被大面積燒毀。當時許多人認爲，這場大火是當時的「羅馬帝國」皇帝「尼祿」，派軍隊去做的。「尼祿」被認爲是想利用這場大火，將大量地方燒成「白地」，以便他可以興建富麗堂皇的皇宮。

「尼祿」聽聞人民懷疑是他派人暗地縱火，爲了不使傳言擴大，他便宣稱這場火災是「基督徒」陰謀縱的火。於是，他下令逮捕「基督徒」，公開將他們殘酷折磨，例如：釘十字架、披獸皮讓惡狗咬死、將他們釘上柱子做爲蠟燭等。使得許多「基督徒」死於監獄、鬥獸場等地。

此後的公元前三個世紀，「基督徒」一直受到來自部分「猶太教派」和「羅馬帝國政府」的迫害。此外，更有「地區性的迫害」，與社會上的種種誤解、歧視、私刑和誣陷。

（二）「特士良」首先提出「三位一體」等神學名詞

「特士良（Tertullian）」，北非「柏柏爾人」，生於「羅馬帝國」阿非利加行省「迦太基城」，爲「律師、基督教會主教」，是早期「基督教」著名的「神學家、哲學家、護教士」。

「特士良」對於「三位一體」與「基督的神人二性」，這二個「教義」的闡明，爲後來「東方」

與「西方」兩個教會的「正統教義」，奠定了基礎。

「特土良」用「本體（essence）」來說明「神性」及「神性所包括的一切」，指「聖父、聖子、聖靈」同有「相同本質」，只是「相互關係」的不同。「特土良」用拉丁文「Trinitas」，意爲「三而一」，來作爲「三位一體」的專有名詞。後來，這個名詞一直被「教會」所採用。

「特土良」被譽爲「第一位拉丁教父」和「西方基督教神學鼻祖之一」，有人稱「特土良」是「希臘最後一位護教士」。

（三）「早期教會」所面臨的一些「異端教派」

「異端（Heresy）」是指異於「正統」或「主流」的思想和學說，通常有負面的含意。「異端」不是「叛教」，「叛教」是明確地脫離一個宗教，也不完全等同於「褻瀆」，對神或神聖事物的不敬，雖然許多「異端」因爲違反「正統」或「主流」的觀點，被指責爲「褻瀆」。

「異端」一詞常被用於宗教中，尤其是「猶太教」、「基督教」和「伊斯蘭教」，即指違反一個宗教的「重要教義」的教派及其學說。

「早期教會」所面臨的一些「異端教派」如下：

(1)尼哥拉黨：《啟示錄》提及的「尼哥拉黨」，在當時已經存在一段時間了。

●**《新約聖經》啟示錄：**

2:6 然而你還有一件可取的事、就是你恨惡「尼哥拉一黨人」的行爲、這也是我所恨惡的。

「尼哥拉一黨」是指生活放蕩、信仰混亂的「外邦信徒」，這些人縱容、寬待不道德的行爲，容忍吃「祭過偶像的食物」，無度的放縱肉體的私慾，實行淫亂。在「信仰」上與「異教」妥協，腳踏兩條船。

⑵諾斯底主義：「諾斯底」是希臘文「靈知（gnosis）的意思，「諾斯底主義」強調人要透過「靈知」，來獲得「知識」。「靈知」在希臘語原文，是指透過個人「經驗」所獲得的一種「知識」或「意識」。「諾斯底主義者」相信，透過這種超凡的「經驗」，可以使他們脫離「無知」及「現世」。雖然上帝「耶和華」是創造天地萬物的神，可是「物質」既然「邪惡」，上帝「耶和華」也就是一位「次等的神」。

⑶東西方教會三一論：「西方教會」受「特士良」的影響，忠於「尼西亞會議」的結果。因而「東西方教會」產生兩種不同的「三一論模式」：一種是以希臘教父「特士良」爲代表的「社會三一論」，另一種是以「奧古斯丁」爲代表的「心理或實體三一論」。

「奧古斯丁三一神」的觀點，著重闡釋「神聖三一」中的「三」，而反對「一位一體論」，解釋「父、子、聖靈」之間的平等關係，宣示「父、子、聖靈」的同性同體。採用「父、子、聖靈」三位之間的關係，以人內在的「心裡因素」解釋「神聖三一」三者之間的關係，分別以「存有、認識、及意願（記憶、悟性、行動）」來說明「父、子、聖靈」三者之間關係的區別，對西方神學、哲學發展影響深遠。

⑷聶斯脫里派：「聶斯脫里」口才出衆，廣受人們歡迎及敬重，出身於「安提阿修道院」，強調「耶穌基督的人性」。「聶斯脫里」在強調「耶穌基督」的「二元性」的教導上，被控告他主

張「耶穌基督」是兩個人與「基督一位格」教義違背「聶斯脫里」極力反對當時「教會」敬拜聖母「馬利亞」，認爲「馬利亞」只是「耶穌」的母親，否認她的「神性」。

(5)亞波里拿留派：「亞波里拿留派」是公元四世紀，「老底嘉」主教「亞波里拿留」創立的「異端」，否認「耶穌基督」具有「人性」，而以「道」於「耶穌」內代替「人性」。「亞波里拿留」分別在「羅馬會議」、「亞歷山大會議」、「安提阿會議」，及最後的「君士坦丁堡會議」被定罪。

四、第四、五世紀的基督教（公元三一三年到公元四七六年）

（一）「基督教」歷史上的轉折點：《米蘭敕令》

公元三〇三年，「羅馬皇宮」發生火災，羅馬副皇帝「伽列里烏斯」歸咎於「基督徒」，導致羅馬皇帝「戴克里先」開始執行「羅馬帝國」最後也是最大的迫害「基督教運動」。

公元三〇五年，羅馬皇帝「戴克里先」退位，而副皇帝「伽列里烏斯」升爲羅馬東、西部的「奧古斯都（神聖、至尊的意思）」，也就是「羅馬皇帝」。

公元三一一年，羅馬皇帝「伽列里烏斯」生一場重病，痛苦萬分，同年四月他頒佈《寬容詔諭（edict of toleration）》，結束前任羅馬皇帝「戴克里先」迫害「基督教」的詔書。

原來「伽列里烏斯」要求「基督徒」爲他的重病禱告，然而六天後，他還是不治去世，接著由立場明顯傾向「基督教」的「君士坦丁大帝」繼位。由於「君士坦丁大帝」的母親「聖海倫娜」信仰

「基督教」，所以「君士坦丁大帝」對「基督教」很友善。

「君士坦丁大帝」爲了廢除羅馬帝國皇帝「戴克里先」設立的「四帝共治制度」，讓他成爲「羅馬帝國」的唯一皇帝，在公元三一二年十月二十八日發動「米爾維安大橋戰役（Battle of the Milvian Bridge）」，和羅馬帝國西部皇帝「馬克森提烏斯」交戰。

在「穆爾維大橋戰役」的前夕，「君士坦丁」在夢中被指示「把一個神聖的符號塗在士兵的盾牌上，這是你克敵的記號。」，他聽從了夢裡的指示，並且下令把一個代表「基督」的符號，塗在部隊士兵的「盾牌」上。

這個「符號」，就是著名的「凱樂符號（Chi-Rho）」，「凱樂符號」是一個早期的「基督宗教符號」，至今依然由一些「基督宗教」分支所使用，例如「天主教」。「君士坦丁」將這個符號，用在他的「軍旗」上，就是所謂的「拉布蘭旗」。

最後，「君士坦丁」贏得了這場戰役的勝利，「馬克森提烏斯」在交戰時，溺斃於河中。贏得戰爭後，「君士坦丁」在「羅馬帝國」的西部稱帝。

公元三一三年，「羅馬帝國」東部的皇帝「李錫尼」娶了「君士坦丁」的妹妹「君士坦提婭」。同年稍後，「李錫尼」擊敗了「馬克西米努斯」，而成爲「羅馬帝國」東部的唯一統治者。從此，「李錫尼」與「君士坦丁」分治「羅馬帝國」東、西部十一年。

公元三一三年「君士坦丁」和「羅馬帝國」東部的皇帝「李錫尼」共同頒布了《米蘭敕令》，「基督教」獲得合法地位，從此「羅馬帝國」內，「羅馬人」有信仰「基督教」的自由，並且政府歸還先前沒收的教產。

「君士坦丁」會頒佈《米蘭敕令》，讓「基督教」獲得合法地位，是因爲「政治考量」。因爲，歷代的「羅馬皇帝」，對「基督徒」進行十次大逼迫大屠殺，「君士坦丁」的前任皇帝「戴克里先」，迫害「基督徒」達到空前。

但是，奇怪的是，這樣屠殺「基督徒」，他們還是不怕死，甚至出現「殉道風潮」。他們這樣歡喜的死，吸引許多人圍觀，差不多所有圍觀的人，後來都決定信仰「耶穌」，以致信「基督教」的人越來越多。

在「君士坦丁」登位之後，善於「政治利益盤算」的他，一定會想到，這些殺之不盡的「基督徒」這樣不怕死，如果他讓「基督教」合法化，全國的人都信了「基督教」，那人民都會擁護他，國家豈不是變得強大無比。

我們可以由「君士坦丁」後來大敗妹婿「李錫尼」一事，就可以知道「君士坦丁大帝」是沒有「慈悲心」的，頒佈《米蘭敕令》，只是「政治利益」的考量。

「君士坦丁」雖然和「李錫尼」有姻親關係。但是，一山不容二虎，「君士坦丁」和「李錫尼」兩人終須一戰。公元三二四年，「君士坦丁」在「哈德良堡」大敗「李錫尼」，「李錫尼」投降。由於「君士坦提婭」求情的關係，「君士坦丁」軟禁了「李錫尼」。但是，翌年「君士坦丁」依然將「李錫尼」以「煽惑軍心、陰謀叛亂」的理由絞死，「羅馬帝國」的統治權回歸「君士坦丁」一人。

《米蘭敕令》是「基督教」歷史上的「轉折點」，標誌著「羅馬帝國」的統治者，對「基督教」

從「鎮壓和寬容」的政策，轉變爲「保護和利用」的政策、從被「戴克里先」迫害的「地下宗教」，轉變成爲「合法宗教」，而「基督教」也開始了與「帝國政府」的政權合流關係。

（二）「亞歷山大學派」和「安提阿學派」的爭執

初期「基督教」的神學家，大多認爲「聖子」的地位低於「聖父」，但是關於「耶穌基督」的「本性」以及「耶穌基督」與「聖父」之間的關係，一直沒有完整的解釋。

「亞歷山大學派」的代表人物「俄利根」，也認爲「聖子」在「位階」及「本質」上，都低於「聖父」，即所謂「從屬論」。但是，「俄利根」對於這個問題，還提出了「永恆受生」、「與父同永」的概念。俄利根說：「『聖子』有自己的『位格』，也與『聖父』同在，乃是由於『聖父』永恆的旨意而生。」「俄利根」的「神學思想」，後來引起極大的辯論。

「安提阿學派（Antiochene School）」是以「安提阿教會」爲中心的神學學派，與「亞歷山大學派」對立，主要代表有「安提阿宗」主教，「撒摩撒塔」的「保羅」、「安提阿」的「路濟安」、「馬爾塞魯」、「金口約翰」、「德奧道羅」、「聶斯脫利」和「狄奧多萊」等。

「安提阿學派」詮釋《聖經》，注重「字面意義」，與「亞歷山大學派」的「寓意解經」不同。在「三位一體」的教義上，「安提阿學派」主張「三位」的區別僅在於「上帝」分工形式的不同，例如「聖父創造天地」，「聖子降生救贖」，「聖靈聖化人類」等。

關於「上帝的神性」，「安提阿學派」強調「上帝」只有一位，強烈反對「三神論」。強調「耶穌基督」的「人性」，不稱「聖子」爲「邏各斯（上帝的道）」，而只稱「聖子」降生爲人，與普通人相同，稱「聖靈」爲「聖父、聖子」之靈，這主要是「撒摩撒塔」的「保羅」的觀點。

當時的「亞歷山大學派」，以年輕的執事「亞他那修」爲代表，則認爲獨一的「眞神」擁有三個「位格（聖父、聖子、聖靈）」，存在於同一的「本體」中。

簡單的說，「亞歷山大學派」認爲「聖子」與「聖父」同質，即同「本體論」；另一方面「安提阿學派」認爲「聖子」與「聖父」的本體相異。

（三）第一次「尼西亞公會議」

在「亞歷山大學派」和「安提阿學派」雙方爭執無法平息的情形下，羅馬皇帝「君士坦丁大帝」於公元三二五年，主導了「第一次尼西亞公會議」來解決紛爭。

「第一次尼西亞公會議」處理了關於「基督論」的糾紛，確定「聖子」與「聖父」同質，「安提阿學派」被斥爲「異端」，宣布逐出教會。並且草擬教會共同的《信經》，產生了《尼西亞信經》，強調「三位一體」的信仰，要求各「主教」遵守。

《尼西亞信經》是「第一次尼西亞公會議」和「第一次君士坦丁堡公會議」的結論，關於「基督教」信仰的一項基本議決，主張「聖子」和「聖靈」出於「眞神」而爲「眞神」，「受生」和「發出」而非「受造」；確定了「神乃三位一體」的理論，正所謂「聖父、聖子和聖靈三位的神本質爲一而並無分裂」。接受並且信奉《尼西亞信經》的有「天主教會、正教會、東方正統教會」以及其他「新教」的主要教派（包括「聖公會」和「路德宗」）。

對於「第一次尼西亞公會議」，「安提阿學派」被斥爲「異端」，宣布逐出教會一事，我個人有深刻的感觸。

同樣是信仰上帝「耶和華」和「耶穌基督」，只是因爲不認同「三位一體」的信仰，就被斥爲「異端」，宣布逐出教會。所以，「三位一體」信仰的對錯，是由「人類」來決定，而不是由上帝「耶和華」來決定。上帝「耶和華」沒有顯神蹟來告訴「基督徒」正確的答案，而是由一群「基督教」的「主教」來決定答案，然後要求各「主教」遵守「三位一體」的信仰。

（四）「君士坦丁大帝」修改《聖經》

「伊斯蘭教」指控「基督教」修改《聖經》，對於「君士坦丁大帝」修改《聖經》的說法，「基督教會」當然全力駁斥。但是，「讀者」可以參考下列二個資料來源。

(1)《達文西密碼》：

《達文西密碼》是美國作家「丹·布朗」的一部小說，這本書以七百五十萬本的成績打破美國小說銷售記錄，目前全球累積銷售量更已經突破八千萬冊，成爲有史以來最暢銷的小說之一。這本書集合了偵探，驚悚和陰謀論等多種風格，並激起了大衆對「基督教」理論的普遍興趣，包括：有關「聖杯的傳說」、「抹大拉的瑪麗亞」在「基督教」歷史中的角色等，通常被「基督徒」視爲「異端」的理論。雖然作者「丹·布朗」聲稱，書中所用的資料是事實，但是基督教會指出，內有極多歪曲事實和捏造之處。

下面節錄二段《達文西密碼》的內容：「我們今天所知道的《聖經》是由『羅馬』的異教徒皇帝『君士坦丁大帝』編撰的。」「『基督教』歷史上影響最爲深遠的事件發生了。『君士坦丁』下令並出資編輯寫了一部新的《聖經》。這本《聖經》刪掉了那些記敘『基督』個性特徵的《福音》，而將那些把他描述得像神一樣的《福音》添油加醋一番。早期的《福音書》被查禁燒掉了……非常有趣的是，所有選擇尊崇被禁的《福音書》而不看『君士坦丁』制定的《聖經》的人被稱為『異教徒』。」

⑵《前世今生》：

以「催眠回溯療法」著名，著有《前世今生》系列著作的「布萊恩．魏斯」醫生說，他把他在「哥倫比亞大學」念《比較宗教》時的教科書拿出來看，就已經發現，《舊約聖經》和《新約聖經》都曾提到過「輪迴的觀念」。他在書中說：「而在公元三二五年，羅馬『君士坦丁大帝』和他的母親『海倫娜』，將《新約》中關於『輪迴轉世』的內容刪去了。」

根據「魏斯醫生」查閱資料顯示，在「君士坦丁會議」領導的「基督教」草創期，一些很出名的「教會神父」，例如奧利金（Origen）、亞力山大的克里蒙（Clement of Alexandria）、聖哲羅姆（St.Jerome）等，都相信「輪迴轉世說」。

那為何《聖經》在經過「君士坦丁大帝」重新編纂、推廣時，將早期經典中的一些「耶穌教理」予以排除或修改呢？「魏斯醫生」說：「很明顯地，『君士坦丁大帝』覺得這種『轉世觀念』，會危害『帝國的存在』，因為相信可能有另一世的『國民』，比起相信有『審判日』的人，更不服從命令或遵守法令。」

當時，「基督教會」也和「君士坦丁大帝」一樣，害怕「輪迴轉世」的觀念會減弱「教徒」的決心和信心，不再在當下就開始找尋「救贖之道」。他們堅信，「審判日」的鞭策是必要的，才能確保

「信徒」的信仰的忠誠度。

另外還有一說，早期的「基督徒」是「素食主義」者，同樣被「君士坦丁大帝」刪去。因爲，站在「帝王統治」的角度來講，既然要提升、推廣一個全國性的宗教，並且加以系統控制。那麼，把「入教的要求」降低，卽捨棄「素食主義」，必然可以獲得更多的民衆信仰這個宗教系統。

雖然「君士坦丁大帝」頒佈《米蘭敕令》，讓「基督教」獲得合法的地位。但是，有趣的是，「君士坦丁大帝」自己並沒有信仰「基督教」，因爲他是個信奉「羅馬神明」太陽神「阿波羅」的異教徒。

而且，第一次「尼西亞公會議」之後，雖然「君士坦丁大帝」判定「安提阿學派」爲「異端」，宣布逐出教會。但是，仍然有不少「教會」支持「安提阿學派」的主張。

爲了平定人心，「君士坦丁大帝」試圖找到一種妥協的辦法。但是，以「亞歷山大學派」的主教「亞大納西（Athanase d' Alexandrie）爲首的捍衛者們，不同意對「尼西亞」通過的信條，做出任何改變。

最後，「君士坦丁大帝」被「主教們」的不妥協激怒了，居然出現了戲劇性的變化。「君士坦丁大帝」爲「安提阿學派」平反，卻將「亞歷山大學派」的主教「亞大納西」流放。「安提阿學派」則回到了「君士坦丁堡」，重新被接納入「教會」，不久便去世。「君士坦丁大帝」於公元三三七年逝世，臨終前他受了洗，接受了「亞流教派」的教義。

「亞流教派」又稱爲「阿里烏教派」，是「基督教」歷史中，一個被視爲「異端」的派別，是由曾任「亞歷山大」包加里教區「長老」的「亞流（又翻譯成「阿里烏」）」領導的「基督教」派別。

「亞流（阿里烏）」起先跟隨在「安提阿」著名學者「路迦諾」門下學習。「亞流教派」看重「耶穌基督」的「人性」，但卻完全否認「耶穌基督」的「神性」，認爲「耶穌」次於「天父」，也反對「教會」占有大量財富。

（五）「基督教」成爲「羅馬帝國國教」

公元三八〇年二月二十七日，東部羅馬皇帝「狄奧多西一世」與西部羅馬皇帝「格拉提安」共同頒布了《帖撒羅尼迦敕令》，支持《尼西亞信經》所闡述的「三位一體」的教義，宣佈「基督教」爲正統，並且成爲「羅馬帝國國教」。

「基督教」成爲「羅馬帝國國教」以後，「教區的劃分」與「帝國的行政區域」相同。「主教」按照之前的傳統，設於主要城市，負責監督每一個「教區」。其中五個主要「主教」具有優越地位，即「羅馬、君士坦丁堡、耶路撒冷、安提阿」，和「亞歷山大」。他們的權威，來自於創始的「使徒」，因此「主教」是他們信仰的繼承者。儘管名列第二的「君士坦丁堡」是帝國的新首都，「羅馬主教」仍然被視爲首位。

「基督教」所能影響的範圍，也逐漸擴及「羅馬帝國」全境，包括巴勒斯坦、敘利亞、小亞細亞、波斯、馬其頓、希臘、義大利、西西里、高盧、埃及、北非、比利時、荷蘭、不列顛等地。整個「羅馬帝國」的疆界南邊，以「撒哈拉沙漠」爲界，西邊是「大西洋」，北邊是「萊茵河」與「多瑙河」，東邊是「幼發拉底河」。

（六）「基督教」歷史上首次「教會」公開迫害「信徒」

羅馬皇帝「狄奧多西一世」下令，人民若不相信「傳統的基督教」，將被視爲是非法的「異端」。公元三八〇年，在「西班牙」興起的「百基拉派（Priscillian）」，因爲其他「主教」的排斥，而遭到誣告，在公元三八四年被判爲「異端」，阿維勒（Avila）主教「百基拉」與其他六位「信徒」遭到斬首，後來才得到平反。此事件爲「基督教」歷史上，首次「教會」公開迫害「信徒」的事件。

（七）外族入侵「羅馬帝國」

在中國的「東漢」時期，公元前七十二年，「漢宣帝」發動了十六萬鐵騎，分五路向「匈奴」發動進攻，這也是「漢匈戰爭」中，最大規模的一次戰爭。這一場大戰，「東漢」打垮了「匈奴」，造成了「匈奴」的分裂。「匈奴」分裂爲「南匈奴」與「北匈奴」二部落，「南匈奴」歸附「漢朝」；「北匈奴」遭到「東漢」擊敗，撤退到「中亞草原」，此後就缺乏「北匈奴」的歷史記載。

十八世紀法國「東方學」學者「德金（Joseph de Guignes）」，首次將「匈人」和「匈奴人」串連在一起。「德金」認爲，在「漢匈戰爭」中，被「東漢帝國」徹底擊敗後，「北匈奴」開始往西北逃跑，他們的後代也許遷移到「歐亞大陸」各處，「匈人」也許某程度上繼承了「匈奴人」的文化。自此，學術界便積極尋找這兩個民族之間的關聯，但是到現在，仍未有確實的答案。

「匈人（Huns）」是一支大約在西元四世紀到六世紀，在中亞、高加索、東歐等地區活動的「遊牧民族」或「部落聯盟」。「歐洲」傳統上，認爲他們最早在「伏爾加河」東岸一帶活動，該地區在當時是「斯基泰人」的勢力範圍。

「匈人」最早與「伊朗語族」的「阿蘭人」一同西遷，在公元三七〇年，他們到達「伏爾加河」，公元四三〇年他們就已經在「歐洲」建立了一個廣大卻短暫的帝國，征服了「哥特人」和其他生活在「羅馬帝國」邊陲的「日耳曼語族部落」，並造成大量不同的蠻族，逃入「羅馬帝國境內」。「日耳曼民族」威脅「羅馬帝國」的北境，已經有幾個世紀之久，然而「日耳曼民族」也經常被「匈人」所困擾。

公元三七六年，因爲「匈人」自西部「中亞細亞」侵入「歐洲」，於是「日耳曼人」中的「哥德人」爲勢所逼，就越過「多瑙河」，侵入「東羅馬帝國」，羅馬皇帝「瓦倫斯」陣亡。他的繼承人「狄奧多西」能幹的軍事鐵腕，阻止了「哥德族」的入侵，使「東羅馬帝國（拜占庭）」維持到中世紀才結束。而之後的一百年，「西羅馬帝國」充滿痛苦混亂，這期間的「哥德族」大肆破壞，宗教人士及婦女都被殘暴對待，「教堂」及「祭壇」都遭毀損。

公元四一〇年，「西哥德人」在國王「亞拉里克」的領導下，攻入「羅馬城」，首善之都「羅馬城」竟然遭到「蠻族」的蹂躪，當時的人都大爲震驚。

「匈人」的領袖「阿提拉」，曾經多次率領大軍入侵「東羅馬帝國」及「西羅馬帝國」，並對兩國構成極大的威脅。他曾經率領軍隊兩次入侵「巴爾幹半島」，包圍「東羅馬帝國」首都「君士坦丁堡」；亦曾遠征至「高盧」的「奧爾良」地區，「西羅馬帝國」逼不得已和同樣受「匈人」威脅的傳統敵人「西哥德人」聯手阻止「阿提拉」的入侵。

最後，終於在公元四五一年的「沙隆戰役」中，「阿提拉」敗於「羅馬」和「哥德」的聯軍，「阿提拉」被逼迫停止向西進軍。然而後來「阿提拉」卻攻向「義大利」，並於公元四五二年把當時「西羅馬帝國」首都「拉文納」攻陷，趕走了皇帝「瓦倫丁尼安三世」，使「西羅馬帝國」名存實亡。

繼「哥德族」之後，另一個東日耳曼部族「汪達爾人」，於公元四五五年也越過「地中海」掠奪「羅馬城」，教宗「良一世」出面求情，得以免於浩劫。「汪達爾人」攻陷了「西羅馬帝國」的西部各省，包括義大利、西班牙、北非、荷蘭、高盧、不列顛等地。

「西羅馬帝國」亡於公元四七六年，然而「基督教會」仍然得以保全，許多「蠻族」信仰了「基督教」，「東哥德族、西哥德族、汪達爾族、倫巴特族、法蘭克族」等，都加入「基督教」的行列。

到了公元五〇〇年時，絕大多數「東羅馬帝國」的人，都已經自稱是「基督徒」。「基督教」因為不同的「神學立場」，先後出現了「孟他努派、諾瓦天派、多納徒派、神格唯一派、亞流派、涅斯多留派、優提克斯派」等流派，「東羅馬帝國」政府，只在四世紀末，確認「尼西亞正統派」，以維持「教會」的正統。

（八）「基督教」的「修道主義」

在公元三世紀，許多人過著「罪惡生活」，就算是受浸的「基督徒」中，也有許多在追逐「紙醉金迷」的世界，為了和他們劃清界限以示區別，又可以每天過著聖潔的生活，於是從公元二七〇年開始，「埃及」興起了一種新的「修道主義」。

當時有一些人注重「屬靈生活」，退居大漠。「隱士」的「希臘文」意思是「沙漠」，而「修士」的「希臘文」意思是「獨自」，這兩個名詞，成為「敬虔」的象徵。他們持守貧窮、聖潔、順服的誓言，每天祈禱、工作，有些甚至向外傳福音。

「獨修」是最初修道的形式，「獨修者」會到曠野修道，他們就被稱爲「隱士」。「聖安東尼」被視爲第一位「修士」。因爲，他這樣的行爲，吸引了許多的人仿效。突然之間，這樣的「修道方式」如浪潮湧起。

這當中有一位「隱士」，「登塔者西蒙」在修道當中，因爲有太多民衆因爲景仰而前去拜訪、觀望，他倍感困擾。最後，他不得不移到「一根柱梁」之上繼續他的修道，這樣過了三十年。其間透過他的門徒，以「吊籃」遞食物給他吃。

後來，修道的形式從「獨修」轉而發展成爲「團修」的形式，這是由一位修士「帕科繆」所開始的。他建立了有管理有規律的「團體生活方式」，讓「修士們」一同起居、勞動和崇拜。讓「修道者」不再是各過各的、各做各的。這樣的改革大大的幫助「修士」生活中，可能會變成懶散、怪異的危險。

（九）「聶斯脫里派」和「東方教會」的分離

五世紀初，「埃德薩學院」對於「基督論」的教導，認爲「基督」的「神性」與「人性」爲不同的位格。這導致聖母「馬利亞」無法被稱爲是「神之母」，只能算是「耶穌基督之母」，這種觀點最著名的倡導者是「聶斯脫里」。

公元四二八年，「聶斯脫里」出任君士坦丁堡「牧首」，引起「亞歷山大派」主教「區利羅」的反彈。因爲當時許多「教會」，已經理所當然地將聖母「馬利亞」視爲「神之母」，「聶斯脫里」的「基督論」引發了爭論。

東羅馬皇帝「狄奧多西二世」在公元四三一年，召開「以弗所公會議」，試圖處理這個問題。

「以弗所公會議」最終駁回「聶斯脫里」的觀點，「聶斯脫里」被革除「牧首」的職務，最終死於「埃及」。許多被迫害的「聶斯脫里派」信徒逃往接納他們的「波斯帝國」。

當時在「波斯帝國」的「薩珊王朝」中，有許多「基督徒」與「教會」的「敍利亞分支」緊密聯結在一起。「薩珊王朝」的國教爲「祆教」，並嚴守此信仰與「羅馬帝國」的宗教區別。

不過公元四世紀至六世紀，「薩珊王朝」容許「基督徒」的遷入與傳教，使得「波斯」的「基督徒」信衆快速增長。

公元四九八年，「聶斯脫里派教會」正式脫離「羅馬教會」，更名爲「迦爾底教會」，又稱「亞述教會」，以「中亞」地區爲中心來進行宣教，持續發展成爲後來「唐朝」的「景教」。

五、第六世紀的「基督教」訂定「基督教日曆」

「基督教」的發展，進入第六世紀之時，「基督教」有許多「標準化」的產生，例如：教階式的「主教制」、「聖職人員」與「一般信徒」的區分、聖禮、「關鍵性的神學辯論」大多已經有結論。

在第六世紀初，除了「哥德人」及部分「日耳曼人」是屬於「基督教亞流派」之外，大部分的「蠻族」都是「異教徒」。

公元五二五年，修士「狄奥尼修斯」訂定「基督教日曆AD」，並定「耶穌」的誕生日是公元一年十二月廿三日。

AD是拉丁語「Anno Domini」的縮寫，意爲「我們的主之年」，指的是「基督教」的創始人

「耶穌基督」誕生之後的那些年。

六、第七世紀的「基督教」傳入中國

在五世紀末，「聶斯脫里教派」信衆遷往「波斯」，曾先後以「迦勒底教會」或「亞述教會」的名義宣教，大本營一度遷往「伊拉克」的「巴格達」，盛極一時。此後，「聶斯脫里教派」被傳到「中亞」等地，至六世紀末，已經盛行於「突厥、康居」等地。

「聶斯脫里教派」可能於六世紀初，便已進入「北魏」的「洛陽」，當「聶斯脫里教派」傳入「中國」時，原稱「波斯經教」、「大秦教」，後改以「景教」爲名，「景」是指「光明」之意。

「唐朝」貞觀九年（公元六三五），大秦國「景教（卽基督教東方亞述教會）」教徒「阿羅本」帶經書到「長安」，由歷史名相「房玄齡」迎接，獲唐太宗「李世民」接見，曾批准教徒興建寺廟，使「景教」得以廣泛流傳。「大秦」是「中國」古代對「羅馬帝國」的稱呼，實際上「景教」是從「波斯」傳來的。最後「唐武宗」推行「滅佛」時，連同「景教」給予取締，逐漸衰落。

七、第八世紀的「基督教」有「圖像之爭運動」

公元七一七年，出現一位出身低下，未受過教育，驍勇善戰，卻深得軍心的「東羅馬帝國」皇帝「利歐三世」。在他在位的頭十年，做了許多新的改革，包括「將宮廷裡所使用的拉丁語改爲希臘文、廢除賦稅的預徵、解放農民爲自由佃戶」等，並且因爲他在軍事上的優勢，成功阻隔了「伊斯蘭

教」對西方「基督教國家」的傳播。

皇帝「利歐三世」有軍事及政治才能，並且想以專制的手段，來統治「教會」，就發動一項名爲「潔淨教會」的運動，禁止崇拜「宗教偶像」，袪除迷信。他在公元七二六年，下令將「教會」的「耶穌基督圖像」換成「十字架」，並且在許多公共場所，除去相關的「耶穌基督偶像」。

這就是著名的「圖像之爭運動」的起點，皇帝「利歐三世」想藉此運動，達成「統一帝國」以及「控制教會」的目的。結果，引起「教會」的叛變，「修道士」與民衆，都拒絕遵守這條命令。一方面因爲尊敬「耶穌基督圖像」，另一方面則因爲主張「教會自由」，不能受「政權」轄制。

教宗「額我略三世」，在公元七三一年，召開「羅馬會議」，將一切反對圖像者革除「教籍」。皇帝「利歐三世」爲了報復，把全「西西里」及「義大利」，排除出「教宗」的管轄權外，這件事的結果，把「東方教會」與「西方教會」推向眞實的決裂。

八、第九到第十三世紀的「基督教」

(一)「異端」裁判所

「異端裁判所」是教宗「額我略九世」於公元一二三一年創立，由「道明會」設立的「宗教法庭暨祕密警察」。此法庭是負責偵查、審判和裁決「天主教會」認爲是「異端」的法庭，曾經監禁和處死無數的「異見分子」。今天，「異端裁判所」已經改組爲「信理部」。

「道明會」是天主教「托缽修會」的主要派別之一，「會士」均披黑色斗篷，因此被稱爲「黑衣修士」。「道明會」強調「聖母馬利亞」親授的《玫瑰經》，並加以推廣，現今已是「天主教徒」最普遍傳誦的經文。《玫瑰經》於十五世紀由「聖座（教宗的教務職權）」正式頒布，是「天主教徒」用於敬禮「聖母馬利亞」的禱文。

在「異端裁判所」成立之前，「教會」反對「異端」的任務，通常由「主教」調查，並交由「世俗法庭」給予制裁。公元一一七九年第三屆「拉特朗大公會議」，開始對此進行立法。公元一二二四年皇帝「腓特烈二世」對「異端」執行了「火刑」，以後「異端裁判所」蕭規曹隨。

教宗「額我略九世」在十三世紀的三〇年代，發布通諭，建立直屬「教宗」管轄的「異端裁判所」。教宗「額我略九世」於公元一二三一年發表《絕罰通諭》（Excommunicamus）來譴責「異端」，在德國、法國北部、郎格多克以及義大利都設立了「異端裁判所」。而派去「異端裁判所」的「審判員」，大多是「道明會」的「修士」。在昔日的歐洲，「異端裁判所」是聲名狼籍的，是不光彩的。

公元一二五二年，教宗「依諾增爵四世」進一步批准「異端裁判所」可以在審訊時用刑，可用的「刑罰」包括「沒收全部財產、鞭笞、監禁、終身監禁」，不撤銷自己「異端思想」的下場是「火刑」。由於「異端裁判所」有權力搜捕嫌疑犯及同夥，這使得人人自危。

在「異端裁判所」存在的幾個世紀中，以「異端」為名，進行了許多不當的審判。「異端裁判所」限制了中世紀「西歐思想文化」的發展，例如著名的科學家「伽利略」卽被判決受到軟禁，卻鞏固了「教會」的權威。而「異端裁判所」與「十字軍東征」一樣，為「天主教歷史」留下汙名。

公元一九六五年，「異端裁判所」改名爲「神聖信理部」，「神聖」一詞於公元一九八五年取消，成爲今天的「信理部」。「信理部」繼續面對及捍衛世界價值，對「天主教」的教義的挑戰與衝擊，如今天「同性戀問題」和「性侵害問題」等等。

（二）女巫審判

「女巫審判」又稱爲「獵巫」，是指搜捕「女巫」與「巫師」，或者有「施行巫術的證據」，將「被指控的人」帶上「宗教審判法庭」。

從十二世紀開始到十六世紀，是「獵巫」最高峰的時期。當時「基督教」、「天主教」和「東正教」等，已經傳入「歐洲」將近一千年，並且幾乎成爲「歐洲」唯一的宗教。源自於「對未知的恐懼」和「對巫術的害怕」，導致獵殺「女巫」的事件不斷，甚至「法蘭西」英雄「聖女貞德」也曾經被視爲「女巫」。

起初，「男巫」和「女巫」被指控的人數一樣多，直到公元一四八七年，「海因里希·克雷默」及「約翰·斯普倫格」著作的獵巫手冊《女巫之槌》出版後，讓整個「歐洲」社會，把「獵巫」的矛頭指向「女性」。

《女巫之槌》宣稱，「巫術」是來自「肉體的色慾」，這在「女人」身上是永難滿足的，「魔鬼」知道「女人」喜愛「肉體樂趣」，於是以「性的愉悅」誘使她們效忠。所以，在不少有關「女巫」指控的「法庭文獻」當中，都有「跟魔鬼性交的罪名」。被判死刑的「女巫」，財產會被沒收，令「政界」和「司法界」對「獵巫運動」更加積極。

在「獵巫巔峰期」的十六世紀，「獵巫審判」大多是由「世俗法庭」而非「宗教法院」審判。一開始「獵巫」都是用「絞刑」的，但因爲據說「女巫」與「巫師」死後留下的的屍體，會變成「吸血鬼」，所以後來就使用「火刑」，因爲要把屍體也摧毀掉以絕後患。

在「獵巫」迫害的巔峰期，很多不懂「巫術」的「女人」，也遭人誣告而被活活燒死。從公元一四五〇到一七五〇年，大約有「十萬人」以「獵巫」的名義被處決，尤其集中在「宗教改革時期」。

（三）東西教會大分裂

「東西教會大分裂」是指十一世紀「基督教會」大分裂，分出了「希臘正教（東方正教會）」以及「羅馬天主教（羅馬普世公教會）」兩大宗派。

自二世紀以後，以「羅馬」爲首的「西方教會」和以「君士坦丁堡」爲首的「東方教會」，因各自不同的教會、政治、社會、文化等原因，在「神學」以及「教會的組織」、「紀律」等各方面的分歧逐漸擴大，彼此爭論不休，最終導致了公元一〇五四年的「東西方教會大分裂」，形成日後的「天主教」和「東正教」。

一開始的起因，是由於有文化上的差異，再加上「羅馬教會」自認爲是「十二使徒」之首的「彼德」，依照「耶穌基督」的吩咐，所創建的第一間「教會」，因此應當享有「首席地位」。更何況「羅馬」本是「羅馬帝國」的首都，更使「羅馬教會」應該處於「教會之首」的地位。

然而，其他「教會」並不支持「羅馬教會」的主張，他們紛紛主張所有「教會」應是平等的。此後，「羅馬帝國」的重心東移，乃至遷都「君士坦丁堡」之後，「羅馬教會」的主張更受到挑戰。

公元三八一年，「第一次君士坦丁堡大公會議」在「羅馬帝國」皇帝「狄奥多西一世」的仲裁下，宣布：「君士坦丁堡主教在羅馬主教之後，亦享有首席的尊榮，因爲君士坦丁堡是新羅馬。」使「君士坦丁堡主教」具有僅次於「羅馬主教」的首席榮譽。

公元五五三年，「東羅馬帝國」皇帝「查士丁尼一世」召開「第二次君士坦丁堡大公會議」，將「君士坦丁堡教會」的地位提升至「羅馬教會」之上，進一步造成雙方的不和。

公元一〇五〇年，羅馬教皇「利奥九世」接掌「阿普里亞教會」後，便下令禁止「阿普里亞教會」採行「希臘禮」，從而引發「君士坦丁堡」宗主教「米海爾一世·賽魯拉留斯」的強烈不滿。於是「米海爾一世·賽魯拉留斯」便於公元一〇五三年採取報復行動，下令在「君士坦丁堡」的「拉丁教會」，一律改用「希臘禮」，不得再行「拉丁禮」。

「米海爾一世·賽魯拉留斯」的舉動，引發羅馬教皇「利奥九世」的不滿，因此於公元一〇五四年派出樞機主教「霍姆伯特」帶團出使「君士坦丁堡」。然而，「霍姆伯特」與「君士坦丁堡」宗主教「米海爾一世·賽魯拉留斯」互不妥協，「霍姆伯特」力主「羅馬教皇」爲普世「教會之首」，命令「君士坦丁堡」宗主教「米海爾一世·賽魯拉留斯」聽命行事。

「米海爾一世·賽魯拉留斯」自不願屈於人下，指控對方違反「教義」，終於導致談判破裂。性格暴躁的「霍姆伯特」於是便在公元一〇五四年七月十四日，帶領他的同伴進入「聖索菲亞大教堂」，在聖壇上放下「絕罰令」，並公開詛咒「米海爾一世·賽魯拉留斯」及其擁護者，指斥他們犯下宣傳「異端」的罪行，隨後留下一句話：「願我主臨鑒，評判我輩！」，便揚長而去。「米海爾一世．賽魯拉留斯」見此，大爲忿怒，隨即將「絕罰令」焚燬，並召開會議，將「羅馬教皇」及其「使節」開除教籍。

自此之後，「基督教會」便分裂爲由「羅馬教會」領導的「羅馬天主教」，以及由「君士坦丁堡宗主教」領導的「東正教」。

公元一九六五年，「第二次梵蒂岡大公會議」後，「天主教」教宗「保祿六世」和「君士坦丁堡」普世牧首「雅典納哥拉」互相解除了針對對方的「絕罰令」。

「絕罰令」，俗稱「開除教籍、驅逐出教、逐出教會」等，是一種發生在「天主教」內的懲罰行爲，意指該宗教的信徒，因觸犯某些不被允許的行爲，而被該宗教斷絕關係。「絕罰令」是「天主教」所有懲罰中最嚴厲的一種，根據「天主教教義」，被「絕罰」之人，將與「教會」隔離，沒有「教會」所給予的救贖。

（四）十字軍東征

「十字軍東征」是一系列在「教皇」的准許下的戰爭，由「西歐」的「封建領主」和「騎士」，對他們認爲是「侵略者」，位於「地中海」東岸的「伊斯蘭政權」，發動持續將近二百年的戰爭。

「十字軍東征」最初參與的成員，例如：騎士、商人、農民，大多數是自願的，受「拜占庭帝國（東羅馬帝國）」的邀請，參與奪回聖地「耶路撒冷」的戰爭。這些「十字軍」不是「拜占庭帝國（東羅馬帝國）」的主力部隊，「東正教徒」也參加其中幾次「十字軍」。

參加這場戰爭的士兵，配有「十字標誌」，因此稱爲「十字軍」。「十字軍」主要是「羅馬公教

（天主教）」勢力，對「穆斯林」統治的「西亞地區」征戰，佔領並建立一些「基督教」國家。

「十字軍」的最初目的，是收復被「穆斯林」統治的聖地「耶路撒冷」。當「塞爾柱土耳其」的「穆斯林」與「基督教」的「拜占庭帝國」在「安納托利亞」對戰，並且取得勝利之後，「十字軍」的戰役，爲響應「拜占廷帝國」的求助而被點燃了。

「十字軍」雖然是以「捍衛宗教、解放聖地」爲口號，但是實際上是以政治、社會與經濟等目的爲主，伴隨著一定程度上的劫掠。

到公元一二九一年，「基督教」在「敍利亞」海岸的最後一個橋頭堡「阿卡」被攻陷，「十字軍」國家的命運告終。「十字軍東征」對西方「基督教」世界造成了深遠的社會、經濟和政治影響。

「十字軍東征」的遠因，是在七世紀時，「伊斯蘭教」在「阿拉伯半島」興起，先知「穆罕默德」的後繼者，四大「哈里發」時期的「穆斯林」們，迅速向「阿拉伯半島」以外的地區擴張。而此時「拜占廷帝國」和「波斯帝國」因爲彼此的連年戰爭而筋疲力竭，新興的「穆斯林」從中得利，輕易擊敗兩個帝國。公元六三六年，「穆斯林」在「約旦」擊敗「拜占廷帝國」的軍隊，並於公元六三八年占領了聖地「耶路撒冷」。

公元一〇〇九年，西方對「穆斯林」的態度發生了巨變，第六任埃及「法蒂瑪王朝」哈里發暴君「哈基姆」下令，摧毀包括「聖墓教堂」在內的所有「耶路撒冷」的「基督教堂」和「猶太會堂」，加深了對「非穆斯林」的迫害。「基督教徒」到「耶路撒冷」朝聖的路被封，「朝聖者」受新入主「西亞」的「穆斯林」侮辱的消息傳至「西歐」，「基督教」與「伊斯蘭教」互相對立的氣氛更加嚴重。

「羅馬天主教」教宗「烏爾巴諾二世」在公元一〇九五年十一月，在義大利「皮亞琴察」召開「宗教會議」，正好「東正教」的「拜占庭皇帝」派來特使在會議上痛陳「突厥人」西侵的壓迫。因此「教宗」在會議上疾呼，「西歐」應該收復聖地「耶路撒冷」但是對抗強大的「穆斯林」勢力，必須有更多的團結力量。

於是「教宗」在同年十二月冬天，在法國「克萊芒」召開更大的「基督教會議」，發表演說以號召更多響應者。這次參與會議多達數萬人，並且包含了各地的「大主教」與封建「貴族騎士」與「平民」，造成「貴族」與「平民」的熱烈響應，並且確立以「十字記號」為「軍隊徽幟」，「十字軍」的名稱，由此而來。

「十字軍東征」的戰事，可以分為「正統」和「非正統」兩種型態。「正統十字軍」的目的，為「奪回聖地」和「鏟除異教徒」；而「非正統十字軍」的目的，並非要「奪回聖地」，而是以其他理由「鏟除異教徒」。

「正統十字軍」的戰事，總共有九次的東征，略述如下：

(1)第一次十字軍東征：

公元一〇九六年秋天，由武裝「貴族」和「騎士」組成的正規「十字軍」開始出發。公元一〇九九年，「十字軍」占領埃及「法蒂瑪王朝」穆斯林控制下的「耶路撒冷」，並且建立了「耶路撒冷王國」和三個附屬小國：「伊德薩伯國、的黎波里伯國、安條克公國」。這次戰事中，「十字軍」屠殺了「安提阿」和「耶路撒冷」二城。

(2)第二次十字軍東征：

公元一一四四年，「穆斯林」開始反擊，「塞爾柱人」摩蘇爾總督「贊吉」攻打「伊德薩伯國」。「耶路撒冷國王」向「法國」國王「路易七世」和「德國」國王「康拉德三世」求援。公元一一四七年，開始了「第二次十字軍東征」，結果失敗，「伊德薩伯國」滅亡。

(3)第三次十字軍東征：

公元一一八七年，「埃及」的「阿尤布王朝」，統一了「伊斯蘭」世界中，前「什葉派」統治的「法蒂瑪王朝」和「遜尼派」統治的「巴格達」兩者的力量。它的「蘇丹（「伊斯蘭」國家的統治者頭銜）」是連西方人都稱讚有騎士風度的「薩拉丁」，他以「聖戰」爲號召，動員「穆斯林」軍隊反攻「十字軍」國家，最終成功攻克「耶路撒冷」，俘虜了「耶路撒冷國王」。

「羅馬帝國」皇帝「腓特烈一世」、「英國」獅心王「理查一世」和「法國」國王「腓力二世」，於公元一一八九年，聯合發動了「第三次十字軍東征」。「法國」國王「腓特烈一世」在途中墜水而死，繼承者「腓力二世」與「英國」國王「理查一世」不和，「腓力二世」就以國內發生糾紛爲藉口，途中返回「法國」，最終只剩「理查一世」孤軍力戰「薩拉丁」。「薩拉丁」進行了頑強的抵抗，雙方互有勝負，最終達成停戰協議。

(4)第四次十字軍東征：

公元一二〇二年，教宗「依諾增爵三世」發起了「第四次十字軍東征」。最初的目標是「埃及」，後來受「威尼斯」的利誘，改變了軍事計劃，攻占了「君士坦丁堡」，掠奪並屠殺達一星期之久，「拜占庭帝國」的大部分土地也被攻克，並建立了「拉丁帝國」。

(5)第五次十字軍東征：

教宗「依諾增爵三世」於公元一二一八年發起「第五次十字軍東征」，以「埃及」的「阿尤布王朝」爲進攻目標。公元一二一九年，攻占「埃及」的「杜姆亞特」，公元一二二一年，由於「尼羅河」水泛濫被迫撤退。

(6)第六次十字軍東征：

公元一二二八年，發動的「第六次十字軍東征」，仍然以「埃及」的「阿尤布王朝」爲進攻對象。「羅馬帝國」皇帝「腓特烈二世」，透過軍事壓力和談判，爲「耶路撒冷」第二王國，取得「耶路撒冷」、「伯利恆」和通往「地中海」的走廊。但是到公元一二四四年，「耶路撒冷」再度被流亡的「花剌子模」穆斯林占領。

(7)第七次十字軍東征：

「法國」國王「路易九世」，於公元一二四八年發動「第七次十字軍東征」，進攻「埃及」的「阿尤布王朝」，被「埃及」「馬木留克王朝」的「奴隸兵團」擊敗，「路易九世」被俘，公元一二五〇年，以大筆贖金贖回。「阿尤布王朝」也於同年被「馬木留克王朝」取代。

公元一二五二年至一二六〇年，「成吉思汗」四子「拖雷」的三子「旭烈兀」率領十萬「蒙古軍」進行「蒙古第三次西征」。由「伊斯蘭」世界的東方入侵，自「中亞」進攻，滅掉末代阿拉伯帝國「阿拔斯王朝」的「哈里發（「伊斯蘭教」的最高統治者的稱號）」，「蒙古鐵騎」血洗「巴格

達」，之後攻滅「羅姆」的「蘇丹國」，並間接令「東羅馬帝國」在「第四次十字軍東征」時，所建立的「拉丁帝國」復辟，再消滅困擾「十字軍」的大敵「埃及」的「馬木留克王朝」，大有把西亞「穆斯林」勢力連根拔起之勢。

但是，因爲「蒙哥汗」在「南宋」戰死，令「蒙古軍隊」的主力返回「東亞」，留在「耶路撒冷」附近的一小撮「蒙古軍」，在「阿音札魯特戰役」敗給「埃及」的「馬木魯克王朝」。之後，「旭烈兀」返回「波斯」，在那裡建立了西起「小亞細亞」東至「阿富汗」的「伊兒汗國」，並且有「伊斯蘭」的「羅姆蘇丹國」作爲附屬國，繼續侵擾「埃及」的「馬木留克王朝」的「敍利亞」，並且和「東羅馬帝國」結盟，「伊斯蘭」世界的存亡岌岌可危。

(8)第八次十字軍東征：

公元一二七〇年，「法國」國王「路易九世」領導「第八次十字軍東征」，進攻「突尼西亞」的穆斯林「哈夫斯王朝」。因爲路上發生流行病，「路易九世」染病身亡，軍隊撤退。

(9)第九次十字軍東征：

「第九次十字軍東征」，有時也被合併成「第八次東征」的一部分。由「英格蘭」王儲「愛德華王子」於公元一二七一年及一二七二年發動。他獲知「法國」國王「路易九世」在西線失敗之後，率軍渡海在「巴勒斯坦」的「阿卡」登陸，企圖從東線進攻。初期「愛德華」獲得了軍事上的勝利，但是最後由於「十字軍」已經嚴重的失去對聖戰「耶路撒冷」的熱情，內訌連連，無法調和，和「十字軍」同盟的蒙古「伊兒汗國」又被「埃及」擊退，最後與「穆斯林」締結和約、黯然回鄉。

此後，「十字軍」在東方的領土，逐漸落入「穆斯林」手中。公元一二九一年，最後一個據點「阿卡」，被埃及「馬木留克王朝」的鐵騎攻陷「耶路撒冷王國」滅亡。

「十字軍東征」對後世的影響很大，「第一次十字軍東征」由「西歐」的封建「貴族」和「騎士」們在「西亞」建立了短暫王國，「耶路撒冷王國」僅維持了八十八年。但是，「十字軍東征」卻對「地中海」沿岸的國家和人民，包括「猶太人」、東方「基督教徒」和「穆斯林」都帶來了重大災難，「伊斯蘭」世界無法再恢復到「阿拉伯帝國」時期的強大，直到「鄂圖曼土耳其人」的崛起。

但是，也因為「十字軍」在「威尼斯人」的幫助下，侵入重創了長期以來，成為「西歐」東方屏障的「東羅馬帝國」，致使日後「鄂圖曼土耳其」得以多次長驅直入「歐洲」的心臟地帶。

經過數次大規模的「軍事動員」，也使「西歐」各國人民損失慘重，幾十萬個「十字軍」死亡，「教廷」和「封建主」卻取得了大量的財富，並使日後東方「伊斯蘭」世界與西方「基督教」世界的互相對立加劇。

另外，「十字軍東征」帶動了東西方之間的「貿易」，使不少商人從中變得富有，他們開始贊助「畫家」和「建築家」，令更多人成為「畫家」或「建築家」，間接影響了「歐洲文藝復興」以及「軍事改革」，亦促進東方「伊斯蘭」世界與西方「基督教」世界的交流。

我對「十字軍東征」，有一個特別的看法。「基督教」的「十字軍」信仰上帝「耶和華」，「伊斯蘭教」同樣信仰上帝「耶和華」，只是他們稱呼為「阿拉」。那麼，當「基督教」的「十字軍」和「伊斯蘭教」，兩個兄弟教派，彼此打的慘烈的時候，請問他們共同信奉的上帝「耶和華」在哪裡？

為什麼不顯現神蹟，來阻止兄弟自殘的悲劇呢？

難道上帝「耶和華」只在乎人類有沒有信仰祂，只在乎人類有沒有信仰其他的神嗎？真是奇怪的上帝「耶和華」。

九、第十四到第十六世紀的「基督教」

（一）「基督教」與「文藝復興運動」

「文藝復興運動」是一場大致發生在十四世紀至十七世紀「歐洲」的文化運動，在中世紀晚期，發源於「義大利」中部的「佛羅倫斯、威尼斯」等城市，即「義大利文藝復興」，後擴展至「歐洲」各國。

「文藝復興」時期的「思想基礎」是「人文主義」，它源於「羅馬人文主義」的概念。「人文主義」是以「理性推理」為思想基礎，以「仁慈博愛」為基本價值觀。「個人興趣、尊嚴、思想自由、人與人之間的容忍和無暴力相處」等，都是「人文主義」內涵的範疇。做為一種「生活哲學」，「人文主義」從「仁慈的人性」獲得「啟示」，並通過「理性推理」來指導。

除了一般「無宗教」的「世俗人文主義」之外，也存在「有宗教」的「人文主義」，在各個主要「宗教」中，「人文主義」一般與該「宗教」的「信仰和傳統」相結合。有些「人文主義」還認為，人有需要「參加儀式」和「規則」，並組織一些團體來滿足這種需要。相比「唯物主義」，「人文主義」注重「人的精神心靈」；另一方面，「人文主義」注重「理性」。

在「文藝復興運動」時期，以「義大利」爲首的「歐洲國家」，開始逐步流行以「人爲萬物之基準的思想」，認爲人可以通過自身的「意識」，來進行生產和創造，是「世界思想」的里程碑式轉變。

「文藝復興運動」的產生，與中世紀後期，「基督教教會的墮落」是息息相關的。在「羅馬帝國」早期，「基督徒」以「堅定的信仰」和「高尚的道德」著稱，他們一生不斷地「反省」和「懺悔」，這種行爲完全發自內心的「良心譴責」和「道德自覺」，在面對「羅馬人」的暴力脅迫，仍然堅定信仰，捨身殉道。

後來，隨著「基督教」成爲「羅馬的國教」，「教會」成爲上帝「耶和華」在人間的常設機構，本來「教會」的職責是拯救世人的靈魂，應該全心全意地關注靈魂的救贖，不應該過多干涉世俗的事務。但是，「教會」要爲上帝「耶和華」贏得這個世界，所以「教會」必須插手各種「世俗事務」，這樣「教會」便和「君王的政權」處於矛盾之中。

當「教會」過多干涉「世俗事務」，「教會」的「純潔性」就成爲了一個很嚴重的問題。「教會的墮落」在於「教會人員」假借「上帝」的名義，來攫取自身的利益，這就與「教會」設立的初衷相違背，不但不能拯救靈魂，反而墮入了罪惡的深淵。

最爲臭名昭著的是「銷售贖罪劵的活動」，「贖罪劵」是「教會」公開發行的一種「證書」，它的價錢依據所犯罪惡的性質、大小而定，人們不用去「天國」接受審判，直接通過「贖罪劵」便可將「罪惡」一洗而淨。

雖然「人文主義」主要關注的是「人的情感」，但是並沒有和「基督教」的觀點衝突。實際上，

「人文主義」者希望協調他們和「基督教」間的關係，能夠發揚「基督教」原本的理念，並對「教會的腐敗」，進行嚴厲的批評。

在「文藝復興時期」，「基督教信仰」沒有被放棄，但是「人文主義者」認爲應該將「信仰」和「教會」分割開來。著名「瑞士」的學者「雅各．布克哈特」說過：「過去人們在基督教的外部象徵（教會）上，來支持他們對於上帝的信仰。但是，如今教會一步步走向腐敗，我們應該與其劃清界限，並始終堅信自己的宗教信仰。」。

在這個背景下，「人文主義者」開始試著將「基督教」和「教會」分割開來，他們認爲「教會的腐敗」正使其走向黑暗的深淵。因此，「文藝復興時期」的主要思想並沒有「抨擊基督教」，他們反對的是在當時由於「教會」的原因，而導致「基督教文化」被誤解，然後再這個基礎上通過「古希臘羅馬」的「人文主義」，讓人們對「基督教」有一個準確的認識。

（二）第一本完整的「英文版」《聖經》合譯完成

由於當時《舊約聖經》和《新約聖經》所採取的是《武加大譯本》翻譯出來的「拉丁文版」《聖經》，人民閱讀不易，故爲了大家都能懂得《聖經》中的意思。「牛津」著名的神學家「約翰．威克理夫（John Wycliffe）」於公元一三八〇年到一三八二年間，與數位朋友將此《聖經》合譯成「英文版」《聖經》，是第一本完整的「英文版」《聖經》，包括非正典的《旁經》。同時，也將「教義」等等資料彙總，都以「英文」來呈現，並帶到「英國」各地方。

但是，此舉引發「教宗」及「聖職人員」的不滿，「約翰．威克理夫」開始遭受到逼迫，幸賴許多「王公貴族」及「平民百姓」支持他，直到過世都未落入「逼迫者」的手中。

（三）「法國」女英雄「聖女貞德」

「聖女貞德」是「法國」的軍事家，「天主教聖人」，「法國」的民族英雄。在「英法百年戰爭」（公元一三三七年到公元一四五三年）中，她帶領「法蘭西王國」軍隊，對抗「英格蘭王國」軍隊的入侵，最後被捕並被處以火刑。

「貞德」生前不識字，是出生於「法國」農村的少女。傳說在她十三歲時的某一天，在村後的大樹下遇見天使「米迦勒」、烈女「聖瑪加利大」和「聖加大肋納」，從而得到「天主的啟示」，要求她帶兵收復當時由「英格蘭人」佔領的「法國」失地。

後來她幾番轉折，得到兵權，於公元一四二九年解「奧爾良」之圍，成爲聞名「法國」的女英雄。後來，帶兵多次打敗「英格蘭」的侵略者，更促使擁有王位繼承權的「查理七世」，於同年得以加冕。

然而，「貞德」於公元一四三〇年，在「康比涅」一次小衝突中，被「勃艮第公國」所俘虜，「英格蘭人」得知以後，以重金購去，由「英格蘭」當局控制下的「異端裁判所」，以「異端罪」和「女巫罪」判處她火刑，於公元一四三一年五月三十日，在法國「盧昂」當衆處死。

二十年後，「英格蘭軍隊」被徹底逐出「法國」時，「貞德」年老的母親，說服教宗「加理多三世」重新審判「貞德」的案子，最終於公元一四五六年爲她平反。公元一九二〇年，教宗「本篤十五世」將「貞德」封爲「聖女」。

（四）「東羅馬（拜占庭）帝國」滅亡

「鄂圖曼帝國」是「鄂圖曼土耳其人」建立的一個存在於公元一二九九年至一九二二年的一個軍事帝國，國名來自創立者「奧斯曼一世」，以「伊斯蘭教」爲國教。「鄂圖曼土耳其人」源自於「西突厥烏古斯人」的遊牧聯盟，自「中亞」遷至「小亞細亞」，日漸興盛。

以往，「鄂圖曼帝國」認爲攻擊「東羅馬（拜占庭）帝國」的「君士坦丁堡」代價太大，因爲「君士坦丁堡」的城牆非常堅固，除了「十字軍」之外，上千年中，沒有人能夠攻克它。但是，隨著「臼炮」的出現，這堵牆再不能保護這座城市了。「匈牙利」工程師「烏爾班」爲「鄂圖曼帝國」提供了巨大的「臼炮」，其威力足以擊碎「君士坦丁堡」的城牆。

「臼砲」是一種砲身短、射角大、初速低、高弧線彈道的滑膛火砲，因爲它的砲身短粗，外形類似中國的「石臼」，因此在漢語中被稱爲「臼砲」。小口徑、方便攜帶的「臼砲」，後來發展爲「迫擊砲」。

公元一四五三年四月初，「穆罕默德二世」下令用「臼炮」攻打「君士坦丁堡城」，開始了與「東羅馬帝國」的最後決戰。「君士坦丁堡」的守軍擊退了多次進攻，但是經過兩個月的炮轟，城牆多處被轟垮。在五月二十九日的總決戰中，「鄂圖曼軍隊」衝入「君士坦丁堡」，「東羅馬帝國」末代皇帝「君士坦丁十一世」在戰鬥中陣亡。五月三十日上午，「穆罕默德二世」進入「君士坦丁堡」，「東羅馬帝國」滅亡。

自從消滅「東羅馬帝國」後，「鄂圖曼帝國」的蘇丹「穆罕默德二世」定都於「君士坦丁堡」，而且以「東羅馬帝國」的「繼承人」自居，視自己爲天下之主，繼承了「東羅馬帝國」的「基督教文化」及「伊斯蘭文化」，因而東西文明在其得以統合。

此時，「莫斯科」大公「伊凡三世」，宣布自己成爲「東正教」的保護人。他的孫子「伊凡四世」成爲「俄羅斯」的第一位「沙皇」。他的繼承人認爲他們是「東羅馬帝國」的繼承人，是「第三個羅馬」。一直到二十世紀初，覆亡時爲止，「鄂圖曼帝國」和「俄羅斯帝國」都認爲自己是「東羅馬帝國」的繼承人。

「東羅馬帝國」在將「經典知識」傳遞給「伊斯蘭」世界的過程中，起了非常重要的作用，其中最重要的影響卻是他的「教會」。早期「東羅馬帝國」的「傳教士」將「東正教」傳給了許多「斯拉夫人」。到今天爲止，大多數的「斯拉夫人」以及「希臘人」都信奉「東正教」。

（五）「馬丁．路德」的宗教改革

⑴宗教改革的起源

「基督新教」的出現，源於神學教授兼天主教神父「馬丁．路德」對「聖座」販賣「贖罪券」活動的批判，「贖罪券」後來也成爲「宗教改革」的導火線。

「馬丁．路德」，是「德意志」神學家、哲學家，原爲「羅馬帝國教會」的「司鐸（卽祭司，是指在宗教活動或祭祀活動中，爲了祭拜或崇敬所信仰的神，主持祭典，在祭壇上爲共祭或主祭的神職人員。）」兼「神學教授」，於十六世紀初發動了「德意志宗教改革」，最終是「全歐洲的宗教改革」，促成「基督新教」的興起。

十六世紀初，「贖罪券」盛行，並且出現濫發的情況，「天主教教宗」宣佈任何人購買「贖罪

券」，即可獲得「赦罪和拯救」。

「馬丁·路德」強烈質疑，「聖座」關於藉「金錢」換取「上帝赦罪（即「贖罪券」）」的教導。「馬丁·路德」堅持「教宗」的立場明顯違反《聖經》的眞理，認爲這與上帝在《羅馬書》和《加拉太書》中的啟示有很大出入。

公元一五一七年，馬丁·路德」在「威登堡」諸「教堂」門前貼出了《關於贖罪券效能的辯論》，即著明的《九十五條論綱》，提出討論「教會腐敗問題」，希望能夠引起「學術界」及「教會領袖」的關注和討論。「馬丁·路德」這個舉動，掀起影響深遠的「德意志宗教改革運動」。

「馬丁·路德」分別於公元一五二〇年和一五二一年，拒絕教宗「良十世」與「神聖羅馬帝國」皇帝「查理五世」，要求他撤回相關文件的命令。

「馬丁·路德」指出，「救恩」是上帝「耶和華」的「恩典」，是祂白白給予人類的禮物。他認爲，這「救贖」並不是透過「善功」，而是單單藉「信靠耶穌基督」作爲「救贖者」而獲得的。

「馬丁·路德」的神學教導，認爲《聖經》是上帝「耶和華」啟示的唯一來源，這無疑是挑戰「教宗」的權威。他更指出，「天主教會」強調的「等級制度」，即「聖統制」，明顯違反了《新約聖經》中「信徒皆祭司」的教義。

「馬丁·路德」的抗命，拒絕撤回主張，最後導致被「聖座」判處「破門律」，開除「教籍」，宣告「馬丁·路德」爲「異端」。「破門律」是「天主教會」的懲罰措施之一，是「天主教會」執行「開除教徒的教籍」、「廢黜教徒」和「放逐教徒」的處罰律令。

同時，「馬丁．路德」也被「神聖羅馬帝國」皇帝「查理五世」定罪，宣佈「馬丁．路德」爲「異端」，發布通緝令。還好當時的薩克森公爵「腓特烈三世」，隨卽安排「馬丁．路德」在「瓦爾特堡」的城堡中避難。

避難期間，「馬丁．路德」爲了讓平民百姓也能閱讀《聖經》，於是致力用淺白易明的德文翻譯原文《聖經》。「馬丁．路德」將「拉丁語版」的《聖經》，翻譯成平民慣用的「德語版」的《聖經》，使之更淺顯容易易明白，此舉對「教會」和「德國文化」產生了巨大的影響。其「德語版」的《聖經》也促進了「標準德語」的發展，爲當時的「翻譯學」帶來多項貢獻，更影響了後來英語《詹姆士王聖經》的刊行。

「馬丁．路德」的「詩歌著作」，也影響了「教會歌唱」的發展。另外，他與「卡塔琳娜．馮．博拉」的婚姻，爲當時社會樹立了榜樣，重申「教會牧者」同樣享有「婚姻自由」。

公元一五三〇年，「教宗」威脅用武力鎭壓支持「馬丁．路德」的信徒（卽後來的「路德宗」，又稱爲「信義宗」），從此被逼脫離「天主教會」。

(2)「基督新教」教派的形成

在十六世紀二〇年代，「馬丁．路德」在「德意志」發起了「宗教改革運動」，迅速的席捲了整個「德意志」。在「日內瓦」，「喀爾文」的「歸正運動」更進一步的加深了「宗教改革」的影響。

到了十六世紀中葉，主要宗派都與「天主教」抗衡。因爲「教權」與「王權」的權力爭奪，「基督新教」在形成的過程中，受到許多「國家」或「君王」的支持與保護。

由於受到「馬丁．路德」揭起「德意志宗教改革」浪潮的影響，「法國」在公元一五六二年至一五九八年間，發生八次的「法國宗教戰爭」。這是「法蘭西王國」國內的「內戰」和「民衆騷動事件」，內戰雙方爲忠於「聖座」的「天主教徒」和屬於「喀爾文宗」的「胡格諾派」新教徒。戰爭進行了連續八次，對當時的「法國」造成了嚴重的破壞。據估計，在當時有三百萬民衆，死於戰亂及戰爭帶來的饑荒和瘟疫。

在「法國宗教戰爭」後，由於「天主教」與「新教路德派」勢力互相紛爭，最終爆發了「施馬爾卡爾登戰爭」。最後，於公元一五五五年，「神聖羅馬帝國」皇帝「查理五世」與「德意志新教」諸侯，簽訂了《奧格斯堡和約》，訂定了「教隨君定」原則，才停止戰爭。

《奧格斯堡和約》聲明，在「德意志」地區的二百二十四個「諸侯國」裡，該「諸侯國」的「君王」信仰什麼教派，「臣民」就必須追隨「君王」的信仰，不接受此信仰的「臣民」，可出賣產業並移民出境。此原則只適用於「世俗國家」。「天主教」的「教會統治區」中，如果「王公」和「主教」等「教長」改信「新教」，就應該辭職，而不能強迫他的「臣民」改信「新教」。另外，允許一些市鎮同時接納「新教」與「天主教」居民。

根據《奧格斯堡和約》確立的「教隨君定」原則，形成了「新教」在「歐洲」的佈局，「馬丁．路德」的「路德派」分佈於「德意志」以及「北歐」諸國；「喀爾文」的「歸正派」分佈於「瑞士、荷蘭」以及「蘇格蘭」。

十六世紀末到十七世紀，「新教」的主要宗派，在「教會」的「組織」與「崇拜儀式」上，已經有了基本雛形。對於「教義」的認定上，經過長期的爭論，也逐漸成爲體系，「新教」的「神學家」也編寫了大量的神學著作。

十七世紀中葉，「英格蘭」的「清教徒革命」，要求以「喀爾文主義」改革妥協保守的「聖公宗教會」，把「新教運動」又推進了一步，產生了脫離「聖公宗」的新教派，如「英格蘭」的「長老會、公理會、浸信會、公誼會」等等。隨著移民「美洲大陸（美國）」，「新教」也成爲「美洲（美國）宗派」的大宗。

（六）「亨利八世」創立「英國聖公會」脫離「天主教會」

當「宗教改革運動」時，「英國」國王是「亨利八世」，他是忠誠的「天主教徒」。當年爲了和「安妮．博林」結婚，欲與無子嗣的妻子「凱瑟琳」離婚，因爲得不到教宗「克勉七世」的批准，而怪罪當時的「大法官」兼「英國」的大主教「托馬斯．沃爾西」沒有盡力疏通，於是誣告大主教「托馬斯．沃爾西」圖謀叛變，在押往「倫敦」的途中病故。「亨利八世」就任命「托馬斯．克蘭麥」爲大主教，並於公元一五三四年，經由「國會」宣佈「最高權法案（Supremacy Act）」：

(1)「教宗」的權力不及「英格蘭」。

(2)「英國國教」由「教廷」分離，「國王」爲「英國教會」最高領袖。

自此，「英國國教」從「天主教」分離出來。

「亨利八世」原本想維持「教義」，但是已經擺脫「教廷」的管制，所以就不可能了。「亨利八世」過世，由「愛德華六世」繼任，只活十六歲，就由他同父異母的妹妹「瑪麗女王」繼任。因爲她曾經就讀「天主教」學校，是一位虔誠的「天主教徒」。所以，她一上任便開始迫害「英國國教教徒」，企圖恢復「天主教」。到了「依伊利沙白女王」就任之後，才又恢復「英國國教」。

公元一五五九年四月二十九日，「英國國會」再通過一項「最高權威法案」，根據此法案，「英國」完全廢棄「羅馬教廷」的權威，不再付任何款項給「羅馬教廷」，同時由「依莉莎白女王」任命「馬修．帕克」牧師，爲「坎特布里大主教」。於是，「坎特布里」的「藍柏宮」，成爲「英國國教」的「安立甘教會（Anglican Church）」的精神中心。

「聖公會」的誕生，不是因爲羅馬「天主教」的因素，完全是由於「亨利八世」自已的私慾。可惜的是，「聖公會」沒有傑出的「神學家」，以致於它的「神學」變得很雜亂，但是卻因此成爲「歐洲宗教改革」的天堂，新的教派不斷產生。又因爲「聖公會」的一切教義、體制與「天主教」相差不大，因此「聖公會」又被稱爲「新教中的舊教」。

十、第十七到第十九世紀的「基督教」

(一)「啟蒙運動」與「基督教」信仰

⑴「啟蒙運動」：

「啟蒙運動（Enlightenment）」是指一場在十七世紀及十八世紀，於歐洲發生的哲學及文化運動，該運動相信「理性」發展「知識」，可以解決人類實存的基本問題。「人類歷史」從此展開在「思潮、知識」及「媒體」上的「啟蒙」，開啟「現代化」和「現代性」的發展歷程。

「啟蒙時代」不同於過往以「天主教神學權威」為主，作為「知識權威」與「傳統教條」，而是「相信理性」並且「敢於求知」，認為「科學」和「藝術」的「知識發展」，可以改進人類生活。

承接十七世紀的「科學宇宙觀」及「以理性尋找知識的方法」，「啟蒙運動」相信「普世原則」及「普世價值」，可以在「理性」的基礎上建立，對傳統存有的「社會習俗」和「政治體制」以「理性方法」檢驗並且改進，產生出「啟蒙時代」包含「自由」與「平等」概念的「世界觀」。

⑵「啟蒙運動」與「基督教」信仰

「啟蒙時期」的一個主要特徵是，極端的「以人為中心」。在「啟蒙時期」之前，「基督教」的影響遍及人生活的各個層面。但是，「啟蒙運動」提供了一個嶄新的概念，這個概念就是「無神論」。因此，在這個「啟蒙時期」，「基督教」必須為自己發言辯證。

在「啟蒙時期」，「基督教」信仰遭到嚴厲的攻擊和質疑。然而，「啟蒙思想」本身並不否定「基督教」的存在，只不過它將「基督教」絕對性的主張，相對化罷了。

到了十七世紀時，「基督」信仰並沒有消失，它在世間仍然遍傳，但是，「基督教」自「啟蒙運動」以來，已經產生很大的變化，而儘管它竭力的抵抗「啟蒙思想」的洪流，仍然檔不住「啟蒙思想」的深遠影響。

綜合起來，「啟蒙運動」對「基督教」的影響，大致有有幾個方面：「神的存在是人賦予的」、「將《聖經》當做一種研究的學問」、「失去對神的相信」、「基督教越來越與西方文化和文明結盟」、「科學與宗教各有自己的領域互不干涉」、「排斥神蹟以及一切難以解釋的事情」和「極端的個人主義迅速在基督教裡滲透漫延」。

（二）「新教」和「宗派」的興起

「新教」始於公元一五一七年，當時「馬丁．路德」揭起「德意志宗教改革」的浪潮，造成後來「基督教」內部的「宗派」數量激增，有成千上萬個「小宗派」。

「宗派」在歷史上，爲「教會」、「慈善工作」、「宣教團體」和「教育機構」提供了「督責制度」、「連接性」、「連貫性」、「結構」和「組織」。

在「基督教」歷史上，有三大「宗派」：「羅馬天主教」，「東正教」和「新教」。

到了十七世紀，綜合「教會」的發展，有五個階段如下：

⑴「使徒」們創建的「教會」，從《新約》時代開始，發展到公元一〇五四年；

⑵然後，「天主教」朝一個方向發展，「東正教」朝另一個方向發展；

⑶接著，「路德宗」和「改革宗」的發展各不相同；

⑷而「英國國教」發展出了「第三條道路」；

⑸最後，從「英國國教」內，分離出來的群體，都有各自不同的方向。

（三）帝俄「東正教」改革

「東正教會」並沒有經歷「宗教改革」，但是仍然在「俄國」發生過「俄羅斯東正教」的分裂活動與「索洛維茨基起義」。

「帝俄」在「彼得大帝」領導時，曾經試圖統一「俄國東正教會」的「儀式」，但是遭到反對，反而衍生出很多新的「教派」和「教會」來，還爆發了較小型的「宗教戰爭」即「索洛維茨基起義」。

雖然表面上「沙皇」獲勝，但是「反對派教會」仍然存在，而「官方教會」也有人保留「舊派」或「個人化」的「儀式」和「解說」。

十一、第二十世紀的「基督教」

「基督教」在二十世紀加速分化，形成了「自由派」和「保守派」的團體，同時「西方社會」還興起了「政教分離」的運動。「羅馬天主教會」也相應的進行了改革，以適應現代形勢的發展。

「傳教活動」發展到「遠東」地區，在「中國大陸」、「台灣」和「日本」吸收了很多教徒；同時，由於「共產黨」對「基督教」及「其他宗教」的壓制，使很多「東正教徒」從「蘇聯」遷移到「西歐」，使得東西「基督教派」，即「天主教」和「東正教」更加頻繁的接觸。

第七單元 「基督教」的派別

一、「基督教」為什麼有這麼多「教派」？

「基督徒」同信一位主，同看一本《聖經》，那為什麼「基督教」會出現這麼多「教派」呢？

「基督教」是在公元一世紀建立的宗教，大約在主後三百多年，「羅馬帝國」興起，之後發展為「天主教」。隨著「羅馬帝國」分為「西羅馬帝國」和「東羅馬帝國」，「天主教」也跟著分為西方「羅馬天主教」和東方「君士坦丁堡天主教」。

由於東西方兩派「教會」，都自認為自己才是基督教的「正統」，因而兩派人馬相互爭奪「基督教會」的「首席地位」。再加上「文化背景不同」和「神學思想不同」，東西方兩派漸行漸遠。

十一世紀，東西「教會」大分裂，形成「羅馬天主教會」和「東羅馬正教會」。十五世紀「東羅馬帝國」滅亡，在「東羅馬正教會」的「希臘正教會」與「俄羅斯正教會」為首的「東正教會」體系確立。

後來，又因為「羅馬天主教」的「政教合一」，以及一些「改革者」反對當時「羅馬天主教會」的教條、儀式、領導和「教會組織結構」，便產生了「宗教改革」，發展出「基督新教」。

接著，「基督新教」的各種「教派」不斷地出現，還基於各種地理、歷史和文化的影響，每個

「教派」對「經文」的解釋不同，觀點也有很多分歧，衍伸出在各個「教派」中，都有了不同的「教義」，這就是許多「教派」產生的根源。

其實，「基督教」會產生這麼多「教派」，最主要的原因有兩個：

(1)有一些人爲了達到自己的野心慾望，出於某種企圖而分裂「教會」；

(2)人們對於《聖經》有不同的解讀，而產生了不同的看法，就自立「派系」，說自己的「派系」才有眞神。

所以，就出現了「基督教」的混亂和各個「教派」紛爭不休的現象。

二、「基督教」的教派系統簡介

「基督教」主要分成三大宗派，即「天主教會」、「東正教會」和「新教會」。下面簡介這三大宗派的教派系統：

(1)天主教：

在「天主教」，不同種類的「禮儀派別」，在「歐洲」的西方和東方的「基督宗教」地區發展起來。雖然有不同的傳統，但是它們都因爲與「教宗」共融而被視爲「天主教」的教派。最大和最著名的教派是「拉丁教會」，這是唯一的西方傳統教會，全世界有超過十億個信徒。與「拉丁教會」相比，二十三個自治的「東方天主教會」信徒相對較少，截至二〇一〇年，其信徒總數爲一千七百三十萬人。

「天主教」不同種類的「禮儀派別」如下：

①「拉丁禮」天主教會：

「拉丁教會」由「教宗」和他直接任命的「教區主教」統治，「教宗」在「拉丁教會」中直接行使「宗主教」的權力。「拉丁教會」被認爲是「西方基督教」的起源，影響了「歐洲」和「西北非」的信仰和習俗，也影響了許多「新教」教派。

②「東儀」天主教會：

「東儀天主教會」是指完全承認「羅馬教廷」地位的一派「天主教」分支，流行於「俄羅斯、烏克蘭、白俄羅斯」等，前東歐「共產主義國家」。在「蘇聯時代」，曾經被迫併入「東正教會」。他們保存了與「羅馬教廷」互相聯繫的「東方天主教會」的「禮儀」，「神學基礎」與「祭獻的傳統」，但是仍然與「東正教會」、「東方正統教會」及「東方亞述教會」存有分歧。

「東儀天主教會」共有二十三個採行「東方教會禮儀」的「教會」，與「聖座（「教宗」的教務職權）」共融。「東儀天主教」分別由其「教會」的「宗主教」、「都主教」或是「大總主教」擔任領袖。並以「東儀天主教法典」以及其各自所設立的「教會法」作爲規章，並且各自保有「自身的悠久傳統」。

(2)東正教：

「東正教」主要分布在「巴爾幹半島」和「東歐」，是由一些稱爲「自主教會」或「自治教會」的「地方教會」所組成。「自主教會」是「東正教」最高級別的「獨立教會」，所有「自主教會」都不受其他「教會」的管轄，可被視爲「獨立的教廷」。

「東正教」最早的四個「自主教會」，位於「羅馬帝國」的四個重要的東方城市，即「君士坦丁堡、亞歷山大、耶路撒冷」和「安提阿」。後來，「俄羅斯正教會」也取得了與它們同等的地位。

比「自主教會」低一級的是「東正教自治教會」，它們是由某一個「自主教會」的領袖管轄。現在「東正教」共有十六個「自主教會」。這些「教會」完全承認「君士坦丁堡東正教會」的「君士坦丁堡牧首」，爲「普世牧首」的地位。可是，在「大公會議」中，「普世大牧首」除了充當「主席」，以及整個「東正教會」的「發言人」之外，權力並不高過在場其他「牧首」，與其保持完全的共融。

「東正教」的各個「教會」，彼此在管理上獨立，但是都有「共同的信仰」，並且在「聖禮」上，完全共融。再者，「東正教會」認爲「聖靈」領導著整個「東正教會」主導的「大公會議」的論點走向，也在「信道的人」之間，形成「上帝」在塵世的代表，所以不需要有一個「教宗」。

「自主教會」的權力相同，目前「東正教會」有十六個自主的「教會」如下：

①「君士坦丁堡」及「普世」正統基督教會
②「亞歷山大」及「全非洲地區」正統基督教會
③「安提阿」及「全中東地區」正統基督教會
④「耶路撒冷」及「全巴勒斯坦地區」正統基督教會
⑤「俄羅斯」正教會
⑥「喬治亞」正教會
⑦「塞爾維亞」正教會

⑧「羅馬尼亞」正教會
⑨「保加利亞」正教會
⑩「賽普勒斯」正教會
⑪「希臘」正教會
⑫「阿爾巴尼亞」正教會
⑬「波蘭」正教會
⑭「捷克」和「斯洛伐克」正教會
⑮「美洲」正教會
⑯「烏克蘭」正教會

(3)新教：

「基督新教」簡稱「新教」，「新教」一詞，主要是區別於「宗教改革」之前的「舊教」，即天主教。「新教」是「基督教」西方教會中，除了「天主教會」以外的宗派的統稱，分裂自「天主教會」，與「天主教」和「東正教」並列爲基督教三大分支。在「華人世界」，普遍直接稱呼「新教」爲「基督教」，直接稱呼「天主教會」爲「天主教」。

當今在「基督新教」中，會衆人數較多的宗派如下：

①聖公宗
②信義宗（又稱路德宗）

③歸正宗（又稱喀爾文宗，包含長老宗）
④浸信宗
⑤循道宗（又稱衛理宗）
⑥重浸宗（又稱重洗派，包含阿米希人、胡特爾派及門諾會）
⑦五旬宗（又稱五旬節派，包括神召會、五旬節會、四方福音會等）
⑧復臨宗
⑨普利茅斯弟兄會
⑩摩拉維亞弟兄會
⑪貴格會
⑫宣道會

三、「台灣」各「基督宗教派」簡介

「基督宗教」在「台灣」的發展歷史，開始於十七世紀中期的「荷蘭」和「西班牙」殖民時引入。但是，全面性的發展，則起始於十九世紀中期，「台灣」開港之後。「天主教、東正教、新教」等「基督教」三大宗派，在「台灣」都有「教會」。但是，「基督教」一詞，在「台灣」通常專指「新教」，「新教」由於宣教較爲活躍，是三大宗派中，在「台灣」信仰人口最多的宗派。

「台灣」各「基督宗教派」簡介如下：

(1)台灣天主教：

「天主教」開始在台灣經營，是起始於十九世紀中期。公元一八五八年，於對外戰爭失利的「大清帝國」與「西方列強」簽訂「天津條約」，「台灣」成爲可以自由經商傳教的地區之一。翌年，「西班牙道明會」依照「羅馬教廷」的要求，從「菲律賓」派神父兩名抵台傳教，並在中國「福建省」教友的幫助下，首先於公元一八六二年，在「打狗（今高雄）」建立第一座教堂，是爲「聖母堂」，之後再於公元一九二八年改建爲今日的「前金天主堂」。

日治時代，「天主教會」逐漸擴展至全台灣，到公元一九一三年七月十九日，「羅馬教廷」成立「台灣監牧區」，使「台灣」擁有獨立的「教會管區」，當時「教徒」達到萬人，但是仍由「羅馬教廷」敕封「道明會士」作爲「地方教長」。

公元一九四一年，「太平洋戰爭」爆發後，「台灣總督府」迫使西方「傳教士」離台，改由「日本人」主持教務。二戰後，「台灣」進入「中華民國時期」，恢復由西班牙籍「道明會神父」主持教務。公元一九五二年八月七日，「羅馬教廷」正式在「台灣」設置「教區」，而本國籍「神父」也逐漸接手教務。

今日「台灣」的「天主教會」，共分成八個「教區」、一個「宗座署理區」、「主教」十七位，其中包括「單國璽樞機」的這些「主教」，都由「教宗」所敕封。八個「教區」分別爲：台北總教區、新竹教區、台中教區、嘉義教區、台南教區、高雄教區、花蓮教區和金門、馬祖宗座署理區。

另外，「台灣天主教會」轄下還有「神父」和「修女」共兩千位，分別在八百個教堂及社會事業，包括大學（輔大、靜宜、文藻）、醫院、地方診所、安老院、啟智中心等處所服務。「台灣天主教信徒」雖僅佔「台灣人口」約百分之一，但是其「社會服務事業」卻極為有名。

(2)台灣東正教：

「台灣東正教會」於公元二〇〇三年，向政府正式註冊，現在由「東正教會普世宗主教聖統香港及東南亞都主教教區」管理教務。

「台灣東正教會」目前在「台灣」是比較小的「基督宗教團體」，而目前「台灣」主要的「東正教教會」，有屬於「君士坦丁堡普世牧首座」的「台灣基督東正教會」，以及宣稱未來要隸屬於「莫斯科及全俄羅斯牧首座」的「台灣基督東正教會」。

公元一八九四年發生「中日甲午戰爭」，「大清帝國」大敗。公元一八九五年，「大清帝國」將「台灣」割讓給「日本」之後，就有部分「日本」的「俄羅斯東正教會信徒」來到「台灣」。在公元一九〇一年，管理「日本」教務的「俄羅斯東正教會總主教」「聖尼古拉」，在「台灣」建立了「台北基督救世主東正教堂」，並派遣首位堂區神父「西蒙」。

但是，隨著「尼可拉斯」總主教，於公元一九一二年辭世，「教會」活動就有所停歇而趨向荒廢，僅剩下零星「信徒」於家中自行祈禱。而「日本」對「台灣」的統治在公元一九四五年也結束。在「中華民國」政府遷台後，「俄羅斯東正教會」仍與「中國國民黨」有所接觸。

公元二〇〇一年，來自「希臘」的「李亮神父」，在「台灣」建立「台灣東正教會」團體，並在公元二〇〇三年登記為「宗教法人團體」。「君士坦丁堡牧首」於公元一九九七年，已經在「香港」

成立「香港及東南亞都主教區」，「台灣基督東正教會」的教務，歸屬於「都主教」統轄權內。

⑶台灣新教

公元一六二七年，「歸正宗」的傳教士「喬治．坎迪烏斯（Georgius Candidius）」把「基督新教」傳入「台灣」，那時候的「台灣」，正值「荷蘭」殖民統治時期。

當時的「傳教工作」屬於「殖民政策」的一部分，「傳教士」都隸屬於「荷蘭東印度公司」，由「荷蘭東印度公司」支薪，不像現代由「教會奉獻」支薪，「傳教」的政治目的，是對「原住民」進行「文化改造」。

此時期的「傳教工作」，隨著「鄭成功入台」以及「屠殺西拉雅族」之後，宣告結束。

在明朝「鄭成功殖民時期」，實施「禁教政策」，信仰「基督教」的「原住民」被迫選擇放棄信仰或逃到深山。「鄭成功」的諮議參軍「陳永華」，爲了革除「荷蘭人」所留下的「基督教信仰」，就實施「儒家思想漢化政策」，積極興建設「孔廟、玄天上帝廟、關聖帝廟」等，來打擊「基督教信仰」基督教。

公元一六八三年六月，「清朝」的福建水師提督「施琅」攻陷「台灣」，之後「施琅」向「康熙」上奏爭取經營「台灣」，並建議把「台灣」民間信仰的媽祖「天妃」，賜號晉升爲「天后」，透過「宗教」傳播方式，讓「台灣」居民認同接受「大清政權」。

公元一六八四年，「清廷」准奏，此後「台灣」的「主流信仰」改爲「祭拜媽祖」。此後，又因爲「乾隆、嘉慶」的「禁教政策」，使得「台灣」很長一段時間沒再出現「傳教士」。

公元一八六五年六月十六日，「英國長老會」的「馬雅各醫生」抵達「台灣」，公元一八七二年三月七日，「加拿大長老會」的「馬偕牧師」抵達「台灣」。此時期的「傳教工作」常受到「漢人」暴力反抗，不時發生破壞「教堂」以及殺害「教徒」的事件。

一直到公元一八六五年，「大清帝國」和「英國」之間，因爲「樟腦」問題而引發發生「樟腦戰爭」，「英國」派兵攻陷「安平（今台南）」後，「傳教士」才有相對安全的環境，「傳教語言」主要使用「閩南話」，信仰核心爲「加爾文主義」，以「教育」和「醫療」作爲「傳教工作」的基礎建設，現存的有「新樓醫院、馬偕醫院、淡江中學、眞理大學」等。

「台灣」到了「日治時期」，「基督教」延續「馬雅各」與「馬偕」的「長老會」傳教工作。雖然「日本政府」對「基督教」抱持警戒態度，但是由於「長老會」對於當局的政策大多配合，因此「基督教」不像過去因爲「政權變遷」而被消滅。

「台灣」現有「基督新教」的教派，簡介如下：

①台灣基督長老教會：

「長老教會」的起源，可以追蹤到「蘇格蘭宗教改革」，「長老教會」於公元一五六〇年由「約翰．喀爾文」的學生「約翰．諾克斯」在「蘇格蘭」進行「宗教改革」時正式建立，是「喀爾文宗」的一個流。

「台灣基督長老教會」是「台灣」最早成立的教會，成立於公元一九五一年，但是其歷史可追溯至公元一八六五年，「英國長老教會」宣教師「馬雅各醫生」，在「高雄旗津」建立的「台灣」第一間當代「新教教會」。

「台灣基督長老教會」是「台灣」的基督新教「喀爾文派長老宗」組織，為「普世教會協會、改革宗教會、台灣教會合作協會」的成員。

公元一八七二年，「加拿大長老教會」宣教師「馬偕牧師」在北部開展宣教工作。公元一八八〇年，「馬偕牧師」創建台灣北部第一所西醫院，「滬尾偕醫館」落成，為「馬偕醫院」前身。公元一九一二年，加拿大籍「宋雅各牧師」向「教會」提議將「滬尾偕醫館」由「淡水」遷到「台北」，擴建並命名為「馬偕紀念醫院」。公元一九一二年十二月二十六日，「台北馬偕紀念醫院」落成，舉行感恩禮拜，「宋雅各牧師」擔任首任院長。

後來，「台灣基督長老教會」繼續「借醫傳道」，陸續於公元一九八五年成立「台南新樓醫院」，和公元二〇一三年成立「彰化基督教醫院」。

「台灣基督長老教會」是一家很特殊的「教會」，它是「台灣」最早成立的教會；又「借醫傳道」，陸續成立「台北馬偕紀念醫院」、「台南新樓醫院」和「彰化基督教醫院」；又經歷過「滿清、日本、國民黨政權」等，不同外來政權的統治。它曾經面對過「滿清時期」的宣教困境及迫害，「日治時代」的「皇民化運動」和政教糾葛，以及「國民黨政權時期」的「二二八事件、白色恐怖、美麗島事件」等政治慘案。

由於歷經長久的「政治迫害」，所以「台灣基督長老教會」是一個「政治色彩」很濃厚的「教會」。它提出「中央民意代表全面改選」、「台灣前途應由台灣全體住民決定」、「促請政府使台灣成爲一新而獨立的國家」、「台灣主權獨立」、「台灣有權加入聯合國」等歷史性的「信仰宣言」。同時也透過「積極關心生態環境保護、反核、女性意識、性別公義、人權」等社會議題，以及「關懷原住民、漁民、勞工、身心障礙」等被社會忽視的群體，來實踐「上帝」的愛與公義。

②基督復臨安息日會：

「基督復臨安息日會」簡稱「安息日會」，起源於「美國」十九世紀中葉的「米勒派」，於公元一八六三年正式成立。它的特點在於，遵守星期六，卽「基督教」與「猶太曆」中，一周的第七天，作爲「安息日」，並且強調「耶穌基督」迫近的第二次再來（復臨）。並且注重飲食與健康，倡導「素食」和「健康」。

公元一九〇六年，「中國大陸」福建省「閩南區會」派「楊天賜」來「台灣」做文字布道工作。他在「台中」帶領了廿多位青年歸主，後來被「日本政府」驅逐出境。

公元一九三四年三月，「日本區會」派「和地永生牧師」全家，來「台南」傳道，他於公元一九四二年三月離開「台灣」。以後，「畠清光牧師」接續在「台南」傳道。不久，「二次世界大戰」爆發，法令嚴禁傳教，「教會」被關閉，他也被關在「台南監獄」。

公元一九四五年「抗日勝利」後，「中華分會」在一九四七年，召開第一次全國代表大會，計劃在「華南區」兩處開拓新工，一是「海南島」，二是「台灣」，指派「林本善牧師」爲「台灣區區主任」。此外，又派廈門「李天遮牧師」，閩北「楊德興牧師」，汕頭「許向榮教士」等，共同推展開拓「台灣」的重任。

「台灣」光復後，於公元一九四九年春，「中華分會」派「柯爾義」和「愛培爾」兩位美籍牧師來「台灣」，「柯爾義」擔任「台灣區會會長」，「愛培爾」當「司庫」。兩位到任後，宣教事工迅速擴展至全省各地。

公元一九四九年，「上海安息日會」教友，隨著「國共內戰」敗戰的「國民政府」來「台灣」。鑑於「台灣」醫院很少，募款籌資數年，於公元一九五五年三月二十八日開立「基督復臨安息日會台灣療養醫院」。公元一九八六年，「台灣療養醫院」更名爲「基督復臨安息日會台安醫院」。

③台灣信義會：

「信義會」或稱「路德會」，源自十六世紀「德國」神學家「馬丁·路德」爲革新「天主教會」發起的「宗教改革運動」。

「信義宗教會」強調「因信稱義」，認爲「罪人」單單藉「上帝」所賜的信心，信靠「耶穌基督」而得救，是完全出於「上帝的恩典」，而不是出於「人的善功」。

「信義宗」與很多「新教改革宗教會不」同，「信義宗」保留許多「大公教會」的禮儀和習俗，更強調教會「聖餐」和「洗禮」的重要性，認爲這兩個「聖禮」與《聖經》中的「福音信息」一樣，都是「上帝」向人施恩典的工具。

「信義會」於公元一九五〇年代，在「台灣」宣教初期，即有四國（美國、挪威、丹麥、芬蘭）八個「差會」一起合作。「差會」是指「基督教新教」差派「傳教士」進行「傳教活動」的組織。後來，因爲政策不同，有「三國四差會」仍在「台灣信義會」內，其餘「四差會」各自獨立發展，漸次成立新的「總會」。

目前在「台灣」的「信義宗教會」，共有六個總會如下：「基督教台灣信義會」、「中華基督教信義會」、「台灣中國基督教信義會」、「中華基督教福音信義會」、「中華民國台灣基督教信義會」和「中華福音道路德會」。

公元一九五八年，由「美國信義會自由堂」所派遣的美籍傳教士「戴德森醫師」，「嘉義基督教醫院」，公元一九六七年創立「高雄基督教醫院」。

④靈糧堂：

「靈糧堂」的創辦者「趙世光牧師」，是二十世紀著名的「基督教」華人牧師、布道家。「趙世光」出生於「上海」，在學校接觸到福音，公元一九二四年，在「監理會」的「慕爾堂」，即現在的「沐恩堂」受洗。

「監理會」又稱「循道宗、衛斯理宗」，現代亦以「衛理宗、衛理公會」之名而著稱。「監理會」原為「英國」國教「盎格魯宗」內的一派，後逐漸獨立。公元一七三八年由「英國」人「約翰．衛斯理」和其弟「查理．衛斯理」於「倫敦」創立，即英國「監理會」。

「衛斯理」兄弟反對「喀爾文派」的「預選說」，認為《約翰福音》告訴了「基督徒」，神愛世人，必定廣渡眾生。「美國」獨立之後，「美國衛斯理宗」脫離「聖公會」而組成宗派，其後「教會」分裂為「美以美會、監理會、美普會、循理會」和「聖教會」等。公元一九三九年，「美以美會、監理會」和「美普會」合併成現今的「衛理公會」。

公元一九二六年，「趙世光」高中畢業後，進入「宣道會」北四川路「守眞堂」所設的「聖經學校」。公元一九二八年，被「守眞堂」聘爲「傳道」。公元一九三二年被按立爲「牧師」。公元一九三六年，參加「中華國外布道團」，第一次前往「南洋」布道。

「基督教宣道會」，簡稱「宣道會」，由「宣信博士（Dr. Albert Simpson）」於公元一八八七年成立，在二十世紀形成的一個新的宗派。

「趙世光牧師」在第二次「南洋」布道返回「上海」後，公元一九四二年成立「靈糧堂」和「靈糧世界布道會」。公元一九四三年，「趙世光牧師」於中華民國「上海市」設立「上海靈糧堂」與「中國靈糧世界布道會」。開始在「中國華東」一帶，以「設立分會」與「出版刊物」方式傳講「基督福音」。

「趙世光牧師」於公元一九四九年十月一日，面對著統治「中華人民共和國」的「中國共產黨」要求接受「黨政」管理宗教，就逃難到「香港」，公元一九五五年，落成「九龍靈糧堂」，其後又創辦了「香港靈糧堂」。

公元一九五二年七月，「趙世光牧師」離開「香港」後，做一次「遠東地區」的布道之行，其間在公元一九五四年，於「台灣」創立了「台北靈糧堂」。

「靈糧堂」在全球設立「分堂」共三百四十五處，其中包括台灣、亞洲、美洲、非洲、大洋洲和歐洲地區。

⑤眞耶穌教會：

「眞耶穌教會」除信奉《聖經》、遵守「十誡」、守星期六（一星期的第七天）爲「安息聖日」、行「聖餐」和「信徒」彼此相互「洗腳」等禮儀外，強調信「獨一眞神」，反對「三位一體」教義；「受洗地點」必須在「大水（活水）」之處。「受洗」時，必須面向下全身浸入水中；勉勵「會衆」祈求「聖靈」，並以「說方言（說靈言）」爲得應許「聖靈」的憑據；宣揚可以「靠信心禱告求神」，在神的恩賜下或可得「趕鬼治病的恩典」，並因著遵循「耶穌」一切的吩咐，得進永生天國。「安息日」或平時聚會禮拜時，「信徒」跪下同聲祈禱。

「魏保羅」爲「眞耶穌教會」的主要創始人。「眞耶穌教會」強調，「眞神」才是「教會」的創設者，稱「魏保羅」爲「眞神」選召的「僕人」，該會初期的重要工人。

「魏保羅」原名「魏恩波」，公元一八七七年出生於「河北省」保定府「容城縣」午方村西莊。他幼年失學，十六歲去「北京」學「紙行生意」，成年後在「北京崇文門」外，「磁器口東茶食胡同」開設「恩信永布店」。

公元一九〇三年，「倫敦會」信徒「王德順」引導他去「磁器口倫敦會」慕道。一年後，「魏恩波」全家在「東單雙旗杆倫敦會」的「密志文牧師」處受洗禮入教。此後，每逢星期日「布店」休業，店員三十多人同去參加「禮拜」。公元一九一一年，「魏恩波」變賣房產得三千元，資助「磁器口倫敦會」自立。但是，後來因爲他「納妾」，犯下「十誡」，被「倫敦會」革除。

「倫敦會」全名「倫敦傳道會」，屬於「基督教新教」宗派的「公理會」。建立於公元一七九五年，公元一九七七年，與「大英國協傳道會」及「英國長老會差傳委員會」合併爲「世界傳道會」，總部位於「英國倫敦」。

「公理會」，又譯「美部會」，是一個信奉「基督教新教」「喀爾文主義」的傳教組織。在「教會」組織體制上，主張各個「堂會」獨立，「會衆」實行自治（郎公理制）。「公理會」的信仰比較自由化，強調「個人信仰自由」，尊重個人理解上的差異。

公元一九一六年六月，「魏恩波」身患重病，醫藥無效。九月十四日，他接受「使徒信心會」的「新聖民長老」爲其抹油按手禱告。數日後病癒，於是在興隆街「使徒信心會」的美國籍「賁德新牧師」處接受浸禮，加入「使徒信心會」。此後，他開始「守安息日」，並熱切追求「靈浸」和「說方言」的經歷。

「使徒信心會」，又稱「使徒信心教會」，是屬於「衛理派-五旬節」及「聖潔運動」的一個世界範圍「基督教」組織，總部設在「美國俄勒岡州」的「波特蘭」。他們強烈不與所有獨一神格「五旬節派」統一和聯絡。公元一九〇七年，「使徒信心會」成立「傳教差會」，同年派遣「原南直隸教會」傳教士「賁德新」夫婦率十一名男女「傳教士」來「中國」傳教，公元一九一四年加入「神召會」。

公元一九一七年五月二十八日，「魏恩波」在禱告時，自稱受「聖靈」引導，前往「永定門」外「大紅門河」中，並奉「主耶穌」的名，面向下「受浸」，接著改名「魏保羅」，並立志獻身傳道，回到「北京」後，熱切傳教。

公元一九一八年一月二日，「魏保羅」寫信給警察總廳「吳鏡潭總監」，申請開設「眞耶穌教會」，該教會的會名由此而確定。

「魏保羅」對在當時的「外國傳教士」多有指責，認爲他們所傳的「福音」並非原始完整的，因此主張不靠外人銀錢勢力傳教，迎合了當時教徒中，日益覺醒的民族意識。他的憑信心、靠禱告治病的主張，也受到貧民和疑難病患者的歡迎。因此教會創立不到十年，幾乎傳遍全國，而且還傳到了國外。公元一九二六年召開眞耶穌教會大會，通過成立總部於「南京」，次年遷「上海」。

在「中華人民共和國」成立後，「眞耶穌教會」將其「總會」，由「大陸」遷移至「台灣」，並維持其原有之教義以及結構繼續傳教。

至今，「眞耶穌教會」已經在全世界六十多個國家成立了「教會」。其中，「美洲」部分的國家包括「美國、加拿大、阿根廷」等；「亞洲」國家包括「新加坡、韓國、日本、西馬來西亞、東馬來西亞、印度尼西亞、汶萊、台灣」等；「歐洲」國家則有「英國、法國」等等；「澳洲」部分在「澳大利亞」以及「紐西蘭」；而「非洲」包含「剛果」等國家。

⑥台灣門諾會：

「門諾會」是以「荷蘭」北部「弗里斯蘭省」的「門諾．西蒙斯（Menno Simons）」命名的「再洗禮派」教會社群。「門諾派」的早期歷史，開始於中歐「德語區」和「荷蘭語區」的「再洗禮派」。

「再洗禮派」或稱「重洗派、重浸派」，是在「歐洲」的「宗教改革運動」發生時，從「瑞士蘇黎世」的宗教改革家「慈運理」所領導的運動中，分離而出的教派。

從「奧古斯丁」提倡「原罪」以後，「嬰兒洗禮」的觀念，對「馬丁．路德」與「約翰．克爾文」等許多「神學家」而言，是必定堅守的。其後在十七世紀，「聖潔運動」也帶起了「再洗禮運動」，帶動了「再洗禮派」的發展。

「再洗禮派」教徒，從十六世紀開始，受到「基督教會」的嚴重迫害，包括「新教」和「羅馬天主教」。主要是因爲他們對《聖經》的解釋與「基督教會」的解釋不一致。「再洗禮派」從來不屬於由任何政權，因此從未享有任何特權和保護。

大多數「再洗禮派」堅持對《馬太福音》第五到七章中，「耶穌登山寶訓」的字面解釋，教導反對仇恨、殺戮、暴力、宣誓、參與使用武力或任何軍事行動，以及反對參與政府。「再洗禮派」認爲自己主要是「神國度的公民」，而不是「地上政府的公民」，他們是「耶穌」的忠實追隨者，他們尋求效法「耶穌」的生活。

「門諾．西蒙斯」是「文藝復興時期」的「荷蘭神學家」，他曾經是「天主教」的「神父」，在聽聞「再洗禮運動」後，開始重新思考他的「天主教」信仰。後來參與「再洗禮派」，成爲一位「牧師」，並且很快成爲「再洗禮派運動」的領袖。他深受「馬丁路德」思想的影響，宣稱人們應過一種敬虔、聽從「聖言」的生活，提倡平和安寧，「門諾派」信徒從他而始。

「門諾派」最顯著的特點是「拒絕嬰兒洗禮」，這種行爲具有宗教和政治意義，因爲幾乎每個出生在西歐的「嬰兒」都「受洗」加入「羅馬天主教會」。「門諾教派」的其他重要「神學觀點」，與「羅馬天主教」的觀點或其他「新教改革者」的觀點相反。

公元一九四七年，前「台灣神學院」院長「孫雅各」宣教士，到「上海」邀請「門諾會中央委員會（簡稱MCC）」派「醫療隊」來「台灣」服務「東部的原住民」，MCC遂於隔年差派數位醫生、護士和志願工作人員組成的「門諾會山地巡迴醫療團」，來台與「孫理蓮」等人共同展開「山地醫療」和「救濟台灣原住民」的工作。

公元一九五二年，「高甘霖」擔任「MCC台灣區」的負責人，除了持續東部山地醫療的工作，也在西部山區開辦第二支「巡迴醫療團」，成員包含「呂春長牧師」及「謝緯醫師」等人。及至「薄柔纜醫師」來台，乃於公元一九五五年正式在「花蓮」設立「基督教門諾醫院」，進一步從事「醫療傳道」工作。

由於「醫療傳道」工作的進展，MCC乃請美國「門諾會海外宣道會（Commission on Overseas Mission簡稱COM」，考慮在「台灣」繼續擴展「宣教事工」。經COM派員來「台灣」考察研究後，肯定在「台灣」開設「新宣教區」的需要，遂於公元一九五五年差派第一位宣教師「宋大衛牧師」，來「台灣」從事「宣道事工」；當年，第一間「門諾教會」在「台中林森路」成立，全稱「台灣基督教門諾會教會聯會」。以後，「門諾教會」陸續在台中、台北和花蓮設立。

⑦浸信會：

「浸信會」又稱「浸禮宗」，起源時間有爭議，一說起源於十七世紀上半葉「英國」以及在「荷蘭」的「英國流亡者」中。

也有人說，十七世紀初，受到「再洗禮派」影響的英國「史密斯牧師」創立行「浸禮」的小團體，可能是「浸信會」的起源。

也有人說，「浸信會」源於「英國」的「分別主義者運動」。「宗教改革」之後，「英國國教」與「天主教」決裂，但是它在很多方面仍然保留著「天主教」的做法，這讓「英國國教」中的很多「信徒」不滿。有些人成爲「淸教徒」，而有些人則完全離開「英國國教」，建立「獨立教會」，不接受「英國國教」的控制，成爲「分別主義者」。有人說，「浸信會」就是「分別派」中的一個教派。

有些「浸信會的牧師」認爲，「浸信會」起源於「使徒」，是在「宗教改革」之前，就存在的一個不屬於「天主教」的宗教團體。因爲堅持認爲只有「信徒」才可受浸，反對「嬰兒受浸」，倡導「宗教自由」及「政教分離」，所以受到「天主教」的逼迫。在「宗教改革時期」又受到了「不支持浸禮、贊成嬰兒受洗」的「抗議宗」的逼迫。這些「牧師」們認爲，「浸信會」在古代和中世紀一直存在，雖然名稱有多個，但是都是「浸信會」。

「浸信會」反對「給嬰兒行浸禮」，主張「得救的信徒」才可以「受浸」，而且「受浸者」必須全身浸入水中，稱爲「浸禮」，故名「浸信」。並主張「獨立自主」、「政教分離」，反對「英國國教」和「政府」對「地方教會」的干涉。

「浸信會」的思想，最主要來自「瑞士宗教改革運動」的領導者「烏利希·慈運理神父」的「再洗禮派」，但是容許各種「神學」，「教會」中，可能有力挺「預選說」的「克爾文主義者」，也有支持「神愛世人」的「阿民念主義者」；可能有「時代派」的支持者，也有「聖約神學」的擁護者。

「浸信會」在「教會治理」上，採用「會衆制」，各地方的「浸信會教會」都是獨立、自主和自治，這是「浸信會」的特色之一。各類型浸信教會聯會（例如：世界浸信會聯會、美加華人浸信會聯會、美南浸信會聯會、中華基督教浸信會聯會、香港浸信會聯會、馬來西亞浸信會聯會、新加坡浸信會聯會、日本浸信會聯會、德州華人浸信會聯會、南加州浸信會聯會等等），並不是管理各地方「浸信會」的組織，其目的在協調及推動共同事工。

起源於「英國」的「浸信會」，傳入「美國」後，自公元一八三六年差派宣教士到「中國」。

公元一九三六年十月，在「廣州」舉行「浸會來華宣教百週年感恩慶祝大會」，大會中積極提倡「重視邊疆布道運動」，「台灣」在當時屬於「邊疆地區」。

公元一九四八年六月間，「中華浸信會全國聯會邊疆委員會」差派「楊美齋牧師」到「台灣」布道，十月十九日「美南浸信會」差派「明俊德宣教士」由「山東濟寧」抵達「台北」，十二月二十六日舉行「浸信會」在「台灣」的首次「主日崇拜」。

公元一九五〇年代前後，衆多「浸信會」的「信徒」及「傳道人」從「中國大陸」遷往「台灣」，初期成員大都爲「軍公教人士」。公元一九五三年六月，開始第一個「客語事工」於「高雄美濃」，公元一九五六年七月，開始第一個「台語事工」於「台北市」。

公元一九五四年七月五日成立「台灣浸信會聯會」，後更名爲「中華浸信會台灣省聯會」，再更名爲「中華基督教浸信會台灣聯會」，公元一九七二年改爲現名「中華基督教浸信會聯會」。首任主席爲「宣教士」也是「基督教台灣浸會神學院」創校院長的「柯理培牧師」，辦事處設於「台北市」。

爲推動「區域福音事工」，「台灣南部」包括「台南、高雄、屏東、澎湖」等縣市的「浸信會教會」，已成立台灣第一個「區聯會」，定名爲「中華基督教浸信會台灣南區聯會」。

⑧台灣聖公會：

「聖公會（Anglicanism）」，又稱爲「盎格魯宗」，源自「英國」的「英格蘭國教會」和「愛爾蘭教會」及其於世界各地衍伸出來的「教會」的總稱。「盎格魯宗」意譯是「盎格魯式教會」，形容制度、教會、禮儀傳統和神學思想，起源於「英國宗教改革」時，「亨利八世」領導的「英格蘭國教」，創立於十六世紀逐漸成爲普世「聖公宗」。十七世紀時，「英國聖公會」開始在美國、澳洲、加拿大、紐西蘭和南非等地創立「教會」。從十八世紀起，由一批「聖公會傳教士」在亞洲、非洲及拉丁美洲建立「聖公宗教會」。「英國聖公會」派遣「史丹頓牧師」，到「香港」成立「聖公會」，爲「聖公會」在「中國」傳教的開始。

「台灣聖公會」的發展，開始於「日治時期」，由「日本」本土的「日本聖公會」輾轉傳入「台灣」，在「台灣」從事「牧養（『基督教』一般把『牧師、長老』等教職人員，對『信徒』的帶領、引導稱作『牧養』。）」和「宣教」的工作，並分別在「台北」和「台南」設立「教會」。

但是，此時「日本聖公會」的工作對象是以「日本人」爲主。當時，僅有極少數「台灣本地人」是「聖公會教友」。公元一九四五年，「日本」戰敗以後，「日本聖公會」也從「台灣」撤退，「日本教會人員」撤離，「教堂」由「長老教會」接收，即今「台北中山教會」和「台南南門教會」。

「聖公會灣教區」，簡稱「台灣聖公會，於公元一九四九年，開始籌備。公元一九五四年，正式成立及在「台灣」推展教務，並於該年向政府主管機關登記設立財團法人。「台灣聖公會」是由「中華聖公會」各教區的教友，來「台灣」合力創建，並經「美國聖公會」熱心支持而成立。

「教會」的組織管轄權，便從「日本聖公會」改隸「美國聖公會」。目前，「台灣聖公會」在行政體系上，仍隸屬於「美國聖公會」第八教省，但實際上已經成爲自立自養的教區。

⑨行道會：

「瑞典行道會」是公元一八七八年，成立的「瑞典基督新教」教派，是瑞典第二大教會，是「信義宗（路德宗）」背景的「福音教派」。

「瑞典行道會」產生於十九世紀的「瑞典教會復興運動」，從「瑞典信義會」分出來。

「行道會」教派源於「瑞典」，但是通過移民和傳教活動，傳到美國、加拿大、拉丁美洲、剛果共和國、剛果民主共和國、印度、東南亞、日本、台灣等地。

經過多年的神學和組織方面深入討論，「瑞典行道會」、「瑞典浸信會」和「瑞典衛理公會」於公元二○一一年的「統一大會」上決定合併，「新教會」臨時稱爲「共同未來教會」。公元二○一三年五月，在「瑞典」西部「卡爾斯塔德市」的年會上，決定新合一教會名稱爲「瑞典聯合教會」。

公元一八九○年，「美國行道會」差派了第一批「宣教士」到「中國」，以「湖北」的「荊州、襄陽」爲宣教工場。公元一八九二年，於「湖北省」創立「中華基督教行道會」

公元一九四九年，「中華基督教行道會」遷至「台灣」，在台灣的事工胎開始於公元一九五二年，「美國行道會」先後差派了「聶國華、榮日昇、裴爾森」等「宣教士」來「台灣」，從北而南殷勤傳福音設立「教會」。最早設立的有台北教會、北投教會、豐原教會，屏東教會……等。

初期，「美國行道會」扮演了極重要的角色，提供了人力和財力的資源，至公元一九六五年，

「教會」堂數已達十一間。此後，「行道會」各處「教會」漸由本地「同工」，負起「牧養」和「拓植」的工作，財務上也逐步邁向自足的目標。同時，「美國行道會」差會漸次退居「協助」的角色，如今所差的「宣教士」已全部撤返，取而代之的是「台灣區行道會」與「美國行道會」共同合作發展海外宣教事工。在公元一九九五年成立「南非行道會」。並持續致力海外短宣，如泰北，印度，馬來西亞等。

⑩衛理公會：

「衛斯理宗（Wesleyans）」又稱「循道宗、監理宗」，現代亦以「衛理宗、衛理公會」之名而著稱。

「衛理公會」原爲「英國」國教「盎格魯宗」內的一派，後來逐漸獨立。公元一七三八年，由「英國」人「約翰．衛斯理」和其弟「查理．衛斯理」於「倫敦」創立，即「英國循道會」。

「衛斯理兄弟」受到「阿民念主義」影響甚深，反對「喀爾文派」的「預選說」，認爲《約翰福音》告訴了「基督徒」，神愛世人，必定廣渡衆生。

「阿民念主義」是「基督教新教」神學的一派，由「荷蘭」神學家「雅各布斯．阿民念」所提出，「阿民念派」的「追隨者」共同編寫了一份名爲《抗辯》的文獻，簡述他們反對「喀爾文主義」的五點反對立場，因此他們被稱爲「抗辯派」。「阿民念主義」影響了現代的「福音主義」，更影響「衛理宗、浸信宗、福音派」等甚深。

「喀爾文主義預定論」又稱「預選說」，是「喀爾文主義」神學理論體系的中心理論和「喀爾文主義者」的主要「救贖論」，創始人「約翰．喀爾文」，由「喀爾文」精研了古代教父「奧古斯丁」的神學看法，加上「宗教改革」中的「因信稱義」觀點而成。

「喀爾文主義」的《西敏信條》宣稱，「上帝自由不變地預定了將來所要發生的一切」，「喀爾文主義者」認爲「上帝」以其「恩典」指定某些「天選之人」得救的命運，而其餘的人爲他們自己所犯的罪，甚至是「亞當」遺留下來的「原罪」得到永恆的詛咒，墮於「地獄」。

「喀爾文主義」影響了「新教」的許多宗派，如「清教、歸正宗、結盟宗、公理宗、長老宗、誓約派」等；也影響了「天主教」的「楊森主義」。對於「喀爾文預定論」的反動，是「阿民念主義」與「福音主義」。

「美國獨立」之後，「美國衛斯理宗」脫離「聖公會」而組成宗派，其後「教會」分裂爲「美以美會、監理會、美普會、循理會」和「聖教會」等。公元一九三九年，「美以美會、監理會」和「美普會」合併成現今的「衛理公會」。該宗認爲傳統教會的活動方式已不足以應付新的社會問題，主張著重在「下層群衆」中進行傳教活動，宣稱求得「內心的平安喜樂」便是幸福，主要分布於英美等國。

「二次大戰」前，「日本美以美會」來「台灣」傳教，分別在「台北」和「台南」建立「昭和町教會」和「壽町教會」。目前「台灣」的「衛理宗」主要是在公元一九四九年，「國民政府」撤退來「台灣」後，由原在「中國」的「衛理公會」傳入。

公元一九五三年，在「台北」正式建立「台北衛理堂」；公元一九六三年召開首屆「臨時年議會」，建立南北兩教區。公元一九七二年「台灣教會」自立，定名「中華基督教衛理公會」。

⑪召會：

「召會」又稱「地方召會」，公元一九四九年，由「李常受」傳入台灣，並在此組織起「召會」組織。「召會」成員並不視自己爲一宗派，主張所有「基督徒」都是「召會」的成員。別稱是「主的恢復」，故又稱爲「主復宗」。由於「台灣」各地的「召會」以「教會聚會所」的名義，向「政府」登記註冊，因此外界也以「基督教聚會所、聚會所派」稱呼。

公元一八二八年，英國「普利茅斯弟兄會（Plymouth Brethren）」的領導人「達祕」在他的英文《聖經》譯本裡，用「assembly」指「基督徒的聚集」，可視爲中文「召會」一辭的前身。

中文的「召會」一詞，首先被「神召會（assembly of God）」所採用。一般「基督徒」所使用的「教會（church）」一詞，在「希臘」原文的意思是「蒙召出來的會衆」，所以把「教會」翻譯作「召會」，比「教會」更符合「希臘」原文含意。

「教會聚會所」是在「台灣」向政府登記的名稱，其認爲一個地方（城市、鎮、鄉等同級的行政區域）應該只有一個「召會」。因此，「分教派」損害「召會」的合一是邪惡的。

根據《新約聖經》哥林多前書的經文，「耶穌基督」的「召會」只有一個，不應該冠上其他「派別」或「創辦人」的名字，只能稱作「在某某地的召會」（例如：在「耶路撒冷」的「召會」、在「哥林多」的「召會」、在「以弗所」的「召會」等），就像在「北京」看到的「太陽」，和在「台北」看到的「太陽」，都是同樣的「太陽」，而「召會」代表「耶穌基督」的身體，也是這樣，這就是「召會」的意義。

●《新約聖經》哥林多前書：

1:10 弟兄們、我藉我們「主耶穌基督」的名、勸你們都說一樣的話．你們中間也不可分黨．只要一心一意彼此相合。

1:11 因爲「革來氏」家裡的人、曾對我提起弟兄們來、說你們中間有分爭。

1:12 我的意思就是你們各人說、我是屬「保羅」的．我是屬「亞波羅」的．我是屬「磯法」的．我是屬「基督」的。

1:13 「基督」是分開的麼．「保羅」爲你們釘了十字架麼．你們是奉「保羅」的名受了洗麼。

「召會」又稱爲「地方召會」，「召會」認爲，「基督教組織」的「階級化制度」，不符合《新約聖經》的原則。因此，他們主要的「聚會方式」，不同於其他宗派的「一人講，眾人聽」，而是按照《新約聖經》中，所啟示的方式，彼此教導、對說，一個一個的申言，爲要使眾人有學習，使眾人得勉勵。

●《新約聖經》哥林多前書：

14:26 弟兄們、這卻怎麼樣呢．你們聚會的時候、各人或有詩歌、或有教訓、或有啟示、或有方言、或有翻出來的話．凡事都當造就人。

14:31 因爲你們都可以一個一個的作「先知」講道、叫眾人學道理．叫眾人得勸勉。

公元一九四九年五月，在中國「上海」政局變化的前夕，「倪柝聲」爲避免「地方教會」同工們，有可能被一網打盡，堅持「李常受」前往「台灣」開展工作。

「李常受」是一位「華人傳道人」，是「地方召會」繼「倪柝聲」之後的第二位「同工」，在「中國大陸時期」，曾經是「倪柝聲」的「同工」之一，在「華北」和「上海」等地工作。後來，受「倪柝聲」打發移居海外以後，在全球各地建立「地方召會」。

首先，介紹「倪柝（ㄊㄨㄛˋ）聲」的事蹟。

「倪柝聲」出身「廣東汕頭」，當時在「汕頭」擔任「海關官員」，是「中國基督教新教」領導人。公元一九二二年，他在「福州」發起「教會」的聚會活動，該活動被視為「地方召會運動」的開始。其後，他出版許多闡述《聖經》的書籍，又在「中國」各地建立「教會」，並致力於培訓學生和教會工作者。「中華人民共和國」成立後，他因其信仰，被當局關入監獄，並於其中度過餘生。

倪家是「福州」最早的「基督教家庭」之一，「倪柝聲」的祖父「倪玉成」於公元一八五三年就讀於「公理會」保福山男校，自公元一八六二年成為「福州公理會」最早的「華人牧師」之一，在「鋪前頂救主堂」任「牧師」達二十八年之久，「閩中三公會（美以美會、聖公會、公理會）時常把他輪流借用。

「倪柝聲」的父親「倪文修」，畢業於「福州美以美會」所辦的著名學府「鶴齡英華書院」，對於教會的傳統和教會詩歌相當熟悉。

「倪柝聲」的母親「倪林和平」，則是「福利公司」經理林姓富商的養女，六歲時全家受洗成為「基督徒」，長大後為準備到「美國」留學，而進入以高水準英文著稱的教會學校「上海中西女中」學習英文。

後來，按照父母之命，嫁給「倪文修」。「倪林和平」所生的前二個孩子都是女兒，常受重視男嗣的婆婆諷刺。再次懷孕時，她就模仿《聖經》中，「撒母耳」的母親「哈拿」的禱告，應許如果所生爲男孩，就將他一生獻給神。此後，共生有五子，分別爲：倪柝聲、倪懷祖、倪承祖、倪洪祖和倪興祖。

「倪文修」和「倪林和平」夫婦，都是「福州美以美會」「福州天安堂」的教友，並在「天安堂務德部、召益會」等，教徒團體中任職。「倪柝聲」在嬰兒時期，就由「美以美會」的監督受洗。

「美以美會」是從公元一七八四年到公元一九三九年之間，在「美國」北方的「衛理公會」，所使用的宗派名稱，該會屬於基督新教的一個較大的宗派「衛理宗」。

接下來，介紹「李常受」的事蹟。

「李常受」出生於中國「山東省蓬萊縣」李家村，父親「李國重」在東北「長春」開墾，母親「孫氏」是「蓬萊」城內一個「美南浸信會」家庭的第三代「基督徒」，接受過「教會學校」的教育。

「李常受」在「南浸信會小學」中接受了三年多教育，後來就讀於「美北長老會」在「煙臺毓璜頂」開設的「益文商專」。公元一九二五年四月，「李常」受十九歲，正在「益文商專」求學期間，女傳道人「汪佩眞」到「煙臺」講道，傳講《出埃及記》脫離「埃及法老」轄制的信息，「李常受」因此接受「福音」，並奉獻一生。

「李常受」在「中華自立會」受點水洗禮，但是不久離開。此後7年，「李常受」在當地的「牛頓派弟兄會」聚會，學習「用寓意解經」的方法研讀《聖經》中的預言和預表，他勤讀《聖經》，同時還訂閱「福建」基督徒「倪柝聲」出版的《基督徒報》，開始接受「倪柝聲」的觀點，並在公元一九三〇年接受「弟兄會」傳教士「布納德」在海中施行「浸禮」。

公元一九三二年，「倪柝聲」到「山東」的「濟南、煙臺」和「黃縣」訪問，「李常受」在「煙臺」接待他。不久，「李常受」在家鄉「山東煙臺」建立了中國北方第一處「地方召會」。聚會人數增加到近百人，租用了「聚會所」，「汪佩眞」和「倪柝聲」也訪問這個新成立的「召會」。

公元一九四九年五月，在「上海」政局變化前夕，「倪柝聲」爲避免地方教會同工們有可能被一網打盡，堅持「李常受」接受要求，並且前往「台灣」開展工作。

「李常受」到了台灣後，不久就在「台北仁愛路」買地蓋造容納三百人的會所，並於公元一九四九年八月一日，正式在這「新會所」開始聚會。由於大力開展「福音運動」，許多自「中國大陸」遷居「台灣」者被吸引，加入「地方教會」。到公元一九五五年，幾年間信徒從五百人增長到五萬人。

「教會聚會所」的人數在「台灣」，一直僅次於「長老會」。「李常受」在「台灣」，也仿效「倪柝聲」在「大陸」的做法，訓練「全時間事奉者」。他的名著《生命的認識》與《生命的經歷》即爲這一時期的著作。

公元一九五五年和一九五七年，英國「內裡生命派」領袖「史百克」兩次訪問「台灣教會」，後來由於在「地方教會」立場問題上，與「李常受」產生爭論，最終決裂。

在「台灣地方教會」中，有一批「青年同工」，認同「史百克」的「教會觀」，散布在「嘉義、台中、高雄、新竹、基隆」等地，並有相當「信徒」擁護，這讓「李常受」心裡極爲不安。公元一九五八年，「李常受」出訪「美國」，回台後，終於在公元一九六五年，把他們移出其工作團體，並指責他們分裂「台灣教會」。

公元一九八四年，「李常受」完成《新約生命讀經》，有感於「台灣地方召會」擴展緩慢，遂由「美國」返回「台灣」，推行「新路改制」，並在「台北」舉辦全時間訓練，推行「五年福音化台灣運動」，同時翻譯《聖經恢復本》。

「李常受」推行「新路改制」，遇到了相當大的阻力。公元一九八七年至一九八九年，「地方召會」出現全球性的風波。「美國安那翰召會」長老「英格斯約翰（John Ingalls）」、「德國斯圖加特召會」長老「蘇民強」和「香港召會」長老「封志理」等人，都在這時公開反對「李常受」。

在「李常受」去世之前，完成了《雅各書》、《雅歌》、《約翰福音》和《羅馬書》結晶讀經之後，「美國加州安那翰衆召會」的「全時間服事者」們接續了「李常受」的職事，以十二年多的時間陸續完成了《新約結晶讀經》，並繼續接下來《舊約結晶讀經》，「台灣」衆「召會」方面完全跟進。

⑫神召會：

「神召會」屬於「五旬節派」，意思就是信仰「耶穌基督」，又領受「耶穌基督」的「應許」，信的人要被「聖靈」充滿，聚集在一起敬拜神，事奉神，傳揚福音。「五旬節派」是公元一九〇一年，「美國五旬節復興運動」後，出現的「教會」組織。三百多位「傳道人」和「信徒」，於公元一九一四年，在美國「阿肯色州溫泉城」召開大會成立。

「五旬節派」亦稱「聖靈降臨派」，因爲相信「五旬節（復活節後第七個星期日）」「聖靈」降臨於「耶穌門徒」身上，由此相信在禮拜時，「聖靈」會降臨於「信徒」身上而得名。

「五旬節教派」屬於「聖潔運動」較激進的一群「教會」團體，他們採用了《聖經》使徒行傳第二章的經文中，提到「耶穌」升天，「門徒」在第一個「五旬節」被「聖靈」充滿，按著「聖靈」所賜的口才，說起別國的話（方言）來。

● 《新約聖經》使徒行傳：

2:1 「五旬節」到了、「門徒」都聚集在一處。

2:2 忽然從天上有響聲下來、好像一陣大風吹過、充滿了他們所坐的屋子。

2:3 又有「舌頭」如「火焰」顯現出來、分開落在他們各人頭上。

2:4 他們就都被「聖靈」充滿、按著「聖靈」所賜的口才、說起別國的話來。

2:5 那時、有虔誠的「猶太人」、從天下各國來、住在「耶路撒冷」。

「五旬節」源於「七七節」，「以色列人」要從「尼散月」18日（七日的第一日），「大祭司」將一捆新熟的「大麥」，獻給神作為「初熟果子」的那天，數算七個星期。這一共是四十九天。然後他們會在第五十天守「七七節」。

「七七節」在「基督教」叫「五旬節」，是「猶太教」三大「朝聖節日」之一，因在「逾越節」的七周之後舉行，故名「七七」。

「逾越節」是「猶太教」節日，紀念「上帝」在殺死「埃及」一切頭胎生物，並殺死「埃及人」的長子時，越過「以色列人」的長子而去。

在「五旬節教派」中，最大的爲「神召會」。「神召會」相信《聖經》無謬誤、人類徹底沉淪、靈洗、成聖、基督復臨。實施「長老制」和「公理制」相結合，「地方教會」在「教會」事務上獨立自主，「牧師」的任命和傳教工作則由「教區」統一調配。

「神召會」特別強調說方言，是要領受聖靈的首個外顯的憑據。根據《聖經》記載的公元三十三年的「五旬節」，早期「基督徒」接受來自天上的「聖靈」，很多人擁有了常人看來非同一般的能力，例如「說方言、治病」等。

「中國神召會總議會」於公元一九四八年九月十二日，在「湖北省武昌神召會」召開成立大會，由當時的七區卽「華北、東北、西北、華中、華南」，及「西南」各區代理議決，通過「中國神召會」的「總綱」，可惜不久「中國大陸」淪陷。

「中國神召會」隨政府遷台之後，在「台灣」成立「區會」，設立「教會」，傳遞「基督福音」，並於公元一九六〇年四月二十一日，向「台灣省政府」登記爲財團法人組織。當年五月十日，向「台北地方法院」辦妥「法人登記手續」。

以上介紹十二個「台灣」常見的「基督新教」的教派，其他教派還有：「拿撒勒人會」、「台灣救世軍」、「貴格會」、「錫安堂」、「台灣聖潔教會」、「台灣基督教協同會」、「台福教會」、「基督教宣道會」、「國語禮拜堂」、「基督教中國布道會」、「基督教喜信會」、「耶穌基督後期聖徒教會」、「台灣聖教會」、「浸禮聖經會」、「改革宗長老會」、「純福音教會」、「新生命小組教會」等。

國家圖書館出版品預行編目資料

看懂基督教／呂冬倪著. --初版.--臺中市：白象文化事業有限公司，2024.1
面； 公分
ISBN 978-626-364-162-4（平裝）
1.CST: 基督教
240 112017280

看懂基督教

作　　者　呂冬倪
校　　對　呂冬倪
發 行 人　張輝潭
出版發行　白象文化事業有限公司
412台中市大里區科技路1號8樓之2（台中軟體園區）
出版專線：（04）2496-5995　傳真：（04）2496-9901
401台中市東區和平街228巷44號（經銷部）
購書專線：（04）2220-8589　傳真：（04）2220-8505
專案主編　陳逸儒
出版編印　林榮威、陳逸儒、黃麗穎、陳媁婷、李婕、林金郎
設計創意　張禮南、何佳諠
經紀企劃　張輝潭、徐錦淳、林尉儒
經銷推廣　李莉吟、莊博亞、劉育姍、林政泓
行銷宣傳　黃姿虹、沈若瑜
營運管理　曾千熏、羅禎琳
印　　刷　基盛印刷工場
初版一刷　2024年1月
定　　價　450元